上海科技传播智库系列成果

总主编
倪闽景

科学教育与科学传播发展报告

（2024）

主　编

宋　娴

副主编

胡　芳　朱雯文

上海科技教育出版社

总 主 编：倪闽景

顾问委员会：戴立益　王从春　何家骥　陈　华　陆　晔
　　　　　　　裴新宁　卢晓明　王　欣

主　　编：宋　娴

副 主 编：胡　芳　朱雯文

编　　委：宋　娴　胡　芳　朱雯文　沈　嫣　李无言
　　　　　　孟惠普　荣　艳　严　晗　林晶晶　芦季苇

序 1
加强科普理论研究正当时

科技传播和科学教育是我们科技创新事业的重要组成部分,也是社会各界普遍关注的重要话题。欣闻上海科技馆要出版全新的上海科技传播智库成果报告,该报告立足上海、面向全球,充分展现科技传播和科学教育实践的新趋势、新样态,充分展示科技传播和科学教育研究的新成果、新观点,可谓正当其时。

党的二十大报告将科普作为提高全社会文明程度的重要举措,强调"加强国家科普能力建设"。2022年,中共中央办公厅、国务院办公厅印发了《关于新时代进一步加强科学技术普及工作的意见》并发出通知,要求各地区各部门结合实际认真贯彻落实。习近平总书记在中共中央政治局第三次集体学习时强调,"要在教育'双减'中做好科学教育加法"。之后,教育部等十八部门于2023年5月联合印发《关于加强新时代中小学科学教育工作的意见》,为新时期科学教育提出了新的要求。

上海始终将科普工作作为整个科技工作的重要组成部分,近年来不断探索适合自身城市特点的科普方式,尤其是打造了"3+1"的发展模式。其中,"3"是指人才、作品和产业,具体包括:培养优异的科普人才,促使人才创造优质的科普产品、提供全面的科普服务;通过提升科普产品和服务的质量及规模,不断扩大科普市场消费群体和繁荣科普产业;通过科普市场的繁荣和科普产业的发展,吸引更多优秀的人才加入科普队伍;通过以上三者形成闭环,促进上海科普事业欣欣向荣发展。"1"是指国际化,通过多方努力,上海成功获得了2027年国际科技传播学会(PCST)双年会的主办权,这是我国首次成为这一国际最有影响力的科技传播年会的主办国。

新的实践呼唤新的理论,尤其是随着科技和传播技术的发展,不断涌现了很多新的科普形态和模式。这些新的科普实践,需要科普政策的及时跟进,更需要新的科普理论的支撑。近年来,上海成立了由上海科技馆牵头的科技传播智库,同时,也推动上海交通大学、上海市科学学研究所等机构加大在科普理论和政策研究方面的投入。

这本报告可以看成是近几年研究领域对科技传播未来趋势思考的一次集中体现。它汇集了来自上海科技馆、复旦大学、上海交通大学、华东师范大学等机构的学者在科技传播和科学教育方面的17篇前沿报告,深入探讨了在"大科普"时代,科技创新和科学普及"两翼"之间如何高效协同,各种类型的社会主体如何参与并激发科技传播的新实践,科普如何深度支持青少年的科学教育等。此外,这本报告还列举了多个典型的科技传播案例,深入总结了上海在这一领域的探索经验,彰显了上海勇立科技传播"潮头"的信心和决心。

我深信,在未来,科技传播和科学教育将成为越来越重要的发展动力,这既是科普人的时代机遇,也是科普人的时代挑战。在此,我谨借为本书作序,表达对上海科技传播智库未来发展的深切期望和美好祝愿,同时也呼吁更多具有多元知识背景、开阔视野和创新理念的专业机构和专业人才能够加入"大科普"的阵地,为上海的科技传播发展持续注入新的生命力,面向世界科技前沿、面向经济主战场、面向国家重大需求、面向人民生命健康,共筑科技传播的思想高地,也为国家实现高水平科技自立自强打下更加扎实深厚的科普根基!

上海市科学技术委员会副主任

黄 红

2024年10月

序 2
站在范式变革拐点上的科学教育

计算机领域的学界泰斗、数据库领域的著名科学家詹姆士·格雷，2007年在一次科学大会上做了题为"科学方法革命"的演讲。他指出，数据科学已成为科学研究的"第四范式"。与传统的科学范式不同，其研究的关键步骤已经不再以人的思维为主导，而是通过科学自身的工具化，直接从复杂现象的大数据分析得到问题解决方案——一方面，这意味着一个人利用新技术的成本被极大程度地降低，普通人也可以深度参与科学探索和新世界的创造；另一方面，在数字世界中，人类可以通过与机器协同，拥有如上帝般的创造能力，实现想象力的全面解放和超越。

科学研究的"第四范式"，预示了一场巨大的创造力革命：人人都是科技工作者的时代即将来临。站在范式拐点上的科学教育，不得不重新思考其教育逻辑与意义，摒弃几百年来深深嵌入社会系统的传统范式，回归教育的本质——朝着"为创新而学"转向。

在这场面向创新的范式变革中，我认为有几个关键的趋势可供探讨：一是机器不可替代人的学习过程，人通过学习产生体验与意义，这是人得以为人的根本；二是随着科技发展远超教育变革的速度，具有灵活性和多样性的校外非正式教育将越来越凸显优势；三是实物学习的重要性将重新回归，随着科学越来越工具化，每个人感受世界、发现现象、提出问题的能力显得越来越重要，而这一点是数字化无法替代的；四是多样化和实践性将成为科学教育必然的选择，人工智能必将掌握人类已知的全部知识从而变得越来越完美,而人类却会因为不完美而带来多样化的创新能力,会犯错误的人类智能将战胜完美的机器智能,这是未来科学教育走向的全部秘密。

上海科技传播智库的这本《科学教育与科学传播发展报告(2024)》(简称《报告》)正探讨了这样一个核心议题:在范式拐点上的科学教育和科学传播将要走向何处。《报告》精选了17篇来自各个高校与科研机构研究者们的前沿报告,带来了许多我们密切关心的话题:人工智能生成内容技术对当前的科学教育会产生何种影响?科学教育和科学传播有哪些新的行动者入局,他们又带来了什么样的新实践?面向创新的校外非正式教育形成了什么样的青少年创新人才培养机制?如何构建大中小学校科学教育一体化的贯通机制?……这些研究者们从不同的学科视角出发,带着不同的问题意识,最终来到同一个十字路口,共同勾勒出一幅崭新的科学教育和科学传播的未来蓝图。

教育是未来的事业,也是当下的行动。20余年来,上海科技馆始终将科学教育作为自己的重要使命,以青少年创新人才的成长作为我们的核心关怀。《报告》的出版,既是上海科技传播智库平台对科学教育发展的一次集智输出,也是上海科技馆对于科学教育未来的一份殷切寄托。当我们洞察未来的发展方向,理解变革背后真正的推动力量,就能在拐点之上,用科学教育的巧妙之力,实现科技创新的弯道超车。学校、社会、家庭,包括科技场馆都应该在这个关键点上,解放思想、实事求是,通过坚定的行动来形成变革的合力,让科学教育真正走向人人创新的未来。

全国政协委员、上海科技馆馆长

倪闽景

2024 年 10 月

目 录

第一部分　科研科普转化：新路径、新样态

003　科研科普协同创新路径与成果应用 / 宋　娴　朱雯文

027　新媒体环境下长三角地区科学家参与科学传播的策略探究 / 荣　艳　沈　嫣

054　基于不同社交媒体平台的科研人员短视频科普实践分析 / 孟惠普　胡　芳

074　高校青年群体的科学传播实践与文化建构——以上海科技馆与上海交通大学的馆校合作为例
　　　/ 沈辛成　曾　澄　董　毅

第二部分　科学传播：新主体、新实践

101　国内外新媒体内容类企业科普实践对比研究
　　　/ 顾泽莹　乔止月　周婧景

132　国内外公益非政府组织与基金会的科学传播实践现状与未来趋势分析 / 杨　正

155　科技类培训机构质量认证标准研究 / 吴　倩　鲁欣彧　史　瑶

174 科普主播的群体画像及平台分析 / 官　璐

199 青少年科技场馆科普活动参与情况和需求现状的调查与思考 / 李无言　孟惠普

223 人工智能生成内容技术对线上科普教育的促进与影响作用研究 / 方师师　叶梓铭　贾梓晗

246 从科普受众到科学桌游玩家：转化路径的可能性——对部分上海科技馆科普项目的初步调研分析
　　 / 方　方　黄昊天

第三部分　科学教育：新范式、新探索

269 国内外非正式科学教育多元主体的创新实践及模式研究 / 符国鹏　姜　炜　谢雅群　陈明儿　龚俊燕

291 校外科普资源支撑"双新"课程教学改革的路径探索——以"科普场馆"资源为例 / 辛琳华

310 "双新"背景下场馆教育的变革路向 / 张琰梅

325 科学教育政策影响下的自然科学类博物馆课程体系建设 / 张秀红　景玺阳　张妍宁

344 小型科普教育活动评价标准研究 / 刘　妍　裴　蕾　徐炜芸

361 科普游戏的机制与教育效果评价研究进展 / 曾凡林　詹雪菲　初　颖　赵嘉欣　吴永和

第一部分

科研科普转化

新新 路径、样态

科研科普协同创新路径与成果应用[1]

宋 娴 朱雯文[2]

摘要 加快科研科普协同创新是实现创新发展"两翼"齐飞的关键，其本质是通过整合和再开发科技资源，促使知识从在共同体内部流动转变为向全社会外溢，以提升全社会创新效率。近年来，我国陆续出台了一系列促进科研科普转化的政策，但落到具体实践仍面临诸多复杂问题。本报告通过实地调研、深度访谈、文献研究等方式，对科研科普转化开展全过程梳理，发现我国科研科普转化的现实困境主要出现在机制设计、能力建设、转化路径和场景布局四个环节。结合当前大力发展科研科普协同创新的战略背景，本报告提出促进科研科普协同发展需要厘清发展思路，解决关键激励机制，加快能力培训和资源支持，同时完善产业链和成果投放路径，让科研科普协同创新转化为真正的发展潜能。

关键词 科研科普转化；创新链；科学家参与科普

近年来，社会涌现出越来越多兼顾科学价值和大众兴趣的优质科普

---

[1] 本文受以下项目资助：中国科协2020年度推动实施全民科学素质行动项目"科技资源科普化研究"（项目编号：2020qmkxsz-26），上海市2022年度"科技创新行动计划"软科学项目"基于科技创新链视角的'科研—科普'创新转化机制与实践研究"（项目编号：22692116800），上海市2024年度"科技创新行动计划"科普专项"科创教育队伍建设与能力提升计划"（项目编号：24DZ2301700）。

[2] 宋娴，博士、研究员，上海科技馆科学传播中心副主任，主要研究方向为科学教育与科学传播；朱雯文，上海科技馆助理研究员，主要研究方向为科学传播。

成果,科研人员在其中的参与程度也日益加深,一些前沿科技知识和成果"飞入寻常百姓家"。为打造"科研—科普"链条、实现创新发展"两翼"齐飞,自2002年起,我国陆续出台了《中华人民共和国科学技术普及法》《全民科学素质行动计划纲要》《关于科研机构和大学向社会开放开展科普活动的若干意见》等一系列重要法规和政策文件,促进前沿科技成果的科普转化,推动科普事业的高质量发展。在新版《全民科学素质行动规划纲要(2021—2035年)》中,"科技资源科普化工程"直接被列为"十四五"时期的5项重点工程之一。

为深入了解当前科研科普转化的基本情况,上海科技馆科学传播中心课题组赴东部、中部、西部、东北部4个地区,对北京、上海、广东、安徽、贵州、云南、四川等12个省(市)开展实地调研,访谈来自34家不同类型机构(高校10家,科研机构14家、科技企业2家、科普机构5家、平台型企业2家)的科研科普人员,最终得到当前不同地区科研科普协同转化的参与者类型、路径、参与动机归因,并提出相关机制建议。

一、科研科普转化的目标、主体与路径

科研科普转化,是将科研成果、科研人才等广义科技资源转化为科普设施、科普产品、科普人才等科普资源的过程,是一种资源再造方式。科研科普转化的目标即科技资源的科普化,它并不是简单地"展示"科技资源,而是在某种目标指导下,将科技资源开发成可以影响公众科学素质的成果,如提升国民科学素质,激发公众对科学持续产生兴趣、支持科研人员对某一科学主题的研究、理解并支持国家科技政策、将科学事业作为职业规划等,这时科技资源不仅对科技创新领域产生影响,也从社会教育和政策落实与制定的角度被赋予新的功能和应用范围[①]。

---

① 任福君.关于科技资源科普化的思考[J].科普研究,2009(3):60—65.

从创新链理论的视角来看,科研科普转化的系统运作如图1所示①。其中的关键行动者包括创新主体(高校、科研院所、科技创新企业等),科普主体(科普场馆、科普基地、大众传媒、科普自媒体等),也包括政府部门(教育部、科技部等主管部门)及其他市场主体(科普产业上下游企业),学校与公众等多类主体。这些主体之间既形成了从"科技生产—成果转化—场景应用"的纵向线性链路,又存在着政治网络、科技生产网络、传播网络、教育网络乃至商业网络等横向关系网络②。在科研科普协同创新的链路上,由于各主体在所属系统、管理制度、资金来源等方面多有不同,使其对待科普抱有不同的态度,实施科普有不同的方式和侧重点,也会对应不同的困难与需求。

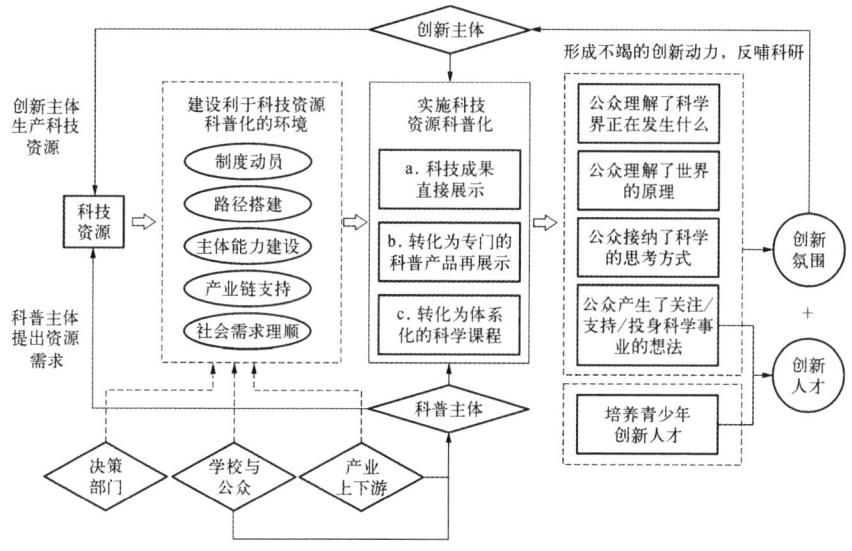

图1 科研科普协同转化的整体流程

---

① 宋娴,朱雯文.创新链视角下科技资源科普化的现实逻辑与实现路径[J].中国科学院院刊,2022,37(10):1471—1481.
② 杨忠,李嘉,巫强.创新链研究:内涵、效应及方向[J].南京大学学报(哲学·人文科学·社会科学),2019,56(5):62—70.

二、当前科研科普协同转化的现状

(一)参与人员现状:不同主体形成合作互补关系

在科研成果转化的过程中,科研人员、科普人员和科普志愿者等主体在"科研—科普"转化链条上扮演着不同的角色,各自发挥所长,形成良好的合作与互补关系。

科研人员作为专业领域的专家,具有专业科技知识方面的突出优势,成为"科研—科普"转化最重要的角色之一,他们既进行科普讲座等直接面向公众的工作,也在幕后参与科学内容及活动的策划、制作、指导、审核等环节。在后疫情时代,越来越多的科研人员通过制作科普类音视频和直播栏目,直接走入大众视野中,如图2所示。由于科研人员的主要精力需要更多地投入在本职工作上,只能拿出相当有限的业余时间参与科普活动,且存在对受众了解程度不足、传播技巧掌握不充分等问题,事实上缺乏独立推进科普实践的精力和能力,需要得到外部的充分支持,尤其是对于比较复杂的科普形式。

专业的科普人员在"科研—科普"转化链条上发挥着关键作用,他们

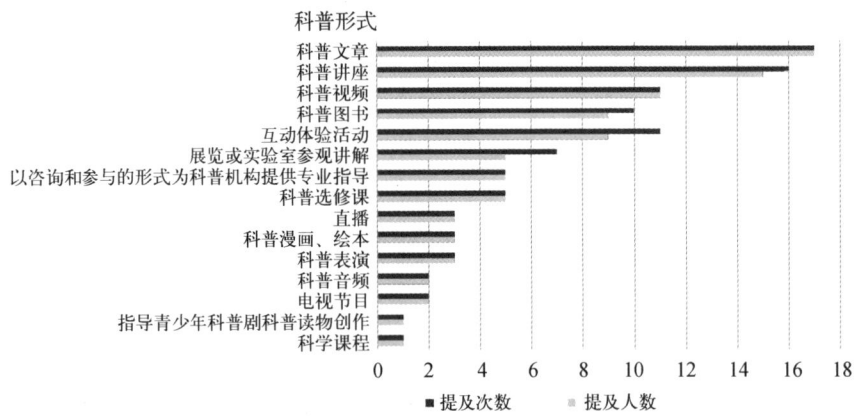

图2 当前科研人员主要采取的科普实践类型

利用以往在科普实践中积累的面向公众的丰富经验,帮助科研人员将复杂的科学知识以通俗易懂的方式表达出来,帮助公众更好地理解科学。科普人员也承担着大量整体性、统筹性的工作,全程推动科普实践从策划到落地,尤其是承担其中无关科学知识的事务性工作,这部分工作为参与其中的科研人员及相关主体搭建起一个基础的行动框架,起到了基石的作用。

非职业的科普志愿者也是科研成果转化过程中的重要参与者,主要是以研究生等具有较好知识储备的人群构成的团体,承担科普演讲、场馆讲解等志愿活动。相比科研人员与科普人员,科普志愿者能够投入更多的时间和精力来进行科普工作,视角也更加贴近普通大众,因此具备较大的潜力。他们在为公众提供科学知识的同时,能够深入了解公众的需求和反馈,为科研人员和科普人员提供有益的建议和改进意见(表1)。

表1 不同主体在"科研—科普"转化中的实践分工

主体类型	实践分工	提及人数
科研人员	进行内容审核与指导,确保活动的科学性	5
	为科普活动提供专业内容讲解	4
	与学校合作,让学生通过参与科研项目来培养对科研的兴趣	1
	参与项目展示和材料的准备	4
	兼职参与科普活动	3
	参与内容制作和传播	1
	推进活动的具体落地与实施	1
	参与部分关键点	1
	受邀进行较正式的讲座	1
	进行专业性较强的成果分享	1

(续表)

主体类型	实践分工	提及人数
专业科普人员	帮助科研人员进行科研成果的科普转化	4
	进行活动策划与落地	3
	全程参与活动的策展与运行	1
	为科研成果的科普转化提供建议	1
	转化后针对受众进行实际科普活动（如讲座）	1
非职业科普志愿者	进行科普培训、科普演讲、场馆讲解等志愿活动	1
	给较低龄受众举办讲座和科普活动	1

（二）参与目的及动机

1. 科研主体：由社会责任感驱动，希望向公众普及科学知识

当前，科研人员参与科普的内部动机远大于外部激励，以主动、自愿为主，其他外部激励驱动为辅。大多数科研人员表示从事科普的动机是出于社会责任感，希望通过科普提高公众对科学的认识和理解，增强公众的科学素养，使更多的人能够了解并受益于科学知识。相应地，科研工作者也会因为公众参与科普活动后给出的正向反馈产生满足感和对自身职业的价值感。部分受访者提到，参与科普能将科研成果以更加清晰易懂的方式传达给大众，有利于让社会了解科研人员的研究进展及其价值，增强科研工作的影响力，在一定程度上对后续科研工作起到积极作用。值得注意的是，随着越来越多的科普激励政策出台，科研人员参与科普渐显出组织化趋势（表2）。

表2 科研主体参与"科研—科普"转化的目的与动机

目的与动机	提及人数
希望将科学内容普及给大众	3
使科研主体的工作可视化	1
希望可以激励青少年的科学精神	1
社会责任层面动力	7
出于对科普的热爱	1
所在单位支持力度较大	1
科普是双向互惠的过程,在为别人提供科普知识的时候,也在提高自己	1

2. 科普人员：受机构使命和职业身份驱动,希望优化科普服务

科普人员参与科普转化工作的动机首先源于其所在的机构和职业身份。大多数科普人员本身供职于科普场馆、科技类传媒等以面向大众的科学普及为主要目标的机构,其职业生涯和工作规划本身就围绕相关工作展开,工作的成果直接影响职业发展。相关工作的成功有利于提升其所在机构的影响力,形成品牌构建的良性循环。在这一目标的推动下,吸纳具备专业知识优势的科研人员参与、尝试传播最新的科研成果是进一步提升科普服务质量的有效路径,吸引着科普工作者参与"科研—科普"的转化进程(表3)。

表3 科普人员参与"科研—科普"转化的目的与动机

目的与动机	提及人数
希望传播最新的科研成果	1
希望受众通过娱乐的方式获得科学知识	1
情怀驱动	2

(续表)

目的与动机	提及人数
所在科普机构的使命与工作规划	1
训练进行科学传播的直觉	1
自身品牌的需要	1

3. 专业科普平台：受平台发展目标驱动，希望引入优质内容

近年来，越来越多的科普专业平台应运而生。它们更多的是为两种主体提供平台或渠道，以促进主体进行"科研—科普"的成果转化，引导相关人员采用符合平台特色的内容风格和表达方式。受访者表示，他们参与成果转化的目的与动机是能够不断挖掘新的优质内容创作者，一方面为用户提供多元化内容，不断丰富平台的内容生态，提高平台自身的综合影响力；另一方面可以加强内容的细分垂类，最大程度地实现知识的推广和共享，提高特定用户的黏性，提升内容的市场转化率。在这一目标的推进中，处于科学知识生产第一线的科研人员无疑是科技类内容最为优质和具有发展潜力的关键群体（表4）。

表4 平台型主体参与"科研—科普"转化的目的与动机

具体内容	提及人数
挖掘优质创作者，丰富平台内容生态	1
加强知识垂类赛道，提升平台影响力	1

4. 资金来源：主要来源于单位，其次是政府以及其他项目拨款

资金来源对于"科研—科普"的成果转化来说是一个重要的保障，不同主体的资金来源主要是政府、所在单位、外部机构三方面的经费。

首先是来自政府的资金支持。近年来,越来越多的地方政府设立了专项经费用于科普活动的开展,这些资金往往以资助项目的形式发放,以促进公众了解科创成果、提升科学素养。其次是来源于所在机构的经费,如为科研人员提供项目经费和劳务费用。对于体制内的高校、科研院所和事业单位等主体而言,尽管所在机构会发放一定的经费,但单位财务部门对于经费使用的相关规定差异很大,重重限制使经费很多时候无法真正用到"刀刃"上,规则的烦琐也影响了积极性。对于大多处于体制之外的高新技术企业而言,大部分的费用都由企业自身承担,归属于品牌建设、企业传播等类目,一些有相关传统的企业有时也会设置专门用于公益事业的款项。最后是来源于外部机构如企业、社会组织的经费,多为联办、赞助等性质(表5)。

表5 不同主体参与"科研—科普"转化的资金来源

主体分类	资金来源	提及人数
科研主体	单位提供	7
	相关项目经费	2
	市科委、教委拨款	1
	科创工作站提供	1
	政府提供部分资金	2
	其他公益项目资金	1
科普主体	单位提供	3
	政府提供部分资金	2
平台型机构	单位提供	1
	竞标获得项目资金	1

(续表)

主体分类	资金来源	提及人数
平台型机构	合作品牌方赞助	1
	科委项目资金支持	1

以上几种来源的经费会用于支持科研人员参与科普活动、进行科研成果的科普转化实践，但从整体来看，能够覆盖的范围仍然比较有限。目前少有用于科研科普转化的常态化专项经费，也没有专门用于支付科普人员费用的资金条目，这意味着支持科普的资金不仅不够独立，实际上也并不稳定，会受到其他事项支出的影响。从事科普工作的科研人员仍然需要常态化、独立化的资金支持才能更加可持续地参与相关事业。

5. 机制与制度：机制仍不完善，各单位支持程度不一

机构层面上，不同的机构在支持程度上呈现出较大的差异。部分机构为科普实践设置了一定的鼓励机制，如设立科普奖项等。一些隐性的因素同样发挥着作用，如领导层对相关工作的态度，在单位领导层认可并重视科普工作的情况下，单位内部容易形成比较浓厚的科普氛围，很大程度上减少了参与者对参与科普活动会被低估和误解的忧虑，从而提高了机构成员参与科普的积极性，也更有可能催生其他支持性机制的形成。

部分机构会制定一定的支持制度来鼓励科普活动的开展，如通过绩效评价体系的改革激励相关人员参与"科研—科普"转化实践，将科普工作及产出纳入评价指标和考核要求，提供一定经费等。但目前，这种进行了改革的机构还是少数，且缺乏明晰合理的指标体系，在实践中呈现出单一化倾向，如只有获得奖项的科普实践才能被计入考核之中等（表6）。

表6 机构"科研—科普"转化的机制制度

支持力度	具体内容	提及人数
单位没有提供特殊制度与考核	无	7
单位提供支持	单位鼓励科研人员进行科普创新	1
	部分成果转化费	1
	进行精神上的鼓励(颁发证书)	1
	在经费上给予一定支持	1
	科普氛围浓厚	1
单位有考核指标	单位制定KPI考核(反响依靠活动结果而定,难以衡量且不稳定)	2
	单位存在工作要求	1

然而,部分单位尚未设立支持科研人员参与科普的制度与考核机制,还需强化科普机制和制度的构建,从而促进科普转化工作。尽管有一些单位对科普表现出比较积极的态度,但往往以口头鼓励为主,缺乏真正将激励落在实处的可行机制,科研人员在科普上的表现不能为职业发展带来实际增益,长此以往难免会给科研人员带来较重的负担。

三、当前推进科研科普转化存在的问题与挑战

(一)机制:机制不健全制约创新主体积极参与科普转化

创新主体的积极参与是科研科普转化工作顺利开展的先决条件,虽然在创新主体对科普工作重要性的认知方面有越来越好的趋势,但实际上就整个创新主体而言,持有正面认知的仍然只占少数,创新主体这个群

体并未充分参与到科研科普转化工作中,其原因之一是机制不健全,主要体现在以下三个方面。

源头引导机制不健全。在整个社会的价值体系中,仍未认识到科普的重要性,无论是政府管理部门还是科技界、教育界、传媒界,往往都把科普当作可有可无的工作,认为科研人员应该安安心心搞科研,做科普则是不务正业,只有水平不高、"科研做不下去了"的才去做科普。随着信息技术的发展,因其便利性、及时性、互动性、传播速度快和覆盖面广的特征,网络空间成为开展科普的重要阵地。在这种情况下,网络是一把双刃剑,很多无知网民、伪科学的拥护者以及别有用心的人,利用舆论对公开发声的科研人员进行无端指责、恶意中伤。这种认识的偏差和网络不良舆论,既影响科研人员参与科普的积极性和主动性,让其他仍在观望的科研人员望而生畏,又对已经认可并参与科普的科研人员造成压力,甚至产生退却的想法。

过程保障机制不健全。尽管当前极少部分单位会从其他角度认可或激励科研人员参与科普工作,如单位宣传、课程改革(科普选修课)、社会公益服务、横向课题等非科普导向的考核评价,但绝大部分单位并无专门的体制机制保障科研人员参与科普工作,缺乏有效的目标导向激励制度,导致科研人员在面对重大科研压力的同时,只能牺牲自我的休息时间与精力来参与科普工作,不利于科普工作的可持续、高效开展,进而可能影响科研成果科普化的水平。

末端激励机制不健全。目前,在创新主体的认知层面,越来越多的科研机构、企业以及科研人员都开始认识到科普的重要意义,他们在科普过程中收获了受众的认可,个人也获得了成就感;同时,科研人员本身也从科普中获利,如提升与不同群体的交流沟通与科研成果呈现能力、激发关于科研方向的灵感、扩大科研人脉、科研圈跨界交流等。这些科研人员不仅在认知层面认可科普工作的重要性,同时也积极参与科研科普转化的实践,并取得了一定的成绩。对于这部分先入场的科研人员,应对其工作进行认可，予以一定的奖励，以激励其持续不断地参与科研科普转化工作，并不断影响其他科研人员，提高整个创新主体的积极性。

（二）能力：主体科普能力欠缺影响科普转化内容水平

当前科研科普转化的主要表现形式是散点传播，即个人或组织对自己所拥有的部分资源进行科普化并进行传播，内容形式主要为讲座与活动、图文与音视频、电台节目与展览展示、科学项目等，缺乏顶层设计，没有对科技资源进行系统的梳理整合，也没有体系化衔接资源与受众需求，以系统化资源包的形式进行系统化传播。

之所以难以高质量、系统化地生产科研科普转化内容，是因为主体能力欠缺，包括科普主体与创新主体，主要表现在以下三个方面。

科研人员科普能力不足。 科研人员科普能力不足主要体现在两方面：一方面，部分单位和人员虽然认识到了科普工作的重要性，但对科普工作规律的理解依然停留在传统认知水平上，不仅对科普阶段性发展的环境和特点缺乏认知，甚至对公众理解科学的内涵和目标也缺乏理解；另一方面，科研人员认识到科普的重要性，也了解目前科普的新趋势与新特点，但由于科研任务重、压力大，时间精力有限，靠个人力量难以完成科普工作，这就需要科研科普两个领域紧密合作，形成优势互补。

创新与科普主体沟通不畅，导致科技资源未充分挖掘。 科技创新主体拥有大量的科技资源，但不了解科普领域的情况，也面临找不到合作对象的困境；同时科普机构也不了解科研机构及其科技资源情况，难以寻找到合适的机构、人员及资源进行更多、更深入的合作。因此，创新主体应尽量通过各种渠道让社会知晓自己的科技资源情况，而科普工作者则应及时主动了解科技创新现状，两者通过相关平台与渠道实现对接。

存在供需脱节的情况。 科研机构及科研人员不了解公众的理解水平、兴趣、需求等，特别是身心特点更为复杂的各年龄段青少年。同时，缺乏与受众沟通的技巧,易导致公众反响不积极,这也影响了科研人员的科普热情。因此,需要对此已有较多研究成果和实践经验的科普工作者发挥其专业优势,与科研机构与人员紧密合作,发挥好科技资源与受众之间的桥梁作用,根据不同受众的需求生产体系化内容。

(三)路径：转化路径不通畅限制科普化成果规模

科技资源要高质量转化为科普产品,并精准高效地传播到细分受众,就必须要把转化路径打通,而路径的通畅则需要不同主体之间建立有效沟通、交流和合作的渠道与平台,以及支撑其良性、可持续运行的机制和资金保障。

在科研科普转化渠道与平台方面,一是科研人员个体从事科研科普转化工作力量薄弱,目前对科普感兴趣的科研人员个人会通过科普文章、微博、抖音等自媒体或者承接科普项目等方式从事科普工作,但是这种行为往往难以持续进行,主要原因是科研人员缺乏科普相关专业知识,在科普过程中常会碰到困难,且受到个人时间与精力的限制。二是个人与机构之间散点式的对接不成体系,科普场馆等专门的科普机构以及果壳网、科学松鼠会等企业和社会组织,组织讲座等活动进行科技资源科普转化,这种对接方式本身就存在不连续的问题,导致被看见的科研人员永远是固定人群,而新生科研人员及科普力量无法"露出"。三是系统化的平台影响力不持久,每年的科普日、科技周,以及北京、上海等城市的科技节,很多高校和科研院所均会参与其中,开放实验室或者举办面向公众的科普活动,这类大型活动虽然每年都举办,但持续时间较短,不能形成持久的影响力。创新企业从事科普工作也存在相似的问题,企业通常通过科普场馆等平台开展公益性科普项目,但也是每年定期举办,存在影响范围不够大,影响力不持久的问题。因此,目前在科技资源科普转化方面缺乏的是专业的、创新主体与科普主体紧密合作的、成体系的、可持续的合作渠道与平台。

(四) 应用：体系化场景布局缺失限制科普化应用效果

科研科普转化内容是按照受众年龄、职业、认知水平、需求等进行系统生产的，而对于所有科技资源科普转化的内容而言，其应用场景分为两类：一类是针对性不强的、没有固定渠道与场景的大范围投放，其受众覆盖面广，例如在公共媒体发布的文章、音频、视频等，或者在公共场所（如科普场馆）向公众开放的展览展示等，所有人群均可以获取这些资源；另一类是定向投放，例如，根据不同区域的受众组成情况面向社区、学校、办公楼宇等投放，其中学校是科研科普转化内容最重要的投放场所。目前，存在的问题主要体现在两方面，一方面是未根据不同应用场景的特征布局内容。针对线上渠道，例如微博、微信、B站、抖音、喜马拉雅、知乎等，缺少适合不同社交平台受众特征的、有吸引力的科普内容；针对公交、地铁、商场等公共场所，缺少特征不鲜明、具有普适性的科普内容，以吸引不同类型的受众。另一方面缺乏针对重点人群层次化内容。学生是科研科普转化的最重要人群，但学校并未成为科技资源科普化的重要应用场所。其中的原因主要有三点：一是受到课标、学时等刚性限制，科研科普转化内容进入学校教育，以及学校走进场馆教育的渠道和空间都相当有限；二是课程资源建设不够系统，规模化生产的内生动力不足，社会化参与的激励机制不明朗，资源供需之间存在制度性脱节；三是优质服务供给发育不足，由于师资有限，无法将这些科研科普转化内容覆盖更多的学校，服务供给缺乏统筹平台，核心机制有待突破。

(五) 目标：对创新人才早期培养的支撑力度不够

科技资源科普转化的目标有两个：一是提升全民科学素养，让公众及时了解前沿科技，支持科技政策，增强文化与科技自信，提升公民整体科学素养，让公众建立正确的科学知识体系和科学价值观，从而积极支持科技，创新夯实科技创新的基石；二是有针对性地培养科技创新人才，尤其是科技创新人才的早期培养，让青少年在早期就能参与科技创新项目，促进青少年对科学有兴趣并持续接触，加强其与各种科学技术相关专业和职业的联系，为科技创新培养后备力量。

提升全民科学素养的目标是一个大范围的、潜移默化的过程，而对青少年科技创新人才的早期培养则需要有针对性且深入实施。影响青少年科技创新能力的因素包括个人因素和社会因素：个人因素指性别、兴趣、认同感、对科技创新能力的自信程度等；社会因素则包括竞赛经历、教育经历、在社会关系中建立的与科技创新相关的社会联系等。各个因素不是一成不变的，而是会相互影响的。提升青少年科技创新能力需要从社会因素入手干预，从而影响个人因素。

目前青少年所获得的科技创新能力的培养主要来自各类大型比赛，例如青少年科技创新大赛、明天小小科学家、机器人大赛等，然后是因综合素质测评、高校自主招生而开展的科技创新项目，以及少数基础教育名校自主开展的科技创新项目。这些青少年参与科技创新的形式都存在一个共同的问题，即由于资源不足导致的资源严重分配不均，赛事、项目主要集中在北上广等大城市，而具体到每个城市，又主要集中在头部学校。绝大多数学生没有接触科技创新的机会，更无法体验科技创新的过程，无法得到科技创新的启蒙。这主要还是由于绝大部分掌握前沿科技资源的科研人员未能参与中小学教育，使得能进入学校的科技资源少且分布不均衡。如前所述，不仅缺乏相关体制机制促进科研人员参与青少年创新能力和精神的培养，科技资源转化路径不通畅也使得这些优质的社会科技创新教育资源集中在超大城市的头部学校，而且科技创新主体、科研人员与学校之间的合作缺乏落实的渠道、平台和方式，因此不利于科技创新主体大力支持培养科创人才后备军。

四、未来推进科研科普协同创新的思路建议和发展策略

(一)总体思路:围绕科创科普深度融合布局科研科普转化

习近平总书记在2016年5月30日召开的全国"科技三会"上指出,"科技创新、科学普及是实现创新发展的两翼,要把科学普及放在与科技创新同等重要的位置"。科技创新与科学普及两者必须相互协调合作,才能更好更快推动社会的创新发展。因此,必须统筹规划科普事业与科技创新,围绕科创科普深度融合部署科研科普转化事业,充分发挥高校、科研院所和企业等各类创新主体中科研人员参与科普转化工作的积极性和主动性[①]。

从部署的顶层设计意图来看,科研科普转化事业要以以下内容为目标:着力推动科技与文化融合、营造有利于激发创意的良好氛围,提升我国公民的科技自豪感、文化自豪感;对接国家重大创新战略部署,及时宣传推广创新战略、创新成果和创新机构,促进公众对国家科技发展的了解、理解和支持;立足服务大众创新,提高社会公众的创新意识和素质,以科技创新成果提升公众社会生活水平,了解科技创新对于国家社会发展的重要意义。

从部署的维度来看,应促进科研人员积极参与科普转化工作,以改变以往科普主体仅限于科普机构专业人员的状况,解决科普成果在由非科研人员理解并向公众二次传播时可能出现的偏差问题。在基础研究领域,重视科研人员亲自向公众解读科研成果,吸引本领域后备力量,促进公众意识到基础研究效益的延迟性与重要性共存;在应用研究领域,重视

---

① 黄荣丽,王大鹏,陈玲.新时期科技资源科普化的未来路径思考[J].今日科苑,2020(9):62—67+84.

科研人员亲自参与科技成果的应用转化和科普转化,以提升国家实力,促使国民对新科技应用于社会生活有更全面的了解;在科技成果市场化应用领域,重视科研人员亲自参与科技成果转化为更广泛的科普成果,覆盖更大国民范围,提升国民科学素养,建立具有创新性的青少年成长的社会环境,激发青少年将科研事业作为未来职业发展方向①。

从人员类型来看,传统的科普专业人员作为科普主力军已不再能适应新的部署,在科技资源科普转化的生产、传播和应用过程中,需要不同领域的专业人士参与。在生产阶段,科研人员应与科普专业人员、多媒体技术人员合作,定位目标受众并分析其情况,选择合适的科普成果形式进行科技资源科普转化;在传播阶段,应以传播专业人员、市场营销人员、科普专业人员为主体、科研人员形象配合和内容解读为辅助开展相关事宜;在应用阶段,科研人员和科普专业人员合作执行,视应用场景和应用时长进行合理分工。

(二)建立机制:解决关键激励机制,促生科普参与内在动力

促使科研人员及其他社会主体成为科研科普转化的重要力量,持续不断进行科普转化,需要从个体内部激励和外界环境驱动两个维度着手建立相关的保障机制。只有当社会共同体普遍认可科普的价值与意义时,这种群体认同感才会激励个体主动积极参与科普转化,同时不必面临同行的轻视和负面评价。一方面应该加大科普与科研同等重要的宣传力度,介绍科研人员参与科普转化不仅对科普事业意义重大,而且对自身科研事业的发展也有积极作用,如跨专业领域的思考可激发灵感、扩大科研

---

① 袁汝兵,赵宏伟,张素娟,王彦峰.科技资源视角的科研与科普相结合:模式与对策[J].科技管理研究,2022,42(17):248—252.

交友圈可了解最新科研成果等,从而形成科研人员助力科普具有重大意义的社会共识;另一方面要建立健全相关机制,使得科研人员所处的外界环境能保障其顺利参与科普转化工作[①],可从以下几点着手。

建立科普科研成果可灵活等价替换的考核与职称评定制度。各科研机构主管部门应逐渐推动各单位在考核与职称评定方面纳入科普工作指标。研究发现,部分科研人员的研究领域涉密或不适于向公众公开,部分科研人员因个人特质原因确实难以转化优秀科普成果,因此不宜强制所有科研人员进行科技资源科普转化,而应将科普工作作为弹性指标纳入考核和职称评定,并将科研工作量或成果与科普工作量或成果依据一定原则或比例等价替换,供科研人员自主调整科研与科普转化的工作比重,以充分发挥其主观能动性。

科研项目各阶段均确定科普任务考核要求。对于不涉密的科研项目,应在立项时强制设定科普任务,且要求科普转化成果应以适当的形式面向公众;项目预算中安排部分经费作为科技资源科普转化专项经费,保障科普转化成果的落地效果;将成果科普化作为科研项目结题的必要条件之一,在项目结项考核时必须提供科普转化完成情况证明,对科普转化成果突出的项目追加科普经费或成立专项科普项目,对未完成科普转化任务的项目,视为考核不通过,无法结项或影响下一次申报。

设立针对科研人员科研科普转化的专项经费或科普项目。各科研机构应设立专项科普经费,作为经常性项目经费保障科研人员顺利开展常规性科普工作。在科普项目申请方面,相比较而言,科普机构自身更具专业优势,因此科研或科普主管机构可设定专门以科研人员为主、科普机构人员参与为辅申请的科普项目,使得科研人员的科普工作成果可纳入本

---

① 王大鹏,贾鹤鹏.促进科学家参与科学传播需政策与机制并重[J].科学通报,2017,62(35):4083—4088.

单位的考评体系,并且有固定的科普经费开展科普。

设置多样的科普人才和(或)奖项计划并大力宣传。各级政府、科普和科研主管部门等可设置包含不同等级的科普人才和(或)科普成果奖项系列,如从国家、行业到单位等序列,表彰科技界、教育界、传播界、企业等社会各界中对科研科普转化作出贡献的人员,并联合主流媒体大力开展宣传,既让科研人员在此外部激励下积极参与科研科普转化工作,科普成果受本单位考评认可,又能营造鼓励科研人员参与科普工作的社会氛围,激发科研人员参与科普的意识,扭转科普不如科研重要的错误认识。

(三)提升能力:构建系统化能力培训,鼓励个性化科普实践

科研人员习惯于严谨、科学的行事作风,在自己的专业领域做出创新成果,这在一定程度上影响科研科普转化成果的趣味性,在科研科普转化过程中,如何选择并确定转化内容、如何呈现内容,都需要科研人员具备系统的科普能力。由于科研领域多样化,不同细分领域的科研成果由于本学科知识、方法、背景的特殊性,相应地会有个性化的内容、方法、精神来吸引公众的关注和投入。考虑到上述两点,提升科研人员的科普能力方案也应个性化,具体可从以下几个方面着手。

定期出版面向科研人员的分享科普经验的期刊,举办相关的科普转化成果和经验交流培训会。该科普期刊板块设置以科研人员科普经验案例投稿分享为主、科普困难讨论为辅,少量专业科普人士或资深参与科普转化的科研人员针对前几期科普困难分享解决策略,使得其他科研人员能够快速获得相关实用的科普经验。对于培训交流会来说,可由中国科学技术协会(地方科学技术协会)或中国科学院各地科研院所牵头,邀请科普经验丰富的科研人员开展理论讲座、案例分享、经验总结等,并留有

足够的时间供讲者与培训者交流讨论,为广大科研人员提供成体系的科普技能培训和经验。

政府或科研科普主管部门搭建线上科普经验分享平台(如论坛、网上社区、社交媒体平台等),实现科研人员和科普人员、其他专业技术人员即时交流。可按科普成果类型构建不同的板块:交流区(如社区、超话、tag、微信群等)和资源区(如线下培训资料区、科普视频区、科普图文区、科普讲座区等),当然也可按科研的细分方向构建不同的板块(如天文区、量子理论区、古生物区、化学区、医学区等)。这样不仅可将线下交流培训会的内容以视频、图文的形式呈现出来,面向更多不能亲自参与的科研人员,还能应对科研人员工作繁忙的客观现状,供其在闲暇时间浏览相关内容,充分利用碎片化时间与同样参与科普的科研同行随时交流经验,而交流的内容又能以文字的形式保存在平台之上,供后续浏览的其他科研人员参考或补充。

构建科普经验分享内容体系,满足科研人员个性化科普能力提升需求。作为科技创新主体,科研人员具有高水平的专业素养毋庸置疑,因此其对科普能力提升的需求不必面面俱到,应与个人特质和研究领域相适应。总的来说,通过对科研人员的调研发现他们有两方面需求。一方面是向科研人员提供受众背景。习惯于与科学共同体交流的科研人员通常不了解普通公众的理解水平和常用语言,这会导致公众反响不积极,进而影响科研人员的科普热情。所以,众多科研人员表示,希望能了解不同类型公众的理解水平、兴趣、需求等,特别是身心特点更为复杂的青少年。另一方面是为科研人员介绍传播策略。公众背景的差异性、多样的科普平台和多类型科普形式,对科研人员进行科普是一种挑战。因此,众多科研人员表示,希望能按照科普形式分类,以案例分享的方式介绍各类科普成果的设计技巧、突出效果、经验总结、注意事项等。

（四）完善路径：完善全流程产业链，培育社会多主体参与

当前我国社会的主要矛盾是人民日益增长的美好生活需要和不平衡不充分发展之间的矛盾，这意味着我国多样化人口结构及其背景对科普内容提出更高质量要求。科研科普转化不仅能扩大科普资源来源、提高科普资源质量水准，而且其转化内容的产业化还能拉动社会内需、满足更广大人民的精神需求。然而，这需要更多相关专业领域人士的参与和共同努力。科研科普转化是将科技创新成果进行实用性开发和社会化普及，从科研领域的科技资源到广大公众能理解的科普内容，经历了科技资源解析与转化、科普资源产生与传播的过程，涉及科研人员、公众、科普专业人员和各类专业技术工作者，如多媒体技术人员、传播专业人员、市场分析人员等[①]，目前这些主体之间并未形成一条完整的、可持续的创新成果产业链。为此，可采取以下几点举措。

由主管部门牵头，积极推动科研与科普两类机构及其专业人士紧密合作，各取所长，共同实现从科技资源到科普成果的转化。 各类高校和科研机构拥有大量具备高科学素养的科研人员，但在信息与技术壁垒分明的现代社会，科技资源的高质量科普转化还需生产人员队伍具备受众分析、创作思维、制作技术及策划营销宣传等能力，而这些是科研人员所欠缺的，因此可以以项目为载体，切实加强科研机构与科普机构、科研人员与科普人员的深度合作。

为广大科研人员与科普资源生产机构建立线上线下合作平台。 科研人员科普转化的传统模式以受邀型的科普讲座、演讲为主，形式单一且受众面小。我国科研人员众多，若单纯依靠有科普需求的机构邀请，一方面造成信息不对等，有名望的科研人员屡屡获得邀请，最后分身乏术，而其

---
① 范春萍.科技资源科普化：人才是瓶颈[J].科普研究，2010,5(5)：34—38+54.

他科研人员合作无渠道;另一方面需求机构难以寻找更合适的科研人员进行更多、更深入的业务合作。因此,科普科研主管部门可打造线上合作交流平台或线下博览会,供科研人员与内容生产需求对象直接沟通,为众多不善于宣传自我的科研人员提供参与科普工作的现实基础,降低跨出"第一步"的难度,同时还可营造科研人员共襄科普盛举的氛围。

对科研人员传统的科普转化模式进行革新,充分利用社交平台进行多类型科普成果传播。当今正处于信息社会,社交媒体资讯充满公众的日常生活,公众从中获得海量难辨真伪的信息,这更需要科研人员以科普者的身份对专业问题和政策进行各种辟谣和解读。因此,科普和科研机构主管部门应先通过官方社交媒体账号向科研人员征集稿件、音频素材等;然后建立官方主导的相关议题线上讨论区,由多位科研人员从各自观点出发进行探讨,让公众看到不同观点有理有据的思维碰撞;最后由政府主导科协等社会团体落实,组建专门的技术团队与科研人员合作,由科研人员负责输出内容,技术团队负责将内容制作成视频、音频,传播和营销团队负责发布、传播推广等,打开线上线下科普内容联动传播的局面,形成健康可持续的科研科普转化作品生产与消费闭环的市场。

(五)深度培养:对接学校教育,拓展成果应用范围

在我国,青少年群体是科普产品的主要受众,将转化产品投入科学教育实践是科技资源科普化工程中常被忽视却至关重要的一环。要深化科技资源科普化的应用成果,离不开深度对接学校培养方案,未来一个重要的趋势是将科研成果转化为优质校外课程和优质课后服务。

其中,重中之重是完善科技资源科普化成果进入学校的路径与机制,解决双方供需脱节问题,针对国家课程标准、学校课时规划,教师与科研人员、科普人员共同确定科技资源科普转化程度,开发定制课程,相应工

作应纳入参与人员的考核机制中。

此外,可由科普场馆等科普主体牵头、科研人员配合,建立课程资源包和应用指南,推动资源普适化推广,生产乐高式、标准化的科技资源科普化课程资源包,由不同地区、不同师资水平的学校根据自身需求进行采购和定制组合,自行生产更为个性化的校本课程,帮助教师更好地将科技资源的科普成果与教学需求相结合。具体做法如下。

沟通广大科研人员与学校的合作路径,解决双方供需脱节问题。针对每一阶段青少年培养目标和课程标准,学校向科研人员呈现各阶段学生关于科学的认知特点和发展需求,并在学校教师与科研人员讨论的过程中确定科技资源科普转化程度,进而逐渐构建成体系的、包含科研人员个性化科技资源转化形成的科普资源,供学校融入青少年的培养课程中。

提升科技资源科普转化成果的普适性,解决科普成果应用范围小的问题。当前参与科普转化的社会队伍不够壮大,科技资源转化的科普成果数量欠缺,是高层次科技资源科普面向青少年可达性范围小的直接原因,而未制定科技资源科普转化成果内涵的普适性标准是间接原因,这导致科普成果难以广泛进入青少年培养体系。因此,应确定培养青少年成为科技创新型人才,科研人员转化科普成果所需的科技资源内涵(如科研环境、科研方法、科技技能、科研精神、科研成就等体现真实科研职业的要素),以使更广泛的学校教师能够将这些科普成果与课程的内容相结合。

新媒体环境下长三角地区科学家参与科学传播的策略探究[1]

荣 艳 沈 嫣[2]

摘要 科学传播不仅仅是将科学知识传递给大众,更是促进科学理解、推动科技进步以及增强公众科学素养的关键路径,科学家在其中起着至关重要的作用。本文以长三角地区科学家为主要观察对象,基于217份问卷调查和对302位科学家从事在线传播的信息数据,对科学家参与科学传播的群体特征、态度与动机,对科学传播的了解程度,对传播效果的认知与评估、参与意向和需求等进行分析。基于研究结论,从科研机构、科普平台、科学家自身对未来科学家参与科学传播提出相关建议。

关键词 科学传播;新媒体环境;科学家行为;传播效果;参与意愿

一、引言

在当今信息快速传播的时代,科学传播作为科学与社会之间的纽带,扮演着至关重要的角色。科学家作为科学知识的发现者和创造者,是科

---

[1] 本文为上海市2024年度"科技创新行动计划"科普专项"科创教育队伍建设与能力提升计划"(项目编号:24DZ2301700)资助成果。
[2] 荣艳,上海科技馆助理研究员,研究方向为科学教育;沈嫣,通讯作者,上海科技馆助理研究员,研究方向为科学教育。

学传播的主要信息源,在科学传播中承担着至关重要的角色。然而,科学家参与科学传播并非一帆风顺。过去,围绕科学家是否应该参与科学传播的争议不绝于耳,有人积极支持,认为他们能够更好地解释科学原理、传播科学价值观念;也有人表示反对,担忧这种参与可能削弱科学的客观性和中立性。近年来,随着互联网新媒体的普及,科学传播逐渐从缺失模式向公众参与模式转变[①],网络平台为科学家提供了一个全新的传播渠道,使得它们可以更充分、更即时地向公众传递科学知识。科学家参与科学传播的方式和效果也产生了全新的变化。本研究以长三角科学家为主要观察对象,通过抽样调查回收了217份调查问卷,并对302位科学家的在线科学传播行为进行分析,深入探讨长三角科学家参与科学传播的总体特征,以期找到促进科学家从事在线科学传播的有效路径。

二、科学家参与线上科学传播的相关研究

科学传播是将科学知识传递给大众的过程,旨在促进科学理解、增进公众对科学的认识,加强科学与社会之间的联系。新媒介技术的赋权一方面瓦解了"主体—受众"的二元科普模式,推进了科学传播的民主化;另一方面也带来科学传播主体和知识生产机制的泛化,模糊了知识生产者与消费者之间的界限。科学家作为科学传播的重要一环,其参与科学传播的方式在学术领域出现争议。

在传统科学传播格局中,科学与非科学之间有着明显的边界。托马斯·基恩曾提出"边界设置"这一概念,用以区分科学与非科学、科学家与非科学家群体。传统媒体时代,科学内容从生产到传播都有稳定

---

① 吴文汐,周婷.科学家在线科学传播意愿及其影响因素实证研究[J].东北师大学报(哲学社会科学版),2021(2):111—116.DOI:10.16164/j.cnki.22-1062/c.2021.02.015.

的运作机制,这保证了科学共同体在科学传播中居于中心位置。如今,平台媒体化与媒体平台化已是大势所趋,由此衍生的泛化格局使得科学的权威性面临被削弱的风险。因此,有学者建议基于平台化思维打造科学生产模式,让科学家积极融入互联网平台来拉近与公众之间的距离,从而解决后常态科学的不稳定带来的科学素养缺失和科学精神异化的问题[1]。

在线科普的兴起和发展为科学家参与科普带来了全新的机遇。有研究通过新媒体平台对科学家形象的建构对科学传播展开分析,发现新媒体采用"科学家+媒体人"的模式提供内容与形式的保障,运用全息传播与全效传播理念,构建平民化、多元化的科学家形象以适应需求[2]。在线科普平台(如社交媒体、科普网站、视频分享平台等)吸引了广泛的受众群体,其中包括对科学感兴趣的专业人士和一般大众。这为科学家提供了更多与不同层次、背景的观众进行互动和传播科学知识的机会。

但同时需要注意的是,科学家与公众和社交媒体的互动对科学认知和传播效果产生的重要影响。科学家与媒体之间的分歧和缺乏默契配合都可能减弱科学传播的效果。有研究指出,社会发展呼唤科学家参与科学传播,但由于管理环境的不完善和缺乏科学传播政策的引导和激励,全球范围内的科学家在参与科学传播实践时面临诸多现实阻碍,涉及时间与资源匮乏、科学传播评估体系不健全等问题。科学家参与培训项目、尝试新的传播策略虽然能提升其知名度、可信度等,但缺乏科学统一的标准衡量实践成效,这在一定程度上造成科学传播培训

---

[1] 席志武,段韦.平台化时代的科学传播:泛化特征、现实困境与应对策略[J].中国编辑,2023(9):79—85.
[2] 陶贤都,郭嫣然.新媒体背景下微信公众号"知识分子"对科学家形象的构建及启示[J].科普研究,2022,17(3):47—53+89+107.

的盲目性①。

此外,新媒体的发展变革了信息传播模式,碎片化传播模式可能导致科学与公众之间的疏远,科学传播活动可能缺乏编辑监督和事实核查,且受众的价值观与科学传播活动无法有效联系②。除此之外,还有研究发现,在科学内容传播中,权威信源并不能发挥出正向作用,这一发现颠覆了以往传统媒体环境下权威信源正向影响的认知。用户更关注信息内容本身,系统式加工占据主导,影响了传播效果,揭示在科普过程中要重视表达方式和情感叙事③。

据此,本研究以长三角科学家为主要观察对象,试图分析在新环境下科学家参与科普工作的现状、特点及效果,并为未来线上线下科学传播行为的开展提供参考。

三、长三角科学家参与科学传播的现状分析

本报告基于对长三角科学家的问卷调查获得其参与科学传播的相关信息,共收集有效问卷 217 份。根据问卷结果,这些被调查的科学家有 79.72% 为男性,20.28% 为女性。在年龄分布方面,49.31% 的科学家年龄在 35—45 岁,26.73% 的年龄在 46—55 岁,35 岁以下的占比 12.9%,55 岁以上的占比 11.06%。

从学历上看,90.32% 的被调查者已取得博士学位,5.07% 的科学家

---

① 王国燕,杨玉琴,金心怡. 科学家参与科学传播:价值、关系与能力提升[J]. 科学学研究,2022,40(10):1729—1736. DOI:10.16192/j.cnki.1003-2053.20220516.003.
② 刘瑶瑶,李正风. 国际科学传播期刊研究热点与前沿趋向[J]. 中国科技期刊研究,2023,34(7):935—943.
③ 胡兵,冯采君. 认知视角下科普短视频传播效果的影响因素[J]. 科学学研究,2023,41(10):1755—1764. DOI:10.16192/j.cnki.1003-2053.20221227.001.

取得硕士学位,取得本科及以下学历的占4.61%。按照职称来看,65.9%的被调查者拥有教授、研究员或教授级高级工程师职称,22.12%拥有副教授、副研究员或高级工程师职称,1.38%的被调查者拥有院士称号,拥有助理教授、助理研究员或讲师职称的占比只有10.6%。可见,本调查中参与科学传播的高级职称者占绝大多数。从被调查者所在岗位来看,70.05%从事科学研究工作,18.43%从事科学教学工作,不到10%的被调查者为工程技术人员或从事行政管理工作。在这些被调查者中,仅有9.22%为专职从事科学传播工作,其余90.78%均为兼职进行科学传播。

关于这些被调查者的机构分布,主要来自高等院校(44.7%)和科研院所(43.78%),有7.37%来自事业单位,此外还有部分来自企业(2.3%)、社会组织(0.46%)或其他机构(1.38%)。这些被调查者的学科分布较为均匀,其中占比最高的三个学科分别是工学(19.82%)、生物学(16.59%)和化学(13.82%)。具体信息见图1和图2。

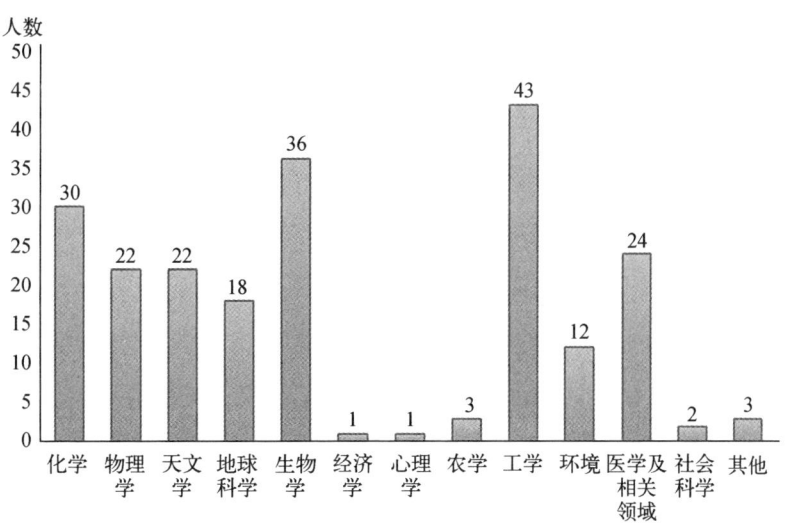

图1 被调查者的学科分布柱状图

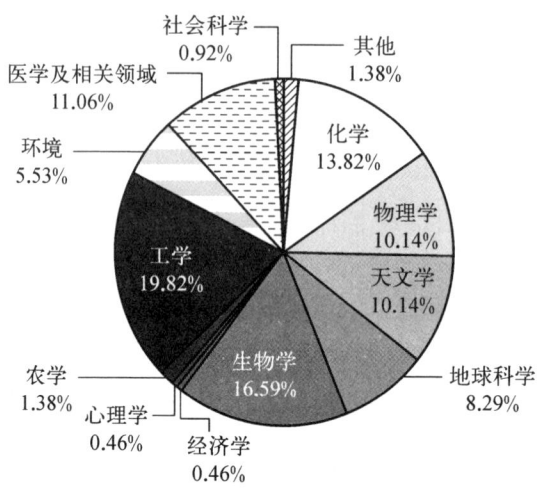

图 2　被调查者的学科分布占比

（一）长三角科学家参与科学传播的形式及频次

通过对 217 位长三角科学家的调查发现,科学家参与科学传播的主要形式为报告讲座和现场授课,82.95% 的科学家参与过此类科学传播实践。此外,51.61% 的科学家参与过科普文章、论文、图书的撰写,36.41% 参加过科技节、科普日活动,30.41% 曾接受媒体采访,29.95% 参与过科普视频、音频录制,19.35% 曾参与课程等科普产品研发,17.51% 曾参与媒体广播或电视节目录制,13.82% 进行过直播。从参与方式可见,科学家们更多习惯于以线下方式参与科学传播活动,相较而言,参与过科普视频、音频录制,广播、电视节目录制以及科普直播活动的科学家占较少数（图 3）。

从参与科学传播的频次来看,在过去的一年中,有 12.9% 的被调查者从未参与过科学传播；参与过 1—2 次的占比最高,为 38.71%；20.28% 参与过 3—4 次；8.29% 参与过 5—6 次；3.69% 参与过 7—9 次；参与过 10 次以上的占比为 16.13%（图 4）。

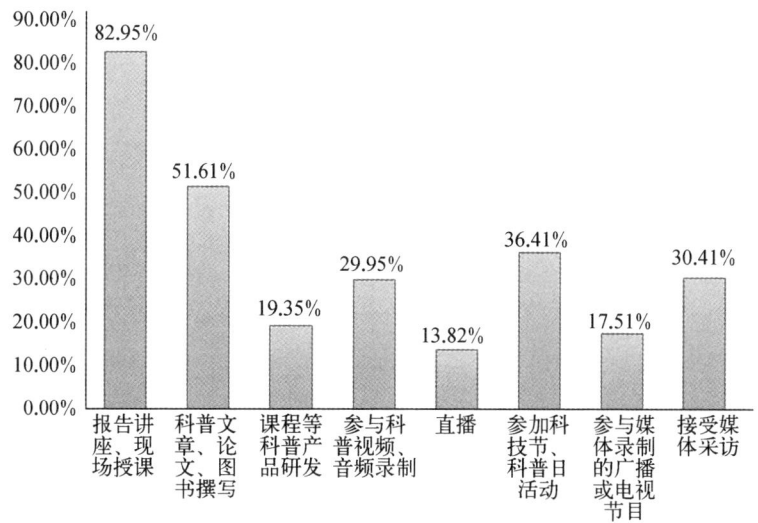

图3 被调查者参与科学传播的形式

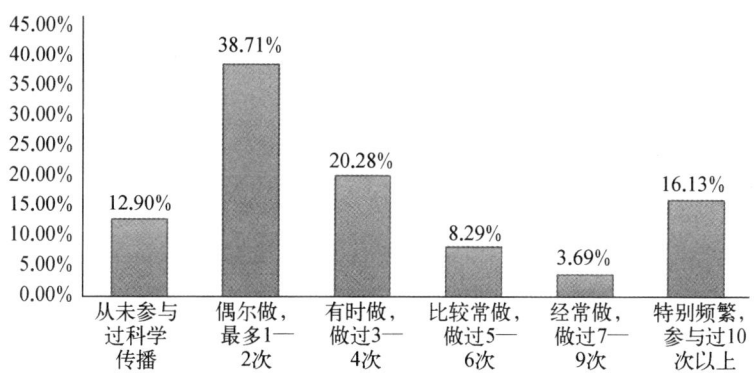

图4 被调查者过去1年参与科学传播的频次

（二）长三角科学家参与科学传播的态度与动机

长三角科学家们愿意参与科学传播最主要的原因是"向大众普及科学知识，推动社会进步"（76.5%），较少一部分动机是"单位要求"。此外，愿意参与科学传播的原因还包括热爱与情怀（51.15%）、认为是应该做的事（48.85%）、传播最新的科研成果（39.17%）、增加个人或团队的知名度

(24.42%),以及获得同行的关注和认可,有利于自身发展(24.42%)等(图5)。

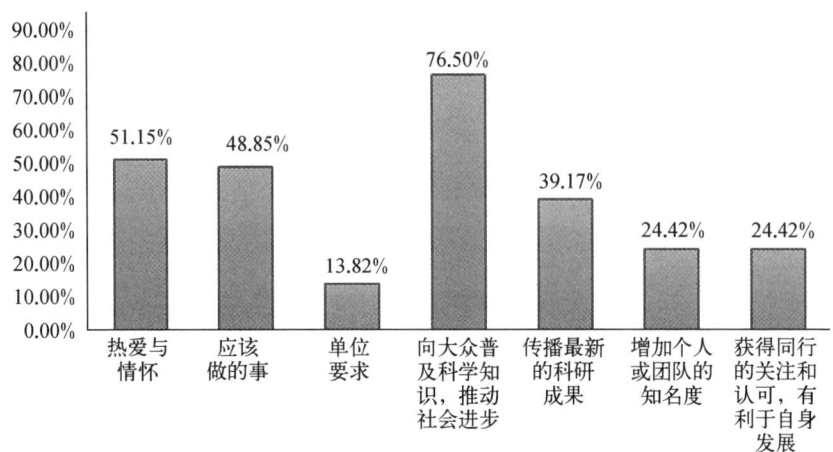

图5 被调查者参与科学传播的动机

就科学传播工作与科研工作的关系,不同科学家有不同看法。大部分科学家(64.98%)认同科研人员需要学习并进行科学传播,44.24%的被调查者认为两者关系密不可分,45.16%的科学家支持"科学传播能够帮助科研人员宣传科研成果"的观点。也有12.9%的被调查者认为两者关系不大,一些科学家(12.44%)表示科学传播工作应该让专门的科学传播人员去做(图6)。

谈及科学家参与科学传播遇到的阻碍时,67.74%的被调查者认为没有时间和精力去做科学传播是主要原因;32.26%认为是缺乏参与动力,因为现有的考核机制或体制没有针对科学传播的部分;感到"不了解科学传播的技巧,不知道怎么进行科学传播"的和认为"公众对过于专业的话题不感兴趣"的均占比23.50%;15.67%认为参与科学传播对职业发展没有帮助;10.14%指出是因为单位没有要求去做;1.84%认为公众不理解科学(图7)。

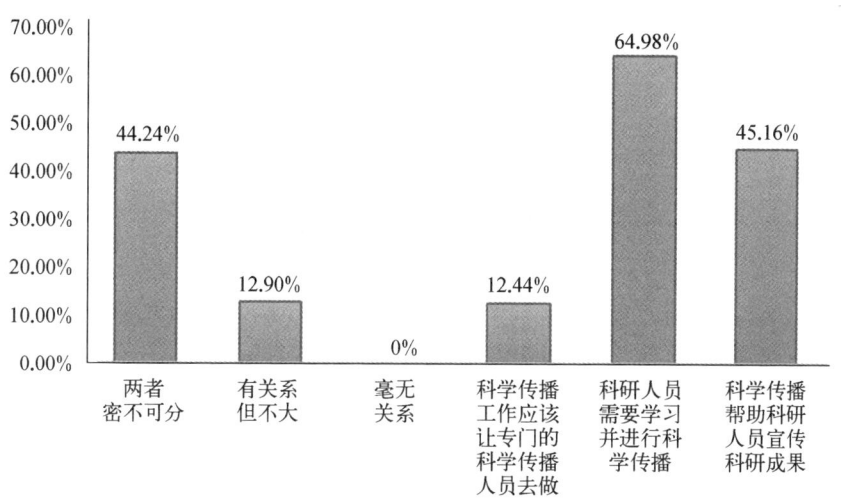

图 6　被调查者对科学传播工作与科研工作间关系的看法

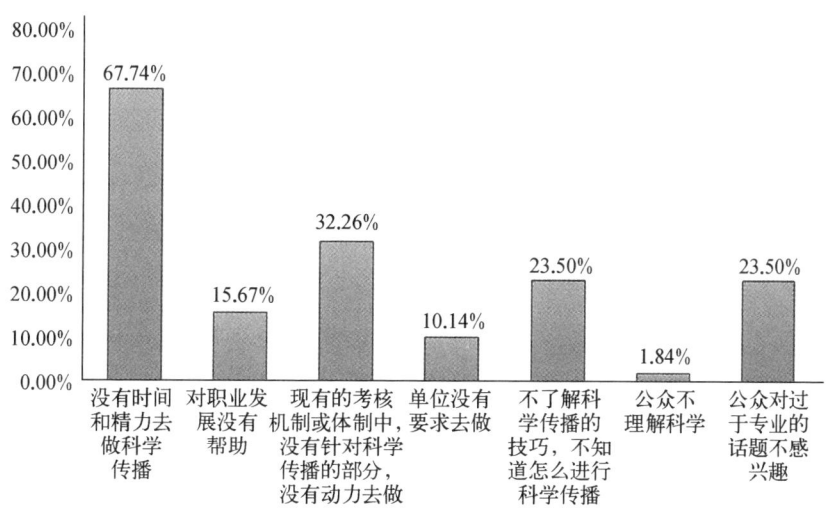

图 7　被调查者不愿参与科学传播工作的原因

（三）长三角科学家对科学传播效果的认知

从科学家参与科学传播获得的公众反馈来看，除 10.14% 的人完全没有接触过外,大部分反馈是积极的。61.29%的科学家表示总体上获得了很好的反馈,更有19.35%认为反馈非常好;8.76%表示反馈一般,不好不坏;仅有1位被调查者(0.46%)表示总体反馈不太好。与之相对应的是科学家对参与科学传播效果的自我评价,超过半数的科学家(53.92%)同样觉得效果总体很好,15.21%表示效果非常好;21.2%表示效果一般;1.84%表示效果总体不太好。可见公众对科学传播的反馈与科学家参与科学传播效果的自我感知基本一致,公众反馈相比更为积极(图8)。

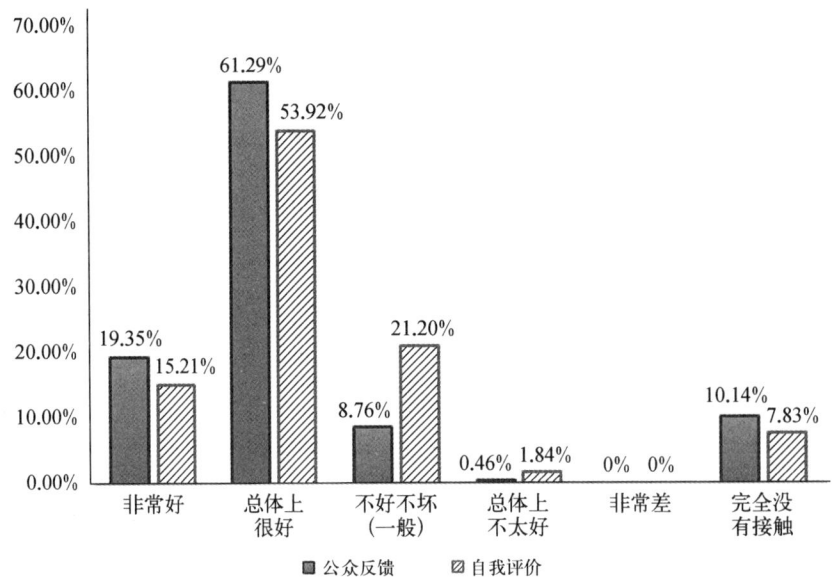

图8 被调查者开展科学传播工作效果的公众反馈及自我评价

(四) 长三角科学家对科学传播的了解及能力评估

问卷对长三角科学家对科普政策或法规的了解程度进行了调查,列举政策法规包括《关于加强科学技术普及工作的若干意见》《中华人民共和国科学技术普及法》《关于科研机构和大学向社会开放开展科普活动的若干意见》《关于加强国家科普能力建设的若干意见》等。调查结果显示：44.24%的被调查者对科普政策或法规都不太了解，29.95%有一点了解，10.14%完全不了解，9.22%比较了解，4.61%表示了解，仅有1.84%非常了解（图9）。从调查结果来看，长三角科学家对科普政策、法规的认知程度普遍较低，科学家同样需要被科普，以加强对科普政策法规的了解。

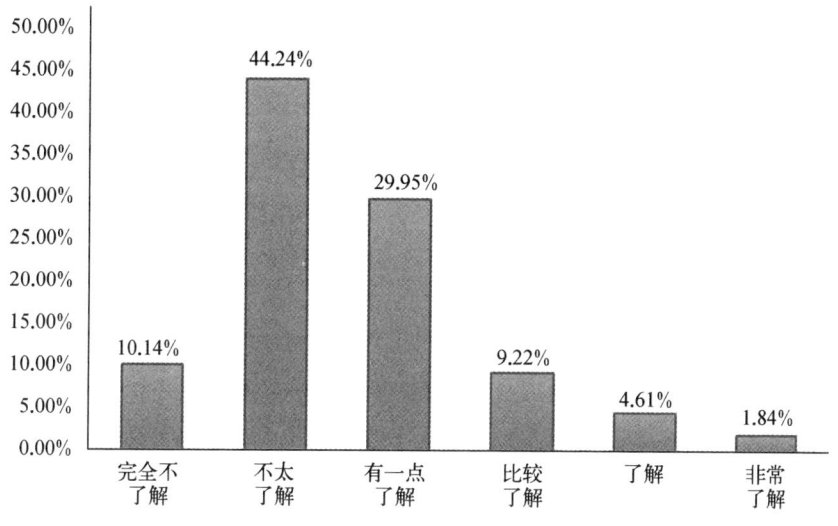

图9　被调查者对科普政策或法规的了解程度

调查还涉及对"科研机构科学传播工作人员所需能力"的评估，每项能力被设置为1—5分（由重要到非常重要）。在长三角科学家看来，从事科学传播需具备的最重要的能力为科学传播意识，获得均分4.66分。均分在4分以上的能力还包括：科研相关专业教育背景（4.31分）、传播技能（4.27分）。得分最低的能力为英语水平，均分为3.12分。可见各项能力间得分差异并不大，且得分普遍较高，被调查者认为各项能力均有一定重要性（图10）。

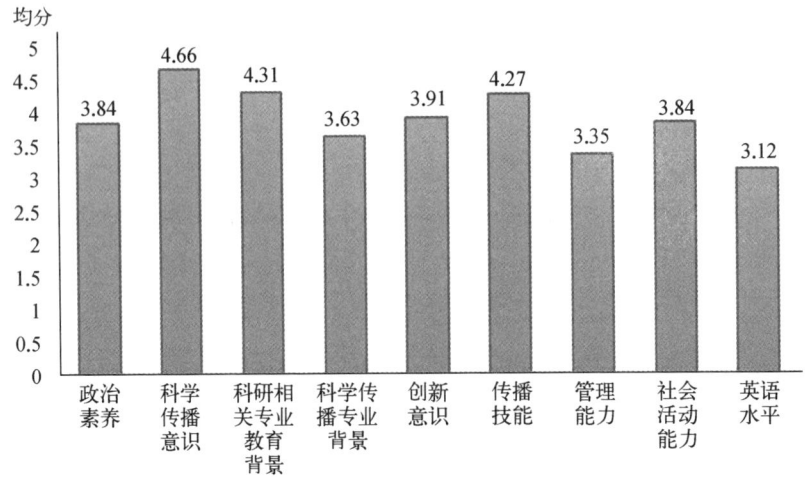

图 10　被调查者对科研机构科学传播工作人员所需各项能力的打分情况

（五）长三角科学家参与科学传播的需求与意向

有关长三角科学家对开展科学传播工作所需支持的判断，64.98%的被调查者认为"有渠道并且有平台去支持这项工作"是最重要的，以下这些因素的重要程度依次下降，分别是优秀的活动策划沟通与管理（48.85%）、科研人员积极参与（47.00%）、有资金支持（42.40%）、洞悉科学传播规律（34.10%）、有明确的关于科学传播工作的考核机制与激励机制（26.27%）、科学传播工作人员积极努力（23.50%），以及领导重视（12.90%）。具体内容见图11。一方面，对科普平台及活动策划的需求体现了对科普活动专业化、组织化的期待；另一方面，希望了解科学传播规律并获得关于科学传播工作的考核激励恰恰与上述调查中提到的，当前科学家参与科学传播所面临的阻碍有所对应。

未来长三角科学家参与科学传播的计划与目前科学家们参与科学传播的形式上也有较强的一致性：83.87%的被调查者计划进行科学传播

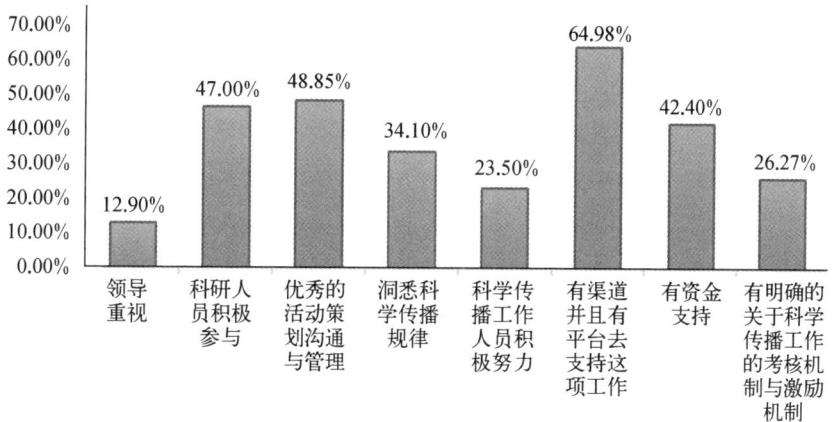

图 11　被调查者对开展科学传播工作所需支持的看法

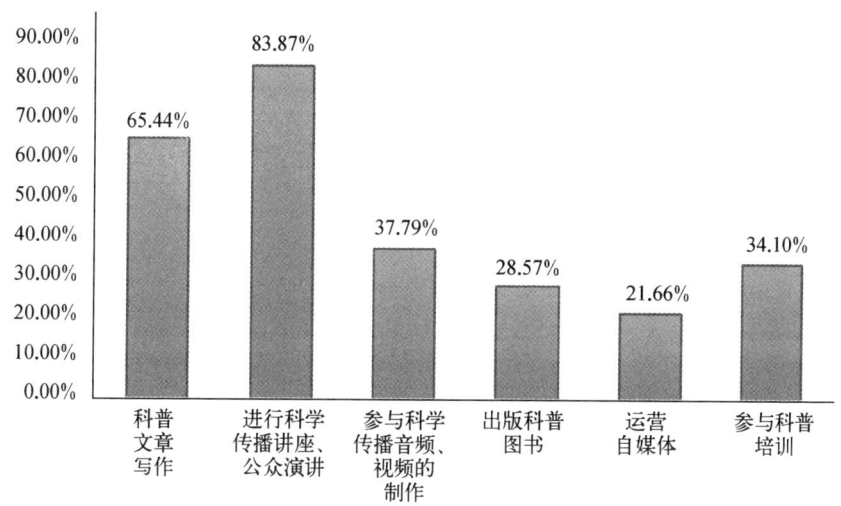

图 12　被调查者未来参与科学传播的计划

讲座、公众演讲,65.44%计划科普文章写作,37.79%计划参与科学传播音频、视频的制作,34.10%要参与科普培训,28.57%将出版科普图书,21.66%计划运营自媒体(图12)。尽管选择音视频录制或自媒体运营的比例仍相对偏少,但人数较之前已采用线上科普的科学家人数有所增加。

四、长三角科学家在线科学传播行为模式分析

通过对参与在线科普的长三角科学家信息的收集,本报告共获得302位科学家参与在线科普的相关信息。从学历上看,这些科学家中,53.3%已取得博士学位,7.9%取得硕士学位,取得本科学历的占1.9%,另有36.7%学历信息不详。相较于参与科学传播的长三角科学家总体情况,参与在线传播的科学家博士占比下降,但仍是进行科普活动的主要力量。从职称情况来看,2.9%的科学家有院士称号,46%拥有正高级(教授、教授级高级工程师或研究员、主任医师)职称,17.2%拥有副高级(副教授、高级工程师或副主任医师、副研究员)职称,拥有中级及以下职称的占比为8.5%,其余科学家职称不详。长三角参与在线科普的科学家中,中高级职称者依旧占据大多数。

从这些在线科普者任职的机构分布来看,过半(53.9%)来自事业单位,16.8%来自高等院校,8.6%来自科研院所,5.2%来自企业,1.3%来自社会组织,0.9%来自政府部门,另有12.9%为自由工作者或任职机构不详。这与长三角参与科普的科学家整体机构分布出现明显不同,参与在线科普的科学家分布机构更为分散,且主要来源发生变化,从高等院校、科研院所转向事业单位。这也与在线科普者的学科分布同样密切相关,相较于参与科普科学家整体的均匀分布,在线科普者有60.5%来自医学专业,余者则均匀少量地散布于其他各学科(图13、图14)。

从参与科普的形式来看,科学家们的途径主要分为线上和线下两类:线上包括图文科普、短视频科普、长视频科普、直播科普、讲座科普等;线下形式包括电视节目录制和讲座授课等形式。由于不少科学家参与科普的形式不止一种,且经常采用线上线下相结合的方式,故对参与方式的考察统分为线上参与、线下参与、两者结合3种类型,同时对科学家采用方

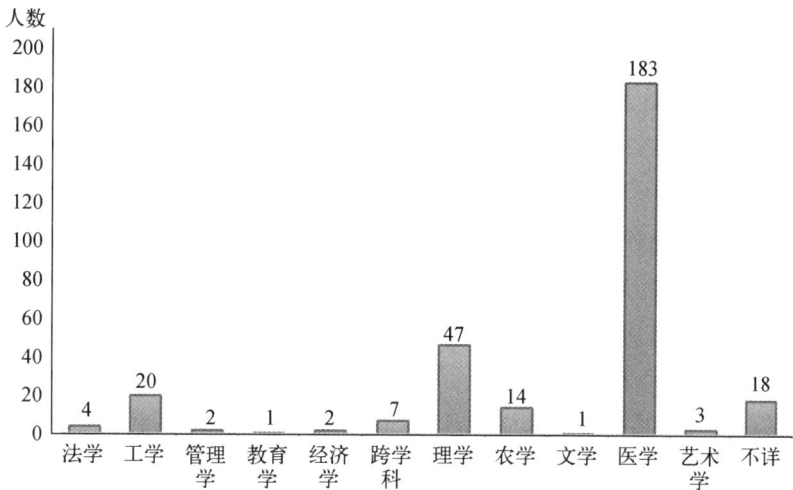

图 13　在线被调查者的学科分布柱状图

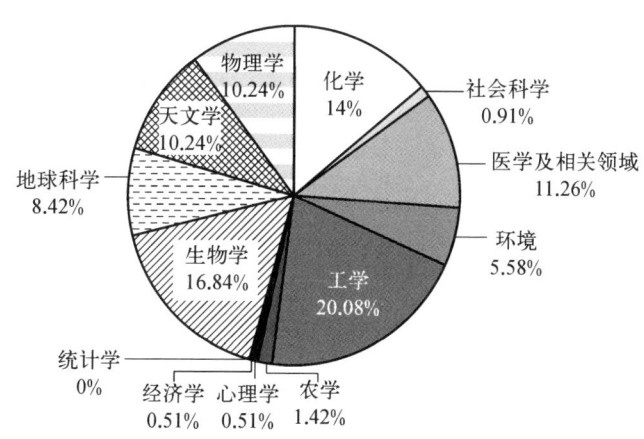

图 14　在线被调查者的学科分布占比

式的数量进行考察。

调查发现,约 79.4% 的参与者采用线上方式参与科学传播,约 15.6% 为线上、线下相结合方式,约 4.6% 为仅线下方式参与(图15)。从参与方式的数量来看,51.6% 的科学家采用单一方式进行科学传播,29.8% 采用两种方式,14.9% 采用 3 种方式,3.3% 采用 4 种方式,仅 1 人

(0.3%)采用5种方式。将科普形式与参与科普形式的数量进行交叉分析发现,无论参与几种形式的科学传播,参与的主要形式都为线上传播;仅有参与1种或2种方式的科学家,存在只参与线下科普的情况,且均为受邀参与科普。

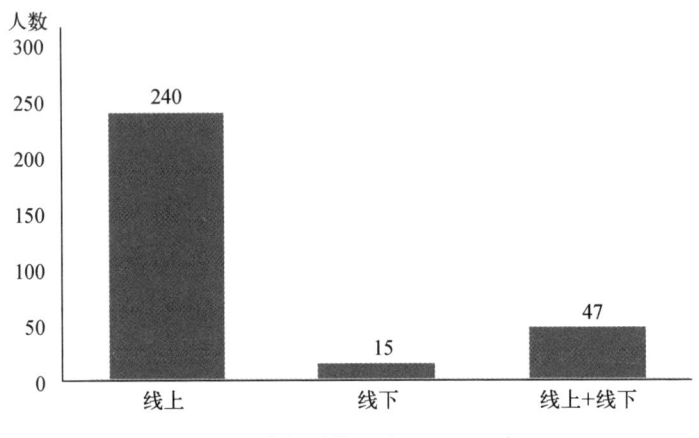

图15 参与科普活动的不同形式

(一)长三角科学家在线传播行为特征

长三角科学家的在线传播行为主要分为自发科普和受邀科普两类,也有部分科学家同时参与这两种类型的科普活动,在被调查的302位科学家中,有171位科学家是自发进行在线科普,占比56.6%;75位为受邀参与科普,56位是同时参与两种类型科普活动,分别占比24.8%和18.5%。

被调查者进行自发科普所选择的在线平台各有不同,其中86位科学家的主要科普平台为微博,占比28.40%;其他的平台包括垂直类平台,如医疗类平台好大夫在线(17.80%),也有部分选择使用抖音(17.20%)、微信公众号(4.60%)、哔哩哔哩(3.30%),或者快手、西瓜、知乎、微信视频号、腾讯新闻、搜狐视频等平台发布。此外,有75位科学家未选择平台,其中74位是受邀科普的科学家,1位虽选择两种类型科普活动均参与,但未提供自发科普的平台信息。具体信息可见图16。在各类科普平台中,垂直类科普平台占比位居第二,这与前文所述长三角科学家认为科学传播所需支持的看法有所对应,即希望有渠道和平台支持科学传播工作。

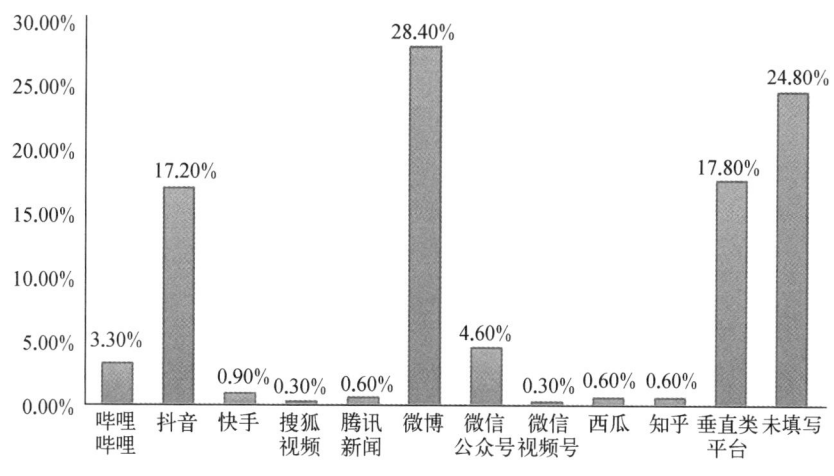

图16 在线被调查者科普活动平台分布

1. 不同职称的科学家在线传播行为的差异

调查发现,不同职称科学家参与在线科学传播的主要特点各不相同。随着职称降低,选择进行自发科普的比例会相对增加。在具有正高级职称的科学家中,从事自发科普和受邀科普的比例基本相当,分别占比37.8%和33.8%,另有28.4%两种方式均参与。具有中级或中级以下职称者,自发科普是他们参与在线科普的主要方式。未填写职称者同样以自发科普为主。

从科学家职称与科学家所使用的科普平台交叉分析来看,院士主要使用的科普平台为哔哩哔哩;正高级职称及以上科学家们主要使用垂直类平台(39%)及抖音(22%)进行科普,这也与学科分布相关,由于过半参与在线科普的科学家所在学科为医学,或可推测医学在科普专业平台建设方面相对更成熟。从具有正高级到中级及以下职称的科学家中,抖音是他们进行科普的较主要平台。在未填写职称的科学家中,微博是其主要参与科学传播的平台(图17)。

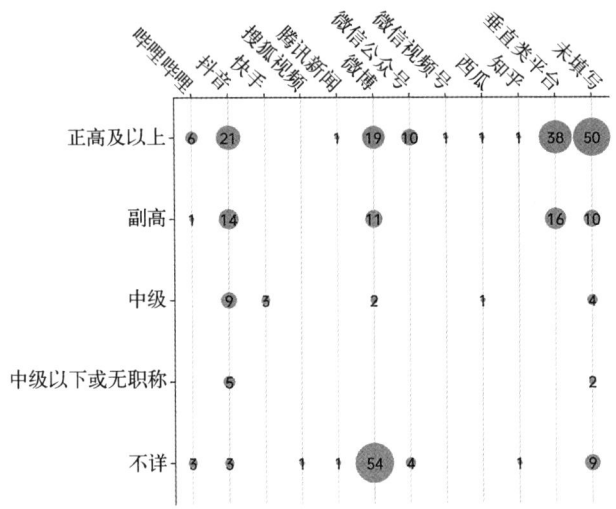

图17 不同职称被调查者使用平台的情况,图内数字表示选择对应平台科普的人数

从科学家职称与其参与科普形式的交叉分析来看,线上科普为各职称科学家参与科普的主要形式,而参与线下科普的主要为正高级职称的科学家(图18)。

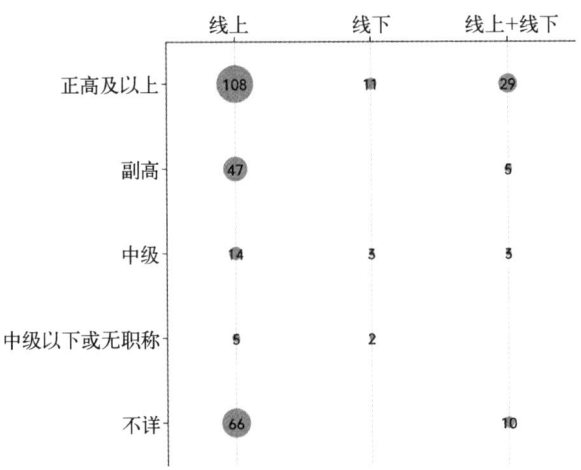

图18 不同职称被调查者参与科普形式的情况,图内数字表示选择对应形式科普的人数

2. 不同学历科学家在线传播行为的异同

调查显示,不同学历科学家参与在线传播的行为各有不同。从参与在线传播科学家的学历来看,获得研究生学历者(博士研究生、硕士研究生)、学历不详者,均以自发科普为主;其次为受邀科普。但本科学历科学家展现出不一样的特征,其主要科普形式为受邀科普,占67%(图19)。

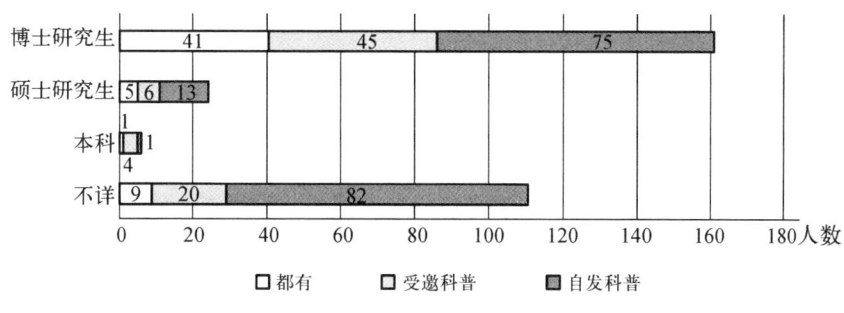

图 19 不同学历被调查者科普动机的不同

从在线科普平台选择方面来看,学历与平台选择的对应情况与职称与平台选择的对应较为一致。博士研究生学历的科学家从事科学传播的主要平台为垂直类平台(23.7%)和抖音(20.4%),而学历不详者从事科普的主要平台是微博,占比54%(图20)。

将学历与参与形式交叉同样发现,无论是何种学历,线上传播均为其主要参与方式,而参与线下科普的主要群体集中于博士研究生。这与上述发现"参与线下科普的主要为正高级职称科学家"结果相对应(图21)。

3. 任职机构类型与在线传播行为的关系

调查显示,所在任职机构不同,其参与科学传播的动机也存在差异。任职于高等院校的科学家受邀科普与自发科普的比例相当,各占比43.1%;任职于科研院所的科学家更多受到邀约进行科普,占比61.5%。

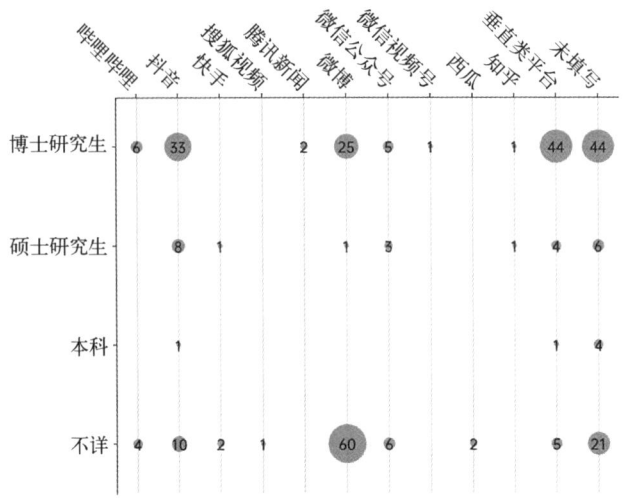

图 20　不同学历被调查者使用平台的情况,图内数字表示选择对应平台科普的人数

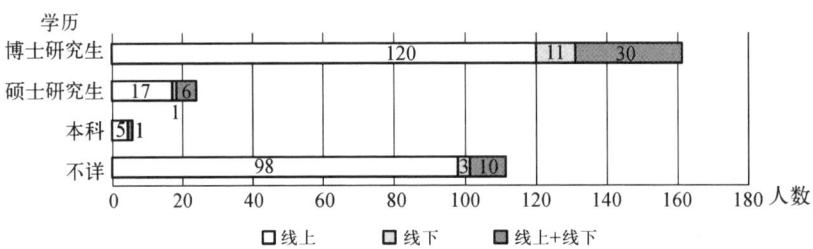

图 21　不同学历被调查者参与科普形式的不同

同样,政府部门受邀科普更多。而事业单位、企业和社会组织等其他机构的在职科学家更多以自发科普为主(图 22)。

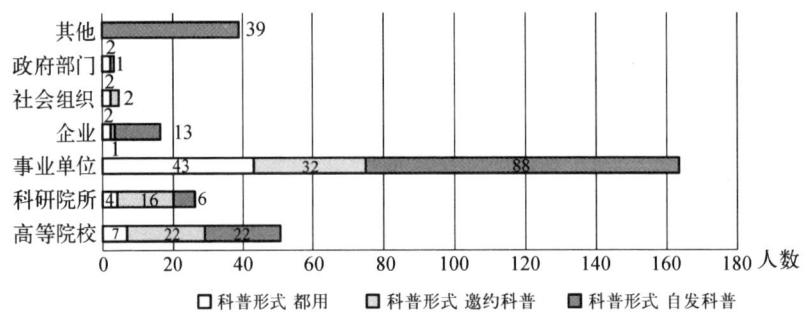

图 22　不同任职机构被调查者科普动机的不同

通过对科学家任职机构及参与科普主要平台进行交叉分析,发现科学家所在任职机构不同,其主要采用的科普平台也不同。事业单位主要采用垂直类平台(32.5%)及抖音(27.6%)进行科普,而高等院校、科研院所、企业、社会组织、政府部门等其他机构的科学家则更多使用微博开展科学传播。这与前文提到的学科同样相关,因医学学科有诸如好大夫之类的垂直类平台,所以科学家可以在这些平台开展垂直类科学传播活动。此外,运用抖音视频形式开展科普的行为同样值得关注(图23)。

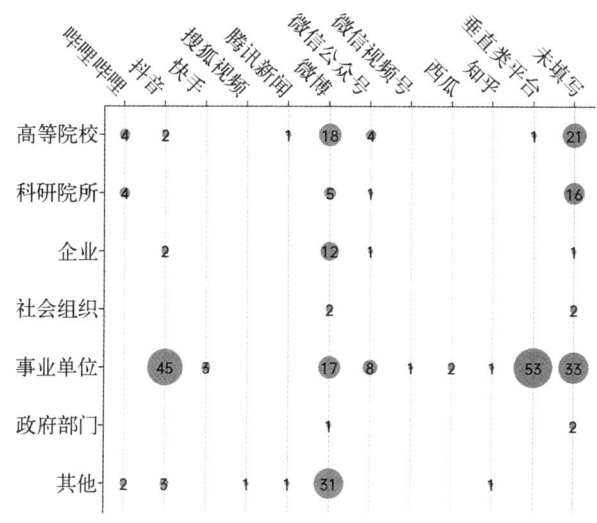

图23 不同任职机构被调查者使用平台的情况,图内数字表示选择对应平台科普的人数

从科学家任职机构与参与科普形式的交叉分析来看,大部分科学家均采用线上科普的方式,科研院所线上科普与线上+线下科普持平,各占42.3%。参与线下科普的主要为高等院校(图24)。

4. 学科背景与在线传播行为的关系

调查结果显示,医学在线科普在各学科中占绝大部分,且在科普平台的选择上也与其他学科呈现出不同特点。医学学科科普主要在垂直类平台及抖音居多,分别占比35.6%和29.5%,恰恰印证了上述事业单位及

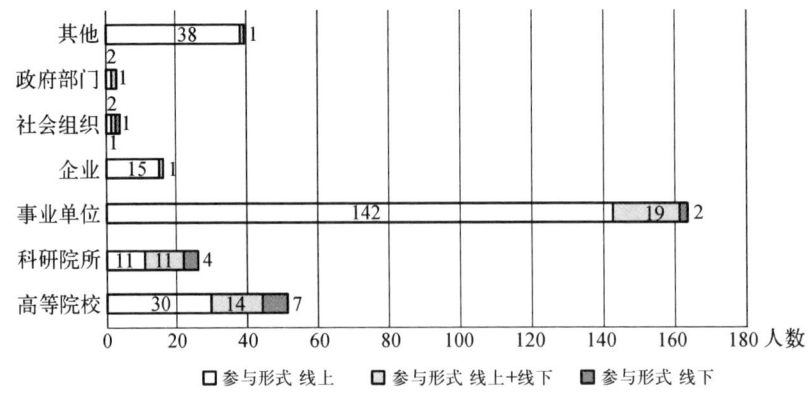

图 24 不同任职机构被调查者参与科普形式的不同

正高级职称科学家同样以这两个平台为主要科普平台的有关猜测。因为医学科学家多为医院在职医生,故与任职机构分布形成对应(图 25)。

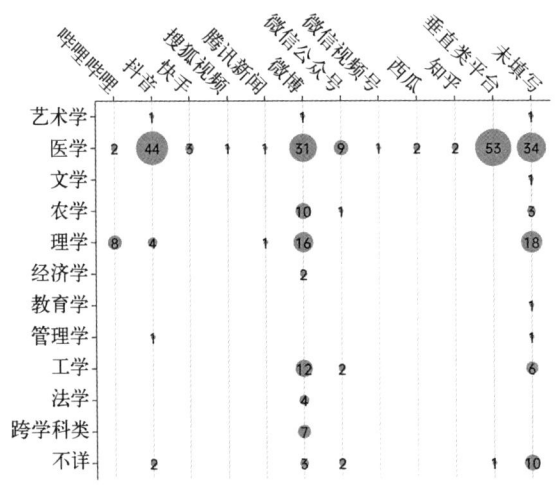

图 25 不同学科背景被调查者使用平台的情况,
图内数字表示选择对应平台科普的人数

将学科与参与科普形式交叉分析还可发现,虽上述提到参与线下科普的科学家在职称、学历及任职机构上的分布均较为集中,但在学科分布上是较为分散的,分布于理学(33.3%)、医学(26.7%)、工学(13.3%)和管理学(6.7%)等学科(图 26)。

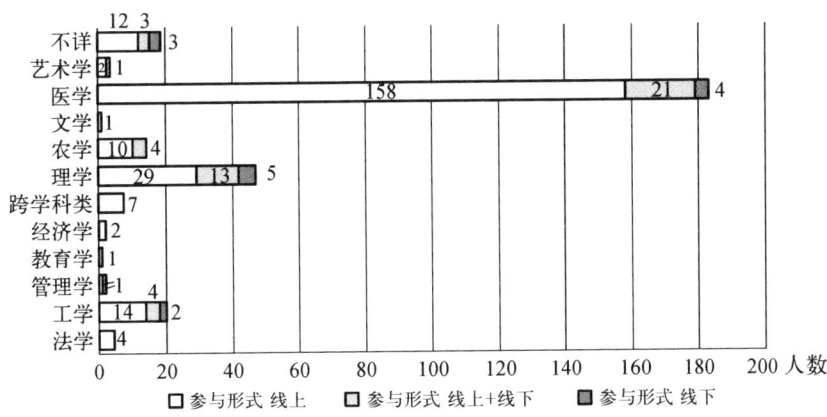

图 26 不同学科背景的在线被调查者参与科普形式的不同

(二) 自发传播效果：与科普作品发布数量显著相关

在此次调研的 302 位科学家中，有 171 位专注于自发科普行为，55 位同时参与自发科普和受邀科普，自发在线科普是大部分被调查者的选择。为此，我们希望考察哪些因素会影响科学家参与线上科普行动的效果，借此推动线上科普更高效展开。同时，在上述对长三角科学家参与科普的调查中发现，微博（38%）、垂直类平台（23.8%）、抖音（23%）是科学家在线科普的主要平台，使用这些平台的科学家在学科分布、学历、任职机构、职称等方面存在差异，且三个平台在内容特点、受众群体等方面同样具有多样性。因此，我们分别对不同平台传播效果的相关因素做了分析，传播效果以科学家在平台所获粉丝数为参考标准，影响因素则从科学家自身特点、平台内容发布情况及科普形式选择等方面考虑。

1. 微博平台传播效果

从科学家自身特点对传播效果的影响来看，对比不同职称、不同任职机构、不同学历、不同学科的科学家在微博平台的粉丝数量差异，发现差异均不显著。检验结果分别为：$F=1.499，p>0.10；F=1.662，p>0.10；F=1.663，p>0.10；F=1.143，p>0.10$。可见，在在线平台传播中,科学家自身的背景无法成为其吸引用户关注的因素。

调查发现,科学家发布作品数量与粉丝数量间有显著相关性,对发布数量与粉丝数量间进行皮尔逊相关分析,结果为$p<0.01$。可见,在线科普效果具有长期效应,随着科普数量不断增加,科普效果也会相应提高。此外,科学家使用科普形式的数量差异与粉丝数量间并无显著相关性,$p>0.10$。

2. 垂直类平台传播效果

对于长三角科学家在垂直类平台传播效果的测量发现,科学家自身特点对传播效果影响同样不显著,与在微博平台的结果一致。对不同职称、不同任职机构、不同学历、不同学科科学家粉丝数量差异的检验结果分别为:$F=1.698$,$p>0.10$;$F=0.841$,$p>0.10$;$F=1.686$,$p>0.10$;$F=0.050$,$p>0.10$。

对垂直类平台作品发布数量与粉丝数量间进行皮尔逊相关分析同样发现,两者存在显著相关性,$p<0.01$。与微博平台不同的是,科学家使用科普形式的数量与其粉丝数量间也存在显著相关性,$p<0.05$。这说明在垂直类平台采用多元化的科学传播方式,有机会获得更好的效果。

3. 抖音平台传播效果

与前两个平台一致,抖音科学传播效果在不同职称、不同任职机构、不同学历、不同学科科学家间差异并不显著,检验结果为:$F=1.203$,$p>0.10$;$F=0.763$,$p>0.10$;$F=0.150$,$p>0.10$;$F=0.853$,$p>0.10$。

在发布作品数量及科普采用的形式数量方面,抖音科学传播效果与微博一致,均受到发布作品数量影响,$p<0.01$;但与科普采用的形式无显著相关性。

综上所述,通过对科学家在线科普最常使用的三个平台传播效果的分析,我们发现,无论哪一个平台,科学家在线粉丝数量均与其发布作品数量呈显著相关性。由此可见,长期、频繁的在线科普效果是更为显著的,而所有平台的粉丝数量均与科学家自身特征无关:一方面这或许因为在线平台的匿名性模糊了科学家之间的身份差异,使得传播效果仅受内容呈现形式影响;另一方面也与数据收集中不少科学家未呈现其学科及学历背景有关,这恰恰也与网络平台模糊化传播相对应。此外,我们还发现,在垂直类科普平台上,采用科普方式的多样性与粉丝数量有显著相关性,相较微博、抖音在传播形式上的固定性,可能以图文或短视频、直播等形式更占优势;科普垂直类平台的发展也为科普形式的多样化提供了更多可能。

五、结论与讨论

科学传播既是科学家与公众之间沟通的桥梁,也是推动科学技术进步与社会发展的关键驱动力。它通过普及科学知识、提升公众科学素养、促进科学与社会的互动,为构建一个更加理性、健康、和谐的社会提供了坚实的基础。随着互联网和移动设备的普及,科学传播面临着前所未有的挑战与机遇。在线科普活动能够突破时间和空间的限制,使多元、动态传播成为可能,既让更多主体有机会凭借自身知识技能获得传播平台,也使更多人能够接触到最新的科研成果和科学发现,促进科学与社会的互动和理解。

基于对长三角科学家的问卷调查(共收集问卷217份)和302位科学家从事在线传播的信息数据,本研究提出以下促进科学家参与科学传播的建议。

科研机构应做好对科学传播的规范和普及。科学家对参与科学传播有"推动社会进步""热爱与情怀""科研工作与科学传播密不可分""科研人员也需要学习"等积极的主观动机,他们认为从事科学传播最需要具备的能力为"科学传播意识",由此可见,科学家有较强的了解科学传播的主观意识。科学界、科研机构内部应制定规范制度,对科学家参与科学传播的成果予以肯定,营造鼓励科学传播的氛围。本研究还发现,大多数科学家对我国现行科学传播政策、法规了解程度较低,超过一半的长三角科学家处于完全不了解或不太了解的状态。因此,未来要推动科学家更好参与科学传播活动,还需要做好科学传播政策法规的普及,使科学传播政策支持的普及与科学家的参与意识相匹配。

科普平台需对参与科学传播的科学家提供支持。基于研究数据,我们发现虽然目前长三角科学家总体以采用线下科普方式为主参与科学传播活动(82.95%的科学家参与过报告讲座和现场授课),但未来采用线上方式开展科普的意愿较高(37.79%的科学家计划参与科学传播音频、视频的制作;21.66%计划运营自媒体)。线上科普平台的传播不囿于空间和时间的限制,成功的线上传播能够达到远超线下活动的传播效果。科普平台专业的运营策略,不仅有助于推动科学家参与科学传播,还可以通过培训、提供技术或平台支持等方式提高科学家的在线科学传播能力,使其在时间和精力有限的情况下高效率地参与科学传播,获得向公众传播、与公众交流的价值感。

科学家应掌握参与科学传播的相关策略。通过分析科学家在垂直类平台的科普实践,我们发现采用科普方式的多样性与传播效果有显著相关性。相较微博、抖音在传播形式上的固定性,以图文或短视频、直播等形式传播更占优势。鉴于科普形式的多样化能为科学传播带来更好的效果,科学家参与科学传播时应顺应传播规律、用足传播策略,从而使自己的行为达到更好的传播效果。此外,以平台粉丝数量为传播效果考察依据,在科学家参与在线科普的三个主要平台(微博、专业平台、抖音)的科学传播实践中,科学家自身的职称、任职机构、学历等因素与传播效果均无明显相关性,而作品数量均与传播效果呈显著相关性。因此,从在线科学传播效果来看,鼓励科学家进行长期、稳定的科普输出,是提高科学传播效果的必要保证。

本研究还存在一些局限性:一是此次研究中所调查的对象皆为长三角地区的科研人员,未涉及在其他地区的科学家;二是有效问卷回收率较低,对样本的代表性有所影响;三是本研究未考虑科学家自身的人格特质,比如性格内向、不善言辞等对传播意愿的影响。因此,本研究仅为探索性研究,未来还需要更进一步调查验证。

基于不同社交媒体平台的科研人员
短视频科普实践分析[①]

孟惠普　胡　芳[②]

摘　要　近年来,科学家在互联网上的科普行动越来越受关注,而随着短视频平台的兴起,越来越多的科研人员开始借由短视频向公众传播科学,涌现出一批"科学家网红"。本文收集了15位分属于微博、抖音、哔哩哔哩三个主流网络社交平台的科研人员账号在2022年1月至2022年6月期间发布短视频的情况,分别从账号和平台的视角进行分析。整体来看,不同类型科研人员以差异化的路径进入了这一领域,并乐于采取趣味性、个性化的表达,传播的内容也不局限于科学知识本身;受众普遍对以科研人员身份发布的内容认可度较高,但更偏好实用性强、具有明确应用场景的内容。

关键词　科研人员;科普;短视频

一、引言

近年来,作为"科学传播的第一发球员",科学家的参与在科学传播过

[①] 本文为上海市2024年度"科技创新行动计划"科普专项"科创教育队伍建设与能力提升计划"（项目编号:24DZ2301700）资助成果。
[②] 孟惠普,上海科技馆研究实习员,主要研究方向为科学传播;胡芳,通讯作者,上海科技馆副研究员,主要研究方向为博物馆科学传播。

程中的独特价值逐渐受到关注,涌现出一批"科学家网红",即利用互联网主动开展科学传播实践并取得一定反响的科研人员[①]。在相关研究中,科学家参与科学传播的意愿、行动及两者之间的关系是研究的焦点之一,尽管有研究者指出目前我国科学家在科学传播参与上具有知行反差的特点,受到他人对科普的态度、网络舆论对科学家的整体评价等因素的影响[②],但相较于以往与公众的间接接触,互联网和各类平台的崛起无疑为科学家提供了更多直接和社会大众互动的机会。

"科学家网红"的崛起和传播环境的变化密切相关。微博、抖音、哔哩哔哩(别名"B站")等新媒体平台的发展无疑为科研人员提供了更多与社会大众直接对话的机会。这些平台具有发布即时、交互性强、进入门槛低、耗费成本少、传播范围广等优势,很大程度上便利了科学家的传播活动,推动科学家群体和社会大众产生更为直接、自由的交流,也顺应了当下受众获取信息的碎片化需求。在这种背景下,一些平台注意到科普类内容的发展潜力,提供了具有针对性的扶持策略,积极引导科研机构和科学家群体入驻,丰富平台在知识领域的内容生态。基于平台不同的目标人群、发展战略和既有基础,科普内容在各平台上的传播模式各有其规律和特色。有研究者抽取来自微博、微信、知乎、抖音、B站、快手六大平台的部分典型科普账号及其内容,指出当前超大平台的科普内容生态已经初具规模并逐步细分,创作者和用户的互动成为这种生态中最为关键的联系,超大平台的固有特性也造成了图文与视频内容在模式上的分化[③]。但目前,针对科研人员等专业群体在不同平台上主动传播行为的讨论还

---

① 贾鹤鹏,王大鹏.作为建设性新闻的科学报道——以网红科学家的科普实践为例[J].当代传播,2020(2):50—55.
② 金兼斌,吴欧,楚亚杰,等.科学家参与科学传播的知行反差:价值认同与机构奖惩的角度[J].新闻与传播研究,2018,25(2):20—33+126.
③ 王黎明,钟琦,戴天齐.超大型互联网平台的科普内容生态特点分析——以微博、抖音、知乎等平台为例[J].科技传播,2021,13(23):24—28.

主要集中于在特定平台上的发展策略和特定账号的成功经验,针对平台之间差异的讨论相对较少。

本文收集了15位分属于微博、抖音、B站三个主流网络社交平台的科研人员账号在2022年1月到2022年6月期间的发布内容,详见表1。需要说明的是,此处对于科研人员的界定比较宽泛,既包括就职于高校、科研院所、医疗机构等具有科研性质机构的相关从业者,也包括虽然仍处于学习阶段,但已经有一定知识储备的硕博学生群体,所属的学科领域也比较多样。具体而言,研究统计的内容包括发布的条数、类型、科普内容占比、原创内容占比、各条发布内容的数据统计、账号与粉丝的互动情况等,试图通过对以上数据的洞察,讨论科研人员利用不同平台开展线上科学传播活动的共性和差异。

表1 2022年1—6月相关科研人员账号情况

平台	账号	领域	身份	当时的粉丝数量(万)
微博	李彬彬 taotiebin	环境科学	昆山杜克大学环境科学副教授	45.2
	王放_自然测量员	生态学	复旦大学教授	20.3
	王元卓	计算机技术	中国科学院计算技术研究所研究员	59.7
	王爽_宇宙奥德赛	天文学	中山大学副教授、博士生导师	317.4
	科学有温度魏科	大气物理	中国科学院大气物理研究所副研究员	2.7
抖音	医路向前巍子	医学	北京大学第一医院密云医院急诊外科医生	2112.1
	不刷题的吴姥姥	物理学	同济大学物理学教授	342.9

(续表)

平台	账号	领域	身份	当时的粉丝数量(万)
抖音	爱较真的戴老师	物理学	河南大学物理电子学院教授	141.9
	陈征 博士——科学实验大玩家	物理	北京交通大学副教授	43.2
	反面教材	物理	中国科学院博士	13.2
B站	芳斯塔芙	生物类	神经科学博士	259
	汪品先院士	海洋地质	中国科学院院士	169.8
	爱德华莫泽	神经科学	2014年诺贝尔生理学奖或医学奖得主	40.8
	复旦赵斌	生态学	复旦大学生态学教授	12.2
	兔叭咯	医学类	黑龙江中医药大学博士	628.8

二、不同平台科研人员短视频科普的实践情况

(一) 微博

研究观察了"李彬彬 taotiebin""王放_自然测量员""王元卓""王爽_宇宙奥德赛""科学有温度魏科"5名科研人员的微博账号,主要关注其视频内容的发布情况和互动情况,这些账号大多数的视频内容为转载,原创较少。

1. 微博账号"李彬彬 taotiebin"

李彬彬现任昆山杜克大学环境科学副教授,是公众科学项目全国防鸟撞行动的创始人,并凭"鸟撞"项目研究成果获得"2022菠萝科学奖生态奖"。在观察期的半年时间内,微博账号"李彬彬 taotiebin"发布的微博

中共有39条视频类内容,其中绝大部分为转发内容;类型上,生活日常类的内容占比46.15%,比例最高,其次是科普类内容和社会热点类内容,相关内容收获的评论数量较少,情感色彩方面以中性的讨论为主。

2. 微博账号"王放_自然测量员"

王放是复旦大学生命科学学院研究员、博士生导师,其团队同上海市林业总站、山水自然保护中心共同发起"貉口普查"项目,开展了我国第一个在特大型城市以公民为参与主体的城市野生哺乳动物调查活动。在观察期的半年内,微博账号"王放_自然测量员"发布的微博共有11条视频,其中绝大部分为转发内容,2条为原创;类型上,科普类的内容占比较高,约为63.6%,与粉丝基本没有互动。

3. 微博账号"王元卓"

王元卓,中国科学院计算技术研究所研究员、博士生导师,教育处处长,中国科学技术大学数据研究院院长,出版《科幻电影中的科学——科学家奶爸的宇宙手绘》《科幻电影中的科学——科学家奶爸的AI手绘》等科普图书。在观察期的半年内,微博账号"王元卓"发布的微博共有124条视频,绝大部分为转发内容,类型比较多样,仅有11条为原创,在评论区同粉丝的互动相对较少。

4. 微博账号"王爽_宇宙奥德赛"

王爽,中山大学副教授,主要从事宇宙学研究,出版《宇宙奥德赛——漫步太阳系》《宇宙奥德赛——穿越银河系》《宇宙奥德赛——飞向宇宙尽头》《给青少年讲宇宙科学》等科普读物,荣获多项省部级或全国性的科普大奖。在观察期的半年内,微博账号"王爽_宇宙奥德赛"发布的微博只有1条科普类的原创视频,数量很少,博主同粉丝的互动也相对较少。

5. 微博账号"科学有温度魏科"

魏科,中国科学院大气物理研究所季风系统研究中心副主任、硕士生导师,中国科学院青促会会员,出版《当世界变得不一样》《魏博士的天气科学绘本》等科普图书,曾荣获中国气象学会科普作品一等奖等奖项。在观察期的半年内,微博账号"科学有温度魏科"发布的微博共有4条视频,均为原创的科普内容,博主同粉丝的互动也不太频繁。

(二) 抖音

研究主要观察了"医路向前巍子""不刷题的吴姥姥""爱较真的戴老师""陈征 博士——科学实验大玩家""反面教材"5名科研人员的抖音账号,主要关注其视频内容的发布情况,与传播效果相关的平台数据,以及与观看者的互动数据等(表2)。

表2 2022年1—6月相关科研人员抖音账号基本数据

账号名称	发布条数(条)	平均时长(分)	平均点赞数(个)	平均收藏数(个)	平均转发数(个)	平均评论数(个)
医路向前巍子	153	2.55	88 549.27	9 115.66	20 538.24	5 795.71
不刷题的吴姥姥	95	1.29	26 203.97	1 491.29	985.25	841.88
爱较真的戴老师	47	1.8	30 058.32	1 016.04	1 372.19	926.16
陈征 博士——科学实验大玩家	4	2.01	1 166.25	150.75	72	85
反面教材	16	4.69	4 102.44	1 786.86	6 894.86	188.38

1. 抖音账号"医路向前巍子"

"医路向前巍子"实际身份是北京大学第一医院密云医院急诊外科医生高巍,主要通过发布科普视频和文章,向公众普及医学知识,积累了大批忠实粉丝。在观察期的半年内,"医路向前巍子"共发布抖音153条,其中1月发布量最多,为32条,6月发布量最少,为13条,其余月份发布数量接近30条,保持着相当高的更新频率,大部分时间近乎日更。博主偶尔回复用户的评论,评论区内容的情感色彩以中性的讨论为主。

2. 抖音账号"不刷题的吴姥姥"

吴於人,同济大学教授,曾任同济大学物理演示实验室主任、教研室主任,退休后在抖音等平台上开设账号"不刷题的吴姥姥",线上教授趣味实验,吸引了大量粉丝,在科普领域积累了一定的知名度。在观察期的半年内,抖音账号"不刷题的吴姥姥"共发布抖音视频95条,从内容类型上来看,83条为对物理学知识的科普,其中有26条结合了当时的社会热点;剩下12条中,有5条为商业推广类视频,7条为日常生活分享,这95条作品均为原创内容。账号也会相对频繁地对粉丝的评论进行回复或点赞,从评论的情感色彩来说,账号获得正面评论的比例很高,达到72.9%,一定程度上体现了受众对老科学家参与科普普遍持有的赞赏态度。

3. 抖音账号"爱较真的戴老师"

戴树玺,河南大学物理学教授、河南省首席科普专家,2020年年初,开始尝试视频科普,入驻抖音开设账号"爱较真的戴老师",主要基于自身的研究领域和社会热点制作科普内容。在观察期的半年内,抖音账号"爱较真的戴老师"共发布视频47条,其中4月发布的最多,达到15条;3月发布的最少,仅有3条。82.98%的内容为物理学知识的科普内容,12.77%的内容为社会热点讨论,4.26%的内容为科技产品的商业推广,所有视频均为原创。在统计期间,账号很少与粉丝进行互动,只在4条视频中对粉丝的评论进行了回复或点赞。情感色彩方面,98.30%的评论是中性的,多为对视频提及的科学知识本身的讨论。

4. 抖音账号"陈征 博士——科学实验大玩家"

陈征,北京交通大学副教授、"典赞·2019科普中国"十大科学传播人物。2018年,陈征开通了自己的抖音账号"陈征 博士——科学实验大玩家",开始分享相关的科学知识和实验。在观察期的半年内,抖音账号

"陈征 博士——科学实验大玩家"共发布视频4条,其中1月发布1条视频、3月发布3条视频,其余月份均未发布作品。内容类型方面,3条为对物理学知识的科普,1条为社会热点评述,这4条视频均为原创内容。此账号在观察期间很少与粉丝互动。情感色彩方面,粉丝对这些科普视频的评论中98.30%是中性的,主要聚焦于视频提及的科学内容本身。

5. 抖音账号"反面教材"

抖音账号"反面教材"的主理人是理论物理专业博士吴宝俊,目前就职于中国科学院大学。2018年,其译作《博物学家的传世名作》入选中国科学院2018年度优秀科普图书。在观察期的半年内,抖音账号"反面教材"共发布视频16条,其中,1月发布1条,2月发布9条,3月发布6条,后3个月未发布内容。从类型上来看,占据比重最大的是升学建议类型,主要为考研相关的复试、调剂、联络导师等问题,也涉及一些书单推荐、生活分享类型的内容,介绍科学知识的内容相对较少。

(三) B站

研究观察了"芳斯塔芙""汪品先院士""爱德华莫泽""复旦赵斌""兔叭咯"5名科研人员的B站账号,主要关注其视频内容的发布情况,与传播效果相关的平台数据,以及与观看者的互动情况等(表3)。

表3 2022年1—6月相关科研人员B站账号基本数据

账号名称	发布条数(条)	平均时长(分)	播放(万)	平均点赞(万)	平均投币(万)	平均收藏(万)	平均转发(万)	评论数量(万)	弹幕数量(万)
芳斯塔芙	23	12.46	121.73	8.66	3.49	1.86	0.3124	0.25	0.53
汪品先院士	20	7.44	38.47	4.49	1.35	0.35	0.05	0.08	0.14

(续表)

账号名称	发布条数（条）	平均时长（分）	播放（万）	平均点赞（万）	平均投币（万）	平均收藏（万）	平均转发（万）	评论数量（万）	弹幕数量（万）
爱德华莫泽	13	6.21	15.68	1.15	0.29	0.66	0.08	0.05	0.02
复旦赵斌	58	11.47	1.73	0.1	0.02	0.02	0.01	0.01	0.01
兔叭咯	22	10.23	245.74	35.49	11.72	4.99	2.80	0.4	0.93

1. B 站账号"芳斯塔芙"

B 站账号"芳斯塔芙"实际上由"芳斯塔芙"和"鬼谷藏龙"共同主理，主要从事古生物领域知识的科普，2019 年开始发布科普视频内容，曾连续入选 B 站"百大 UP 主"。主要负责账号科学内容的"鬼谷藏龙"在账号初创时期是中国科学院神经科学研究所的在读博士生，毕业后成为全职 UP 主。

在观察期的半年内，"芳斯塔芙"账号发布视频 23 条，均为原创的科学普及类视频，仅在文字动态中涉及少量非科普、非原创内容。"芳斯塔芙"发布的视频往往会对某一主题进行全面清晰的讨论，需要耗费较多的时间精力，故发布频率较低，整体走精品化的"硬核"原创科普路线。由于账号从初创时期就和 B 站平台的内容生态联系紧密，在平台上积累了很高的知名度，也培育出一批对该领域感兴趣、长期关注账号的粉丝。

2. B 站账号"汪品先院士"

汪品先为中国科学院院士、海洋地质学家、同济大学海洋与地球科学学院教授，2021 年 6 月正式入驻 B 站，仅 3 个月粉丝数就突破 100 万，并在当年成为 B 站"百大 UP 主"。在观察期的半年内，"汪品先院士"共发布 26 条视频，其中知识科普类 12 条，占一半左右，这部分内容信息量较为丰富，有着更佳的数据表现；账号也涉及部分访谈类、互动类内容并不局限于科普知识的传播，还注重对科学家经验和观点的分享。账号的原创视频数量占比较大,作为受邀入驻的知名科学家账号,平台对账号的支持更加全面,和主流媒体等其他相关主体合作的机会也更多。同时,其院士和老科学家的身份在入驻平台伊始就吸引了大量关注,其学术生涯和参与科普的行动被很多用户视为老科学家精神的体现,收获很多积极的反响,得到正向评论的比例相当高。

3. B站账号"爱德华莫泽"

爱德华·莫泽是挪威心理学家、神经科学家,2014年获得诺贝尔生理学或医学奖,2021年12月入驻B站,同样也是受平台邀请入驻的科学家。在观察期的半年内,"爱德华莫泽"共发布视频13条,发布频率相对偏低。从内容上看,账号主要分享一些神经科学领域的相关知识,也分享作为诺贝尔奖得主的日常科研生活、学术经验、读书推荐等内容,由于科学大奖带来的巨大光环和新鲜感,这类内容的播放量往往高于一般的知识科普内容。作为受邀入驻的知名科学家账号,科学家本人主要提供选题和科学内容,平台更多地承担了运营等工作,因而几乎不存在与观看者的互动。

4. B站账号"复旦赵斌"

复旦大学生命科学学院教授赵斌,2020年3月入驻平台。在初创时期,账号主要发布关于生态学的分段网络课程和公开课视频。2020年8月之后,账号开始逐步发布一些非课程的视频内容。在观察期的半年内,博主共发布57条视频,其中科学科普类占31.58%,不到1/3,其余则涉及读书推荐、论文写作、科研经验、考研建议等,更侧重于展示大学教师的科研工作、日常生活和分享对学习和研究的建议,博主和用户的互动相对活跃。

5. B站账号"兔叭咯"

"兔叭咯"是一名B站知识区的UP主,其专业背景为医学博士,主要定位为介绍生活健康和医疗类的相关知识,2021入选B站"百大UP

主"。在观察期的半年内,账号"兔叭咯"共发布视频22条,均为原创,其中,生活健康类科普占54.55%,医学科普类占31.82%,其余涉及一些时事热点和其他类型,多为与其他账号的联合创作,内容比较多样。账号几乎不与评论区互动,极少点赞和回复,评论区内容在情感色彩上也比较中性。但在2022年6月,由于UP主在合作直播中发表的言论引发了一些争议,造成评论区出现大量负面评论,这也在一定程度上反映了从事线上科学传播所面临的舆论风险。

三、不同平台科研人员短视频科普的发展特点

(一)微博

微博是新媒体发展早期兴起的社交平台。总体来看,微博上参与科普的账号大致可以分为三类:机构认证博主、个人认证博主,以及非认证博主。其中,个人认证博主及非认证博主占多数,他们也是本文观察的主要对象。整体来看,科研人员在微博的活动有以下特点。

圈层属性明显,同好交流的属性较强。微博从发展之初就有很强的"趣缘"色彩,科研人员的线上科学传播也随之具有浓厚的同好交流意味,研究领域和旨趣相似的学者、有一定知识基础的科学爱好者,通过关注、转发、评论、密切交流,具有更强的圈层属性。圈层内部传播者和受众的关系平等、亲密,但所传达的信息很难流传至外界。在这种背景下,科研人员在微博上发布的相关内容普及科学知识的意识相对较弱,分享兴趣、同好交流的色彩更浓。此外,微博以关注、热点和兴趣为主要纽带的推送模式也树立起一种无形壁垒,和领域的相关度低、对科学知识没有明确了解意愿的受众很难接触到他们发布的内容。

"自娱"色彩鲜明,主要面向科研人员自身的社交需求。由于微博的

兴起时间较早,微博上科研人员的个人账户一开始大多不是面向大众专门为科普工作开辟的,而是为了满足科研人员个人日常记录、交往和娱乐的需要,具有很强烈的"自娱"色彩。科研人员会利用微博发布一些生活记录、个人感悟,也会就热点话题发表意见、参加讨论。在这种背景下,科学知识和科学家的日常工作仅仅作为其生活的一个侧面呈现,在发布周期、呈现方式等方面都更为自由灵活,如一些与科学知识相关的讨论散见于转发、评论和回复中,以观点、补充、勘误、问答等形式出现,并不追求全面系统地解释某个科学话题,亦不会进行精心的包装雕琢,本质上更多体现科学家自身的习惯和意愿,而非基于面向大众传播的考量。

视频内容相对弱势,并非科普视频传播的重点渠道。在微博平台上,图文形式的传播更为主流,内容表达更加碎片化,用户也没有将微博视为观看视频的主要渠道,未能形成使用习惯。在所观察的账号发布的微博内容中,图文形式的内容依然占据主流,视频内容的数量较少且混杂在信息流中,在转发、评论、点赞等方面的表现相对较弱。在研究观察的 5 个账号中,发布视频的原创比例普遍较低,真正以科学内容为主题的原创视频则更为稀缺。即使是有较强"做科普"意识、相关经验丰富的科研人员,也更多将微博平台视为内容分发的一个非重点渠道,面向公众的科普并不是它的主要功能。尽管微博平台后期也开始重视短视频内容的增长,且开辟了专门的"视频"模块,但依然和抖音、B 站等已形成内容生态甚至社区文化的视频平台存在较大的差距。

(二) 抖音

抖音是我国民众最为熟知的短视频平台之一,拥有庞大的用户群体和较高的用户黏性,高用户基数和活跃度为科普提供了良好的基础。整体来看,科研人员在抖音的活动有以下特点。

知识品类内容体量大,平台重视品类内容增长。《2022 抖音知识年度报告》显示,当年抖音知识类作品发布数量增长35.4%,知识类创作者单月直播场次增长72.7%,万粉知识创作者数量超过50万,认证的教授近400位。但抖音知识品类对"知识"的定义比较宽泛,涵盖的内容相当多样,在各细分类别中,兴趣用户规模最大的是个人管理、人文社科和校园教育,科普类内容居于第6位,最为热门的依然集中于实用性佳、对生活指导意义强或在趣味性上表现突出的内容[①]。抖音非常重视对知识品类内容的扶持,这一领域的内容规模取得快速增长。平台加强同相关主体的合作,如2019年中国科学院科学传播局等4家单位联合抖音平台,推出"DOU知计划"的全民短视频科普行动,后续还相继推出"DOU知计划"2.0、"DOU出新知"等策划,以促进平台优质科普类内容的进一步增长[②]。

催生明星科普博主,部分科研人员账号走上专业运营道路。抖音短视频的科普账号分为认证账号和非认证账号,认证账号提供可用于证明资质的信息,在权威性上有明显的优势。目前,认证的机构账号大多为科普机构、科普类媒体、科研机构等,专业性较强;认证的个人账号则多为科研单位的相关从业人员。抖音的个人科普账号同样多由个人自媒体发展而来,但相比于微博,在抖音平台上活跃的科研人员出现一定的分流,在抖音平台庞大用户群体的加持下,一些账号在粉丝量和知名度提升后走上专业运营的道路,引入专业公司或组建个人团队专门负责运营工作,发布频次更加规律、密集,迎合受众内容偏好和使用习惯的意识进一步增强,运营账号逐渐成为这些科研人员的一份重要"兼职",自媒体人成为其关键身份;也有一些账号依然保持着比较随意的状态,没有为追逐传播效

---

① 匠心传媒.2022抖音知识年度报告:知识类作品数量增长35.4%!抖音知识变现正当时![EB/OL].[2024-07-31]. https://roll.sohu.com/a/625051929_120099969.
② 新华网.四机构联合字节跳动发起全民短视频科普"DOU知计划"[EB/OL].[2024-07-31]. https://baijiahao.baidu.com/s?id=1628605951680956933&wfr=spider&for=pc.

果进行根本性、方向性的调整,基本遵循着科研人员自身的喜好和节奏。

顺应短平快趋势,进入门槛较低。科研人员在抖音平台上发布的内容顺应了平台的短平快和碎片化趋势,往往集中围绕着一个小知识点展开,时长较短,不追求对知识点进行过分深入的拓展和回溯。在研究观察的5个抖音账号中,4个账号发布视频的平均时长在3分钟以内,以适应抖音平台用户摄取视频内容的节奏。随着技术的发展,短视频的制作对设备和技能的要求降低,更加方便、省时,抖音平台内容短的特点和业已推出的成熟的视频制作工具则进一步降低了门槛。在这种背景下,入驻平台的科研人员需要付出的学习成本极低,可以更聚焦于视频内容,发挥自身在科学内容上的专长和优势。抖音短视频的风格相对平实,以图文讲解、真人讲解等类型为主,真人讲解类视频主要依靠创作者本人的口头讲述,更具亲和力,对讲解者的表达能力和个人魅力有更高的要求,也能拉近与用户之间的距离;图文讲解类视频提供了科普内容的相关资料,能为观看者提供更加全面丰富的细节。由于时长短小、风格平实,创作者在单个视频上投入的成本相对较低、制作周期更短,相对于其他平台来说能实现更加频繁的更新。

机制以平台推送为主,提供了更多"破圈"机会。抖音平台的内容推送机制为早期根据用户信息,依照类似人群的喜好匹配可能喜欢的内容,后期再基于使用过程积累的大量数据更明确地判定用户喜好,进行精准推送。在这一过程中,用户的选择实际上体现在是否观看、观看多久、是否有转发及赞评行为等要素中,尽管平台也配备了搜索功能,但直接观看平台推送的视频仍然是抖音用户最主流的使用模式。在这种背景下,抖音平台的科普短视频内容有机会通过算法接触到对这类内容有需求但没有明确兴趣和信息搜集习惯的人群,使科研人员在平台上有一定的"破圈"可能,有利于吸引潜在兴趣人群,为抖音的科普内容品类培养更多受众。但从长期来看,平台的算法推荐机制不断将更多注意力资源分配给粉丝多、流量大的科普博主，一定程度上造成传播壁垒，增加刚进入这一领域的科研人员运营账号的难度。

（三）B 站

B 站是青年群体聚集的大型互联网平台，据统计，B 站用户群体多为所谓的"Z 世代"，1990 年之后出生的用户占比高达 81.4%，为泛知识类内容提供了良好的发展基础。按照 B 站 2023 年 10 月公布的数据，科学和知识品类占用户搜索排名第二，相关内容播放量达 41%，累计入驻知识类 UP 主达 300 余万人①。整体来看，科研人员在 B 站的活动有以下特点。

社区生态与知识品类内容适配度高。B 站是我国大学生浓度最高的网络内容社区之一，用户群体以所谓的"Z 世代"为主，这些用户不仅有更强烈的学习诉求，对科技前沿知识的兴趣更浓厚，而且作为互联网的"原住民"，他们习惯通过网络学习知识，也更乐于参与讨论和互动。B 站以中长视频为主的特色使其能够较好地适配科学类内容，即有充分的空间对科学知识进行阐释、拓展，更适合"硬核"知识的发布和传播；同时，B 站以中长视频起家，平台多年来积累的用户已经养成了一定的观看习惯，无须重新适应。

平台积极扶持科普类内容。B 站非常重视知识类内容的运营。2020 年 6 月，B 站正式上线了一级分区"知识区"，投入流量进行专门扶持，并通过布局知识付费提供了流量变现的渠道，以补充一般性的科普视频在系统性学习方面的相对缺憾，如本研究所观察的"芳斯塔芙"等头部知名 UP 主已经在 B 站上线了付费课程。B 站与一些科研机构和人员建立了

---

① 财联社.B 站数据：科学和知识品类占用户搜索排名第二，相关内容播放量达 41%[EB/OL].[2024-07-31]. https://www.sohu.com/a/732236002_222256.

相当密切的合作,2021年正式启动了"知识光年·青少年科普计划",首批邀请21位专家学者、诺贝尔奖得主和头部UP主,提供面向青少年和未成年人的科普知识视频,并在资金和运营方面给予支持[①],如为中国科学院公众科学日设立主直播间,全程展示科学日的活动情况[②],又通过"bilibili超级科学晚"等大型活动的开展进一步扩大覆盖面[③],吸引更多的专业机构和人员入驻。

科研人员身份受认可,青年科研人员参与度高。在B站的内容推送机制中,用户的自身选择起着关键作用。用户面前展现的是一个丰富多样的内容池,他们根据自己的偏好自主选择内容,平台再利用大数据抓取用户浏览数据,以进一步优化内容池的推荐。在这个过程中,用户具有较大的自主权。而大多数B站的用户群体拥有较好的教育背景和一定的科学知识基础,有判断科普内容是否可信的意识和标准。在这种背景下,用户更青睐具有良好专业背景的科普UP主,这让专业科研人员的身份能在平台上成为显著优势。一些拥有两院院士、国内外科学大奖得主等光环的UP主,如"汪品先院士""爱德华莫泽",在刚入驻平台时就收获了极大的关注和反响。同时,由于B站用户群体年轻化的特点,很多知识类内容的创作者都是由用户转化而来,他们知识储备好、精力充沛且更了解平台特性、熟悉青年群体的表达方式。青年科研人员、高校硕博学生等踊跃进入这一领域,他们的身份也成了自身从事线上科普活动的有效助力。

偏重独特新颖的表达方式。虽然获取知识是科普视频目标用户的第一需求,但相比于无趣、生涩的表达方式,"Z世代"的年轻用户更期待区

---

① 红星新闻.B站启动青少年科普计划,首批邀请多位诺奖得主[EB/OL].[2024-07-31]. https://zhuanlan.zhihu.com/p/442804373.
② 央广网.中国科学院公众科学日20周年,联合B站开启全程直播[EB/OL].[2024-07-31]. https://tech.cnr.cn/techph/20240518/t20240518_526709412.shtml.
③ 北京商报.首届bilibili超级科学晚举办,AIGC、室温超导等入选2023年度五大科学焦点 [EB/OL].[2024-07-31]. https://roll.sohu.com/a/732315133_115865.

别于传统课堂的科普视频,这一方面体现为对内容娱乐性和趣味性的重视,另一方面也呼唤着更新颖的角度和更广阔的视野。为了迎合作为B站核心用户青年群体对新颖性和趣味性的高需求,科普UP主更多地采用了创新性的制作方式,如动画、数据可视化、互动视频等形式,并且在视频内容中更多地调用热点话题和流行文化元素,以满足受众对内容的高需求。此外,相较于其他平台,B站上UP主和用户的交互机制更为丰富,包括转发、点赞、投币、收藏、评论和弹幕等。在科普视频下,用户可以在评论区探讨交流,也可以通过弹幕即时发表感想,这种交互方式使得传受双方的关系更加密切。在长期的互动中,传受双方可能会形成独有的"梗"等共同认知和记忆,进而产生集体认同感。这种有感染力的社区氛围有益于实现更加长期、深入的交流和互动。

四、不同平台科研人员短视频科普的共同面向

(一)受众对科研人员的科普实践持积极态度

对科研人员发布视频的评论区用户评论进行情感分析后显示,受众对科研人员的科普工作的态度主要集中于"积极"和"中性"两大类型,持"消极"态度的相对较少。具体地看,"积极"的评价主要集中于对博主和内容的正面肯定,如对博主分享科学知识的赞许和感谢,对视频选题和内容质量的认可等;"中性"的讨论,一方面体现在对视频内容的交流、讨论上,主要围绕视频中的科学知识展开,不涉及过多的情感表露,另一方面则为打招呼、"玩梗"等和视频内容关联度低、没有明确指向的信息;"消极"态度出现极少,虽然偶有出现一些针对视频内容和科研人员的质疑之声,但总体上并不频繁。博主形象、视频特色等因素的差异也会对评论区的结构造成影响,例如主打医学知识科普的账号因其和日常生活有较强

的相关性,参与互动的门槛相对较低,评论区与视频内容相关的提问、讨论会更多;对于"汪品先院士""不刷题的吴姥姥"这类由德高望重的科学家担任 UP 主的账号而言,评论区出现表达崇敬之情的正面评论的频率更高,但这些感性的表述和视频涉及知识的相关度不高,侧重于对科学家精神的赞扬,在某种程度上缩小了知识讨论的空间。

(二)不同类型科研人员进入科普的路径有所差异

科研人员本身是一个具有很强异质性的群体,他们在进入科普的契机、后续发展的规划上均有所差异,这导致其线上科学传播行动的发展模式也存在很多差异。例如,"汪品先院士""爱德华莫泽"等账号背后,均为成就突出、声望卓著的科学家,在平台扶持知识类内容的背景下,他们和平台达成共识,受邀进入线上科普领域,在后续运营的过程中也与平台合作,得到了平台更全面的支持;而一些青年科研人员则更多是受个人兴趣和情怀驱动,自发进入这一赛道,在持续创作内容后,进入观众的视野。此外,科学家进入平台后,其账号未来的发展方向也和他们自身的态度认知息息相关。一些科学家虽然对科普工作有兴趣,也在线上平台发布了科普内容,但整体而言并没有将科学知识作为自己线上生活的唯一标识,而是倾向于将社交媒体作为满足自身社交娱乐需求的渠道,在闲暇之余发布一些和科研工作有关的内容;也有一些科研人员在积累一定粉丝、获得一定知名度后,逐渐走上专业科普博主的道路,着手组建团队或引入专业公司,在这种背景下,他们的账号个人属性减弱,逐渐产品化,展现出更加明确的运营策略、发展方向和内容风格。

(三)实用性强、具有明确应用场景的内容更受欢迎

整体地看,与社会大众的日常生活贴近、实操性强、有明确应用场景的内容在传播效果上表现最优,尤其是在抖音这类受众覆盖极广的平台。

例如,在目前观察的账号中,医学类博主"医路向前巍子""兔叭咯"在转发、点赞、评论等账号数据上的表现均比较突出,他们的视频往往面向社会大众在生活中经常面对的医学健康问题,贴近受众的实际需求,一些内容具有很强的指南性质,能通过短短几分钟向有相关需求的人群传达"怎么做",提供简明的指导,因此更可能促成受众的转发、分享,实现二次传播。同样,在其他领域的科普博主中,一些实用性强的方法类、技巧类、建议类内容同样很受欢迎。例如,B站"复旦赵斌"在观察期内直接发布的聚焦科学知识的科学科普类内容比例并不高,仅占所有视频的三成左右,但他更多地分享了作为大学老师和科研工作者的日常,如针对大学生群体的学习建议、开展学术研究实用经验、研究生考试面试技巧等,这些内容更贴近生活、切中一些受众实际需求,因此也取得了较好的传播效果。

(四)展现科研人员"幕后"生活,采用趣味性表达

尽管科学知识含量高的科学科普类内容是科学家线上传播活动的核心和优势所在,但科学家群体在开始运营账号的阶段并非完全出于科普目的,而是本身就有通过平台进行社交、娱乐的需求。因此,科研人员在线上发布的内容涉及的类别实际上相当多样,除了紧扣科学知识本身的科普类内容之外,也囊括了生活感悟、科研心得等相当多样化的主题,展现了科研人员的多面形象。这种特性使科普内容在聚焦科研工作和相关成果的同时,也能展示科学工作者的人生经历和生活片段,一方面可以增强亲和力,拉近和普罗大众的心理距离,另一方面也在一定程度上有助于科学知识之外科学理念、科学精神的传达。以B站"汪品先院士"为例,该账号不仅发布与海洋科学相关的科普内容,还融入了一些探讨个人心路历程、分享自身科研经历的更为软性的、轻松愉快的内容。通过适当展现科学家科研工作之外的"后台"丰富表达,有利于传达科学家精神等知识

之外的内容,进一步增强院士做科普的示范效应。当然,和其他领域的"网红"类似,对于绝大多数没有公众人物属性的科研人员来说,这种身份的公开和私人生活的展示将其暴露在网络舆论中,不仅面临着更多的审视和评判,其言论和行为引起争议的风险也显著提高。

高校青年群体的科学传播实践与文化建构

——以上海科技馆与上海交通大学的馆校合作为例①

沈辛成 曾 澄 董 毅②

摘要 本研究通过定量和定性调研，呈现高校青年在参与科学传播实践时对自身能力、专业知识、社会公众和国家政策的认知态度，并结合深度访谈，分析该群体在科学传播事业中的优势和劣势。最后指出，科技馆等传播平台应当以行业思维和历史思维为抓手，一方面为高校青年发展新的知识和新的社会关系创造条件，另一方面凭靠高校青年的特点，拓展传播内容的维度，以便塑造更加平等和可信的传播场域。

关键词 高校青年；行业思维；历史思维

党的二十大报告在"深入实施人才强国战略"一篇中指出：要加快建设国家战略人才力量，努力培养造就更多大师、战略科学家、一流科技领军人才和创新团队、青年科技人才、卓越工程师、大国工匠、高技能人才。一流人才队伍的培育离不开长效的培养机制，源泉在于高校青年，他们是科技强国、科教兴国战略目标得以实现的前提与基础。目前，依托各类新

---

① 本文为上海科技馆科普智库科研创新平台开放课题资助成果。
② 沈辛成，上海交通大学科学史与科学文化研究院助理教授，主要研究方向为技术史、技术与社会；曾澄，上海交通大学媒体与传播学院博士研究生，主要研究方向为文化生产、劳动、媒体与社会变迁；董毅，上海科技馆自博馆展教中心网络科普部副部长、馆员，主要研究方向为科学传播。

型网络媒体,如微信公众号、论坛、学习社区、短视频平台等,高校青年群体已经深度参与科学传播的实践工作,将专业知识转化为科普内容,并初步形成了该群体特有的实践方法与策略。有鉴于此,归纳梳理高校青年实践科学传播的方法与经验,分析其群体文化所具有的影响科学传播效果的有利与不利因素,成为下一阶段提升科学传播质量、促进创新文化的必要条件。

本研究基于上海交通大学技术史与人类未来工作室(由作者创立并主理)与上海科技馆等单位多次合作经历,梳理高校青年现有的科学传播实践的方法,评估其效果,总结目前已经显现的优势与劣势;基于高校青年的特性特征,全面分析这一群体在科学传播工作中的潜力,研究如何进一步发挥其优势作用,并克服现有不足;同时,基于高校青年在未来将更积极参与到科学传播活动这一趋势,为现有科普平台的功能转向提供建议,让内容生产与平台建设同步发力,构建更加面向产业现实、更具社会责任意识的科学传播文化。

一、问卷的设计与内容

受上海科技馆传播中心委托,本研究针对以上海交通大学学生为代表的高校青年群体,考察他们对科学传播的认知、实践的态度倾向,以及独属于高校青年群体的科学传播文化构建情况。此次定量研究以较为聚焦的视野,关注某些长期存在却仍未为人所知的现象,以科学传播为线索,展现高校青年对公众、社会与国家政策的整体态度,并基于对此类问题的分析,解释高校青年与科学传播之间的现状,揭示其内在潜力。

除受访者个人信息之外,问卷问题总量共 33 题;所有问题都采用李克特量表,由 1—5 表达受访者对某个表述的态度;总的填写时长在 3 分钟左右。问题根据彼此的关联度,共涉及以下 7 个模块:(1) 自我知识与能力评价;(2)对专业和公众的评价;(3)对科研工作的影响的评价;(4)对科普效果归功-归咎的评判;(5)摄取知识的途径;(6)科普内容的优先级;(7)对科技强国与创新驱动发展战略的态度,尤其是高等院校育人方案中存在的问题。

此次问卷设计与信息采集方法优势劣势并存。优势方面:(1)极大提升了问卷的发放数量和完成数量。大学生不分年级学段,科研课业任务繁重,此次问卷设计严格控制填写所需时长,提升问卷收集数量。(2)有较强的针对性。李克特量表能通过问题设计上的微妙变动,测试出受访者倾向性的细微变化。高校青年与科学传播涉及问题潜在范围极大,自己-学科-公众-国家关系错综复杂,不可能面面俱到。因此,此次问卷设计主要针对的是研究者长期以来关注的特殊面向,尤其注重高校青年的知识储备与自我期许、国家战略与个人体悟之间的关系。但这样的设计思路也不可避免地存在一定劣势:(1)考察范围有限。问卷回收整体数量并不多,问题量也不大,因此数据采集总量并不十分充足,使得此次量化分析得出的结论具有局限性。(2)描述性大过分析性。李克特量表方法主要是描述性的,试图探索相关性和因果性是极为困难的,尤其是此次受访者的背景较为接近,因此较难构建受访者身份信息与态度倾向性之间的关联性。

二、统计结果与分析

截至2023年11月15日,本次研究通过上海交通大学内部的问卷平台 wj.sjtu.edu.cn,共发放并回收问卷209份。在该平台作答必须用上海交通大学校内账号jaccount登录,因此可以确定,209位受访者皆为不同学段的上海交通大学学生。

问卷受众中,女性占比44%,男性占比56%。年龄段分布主要集中在18—25岁(133人,占比64%),其次为26—30岁(50人,占比25%)、31—40岁(21人,占比10%)、18岁以下(5人,占比2%)。职业状态方面,在读学生和已就业人士之比为182∶27,已就业人士均为上海交通大学非全日制在读硕士。学历方面,本科、硕士研究生和博士研究生之比为69∶48∶92,此数据恰好与上海交通大学整体的学生构成比例颇为近似,可被视作具有一定代表性。详见图1。然而,在此次调研中,本科生的问卷发放主要面向2023秋季学期的两个"思想道德与法治"课程班,年级为大学一年级,在专业分布上,3/4为上海交通大学医学院学生,余下1/4来自国家与公共事务管理学院。这种集中且独特的专业分布可能会对此次调研造成一定影响,但由于样本中研究生仍占多数,且此次问卷设计方式较为独特,因此它仍具有一定的参考价值。

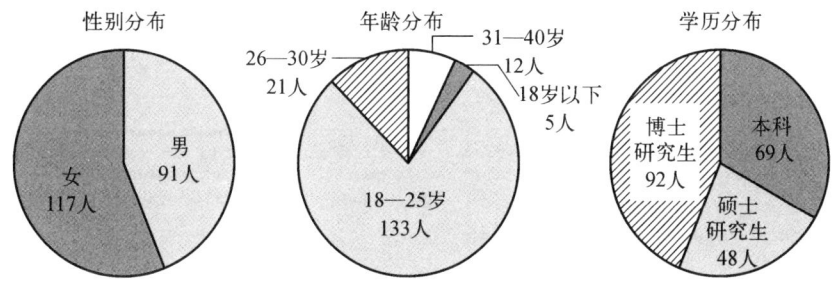

图1 本次问卷样本的性别、年龄、学历分布情况

模块1：自我认知与能力评价

Q1：我对自己的专业知识储备有信心

Q2：我有很强的沟通能力

Q3：我对于不确定的新鲜事物带有天然的抗拒,甚至逃避心理

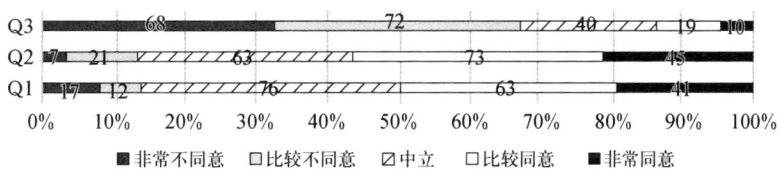

图2 样本Q1—Q3回答分布

在专业知识的储备（Q1）方面，受访者中持有明显信心的占到约一半，为49.76%，另一半则不那么积极；在沟通能力（Q2）方面，受访者中持有明显信心的比例为56.46%，此一数据略高于前者可能是因为，一方面大一学生对自己知识储备尚不具备充分信心，导致Q1中相关数据偏低，另一方面也显示出当代高校青年对自己的沟通能力有着普遍较好的自我评价。在对新鲜事物的态度方面（Q3），受访者中明确表示不愿意尝鲜的仅为13.88%，说明绝大多数人愿意尝鲜，这高度符合青年阶段所具有的特征。参见图2。

模块2：对专业与公众的评价

Q5：普通公众大多不了解我的专业或者有刻板印象

Q6：我觉得没必要向没有专业知识背景的人谈论我的研究领域，因为知识储备会造成沟通障碍

Q7：我享受与没有知识储备、不同领域的人士谈论我的研究

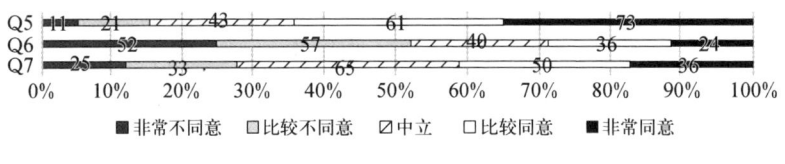

图3 样本Q5—Q7回答分布

受访者普遍认为公众存在知识盲区与知识鸿沟（Q5），明确持反对意见的仅占15.79%。但是，有52.15%的受访者明确反对这种隔阂是阻隔专业科研人员和公众沟通的原因（Q6），这种态度也与此前表现出的青年人愿意尝鲜的个性（Q3）相符合。然而，在回答是否"享受"这种跨界（Q7）的时候，明确表示认同的人数比例就下降到41.15%了。这从一定程度上说明，尽管多数受访者认为不应该因知识隔阂就停止与素人沟通，但是他们可能更多地将这种沟通视为一种社会责任——正视其必要性，并未发现其趣味性。参见图3。

模块3：对科研工作的影响的评价

Q8：日常学习和科研工作使得我具备灵活面对各种各样受众的能力

Q9：科研生活使得我面向公众的沟通能力退化了

Q10：较之向导师汇报、课堂演讲、答辩等学校事务，我面向公众科普时要紧张得多

Q11：我认为有必要向公众科普我的研究领域、呈现我的研究发现

Q12：我害怕观众们发现，我的研究领域其实没有他们想象中那么厉害

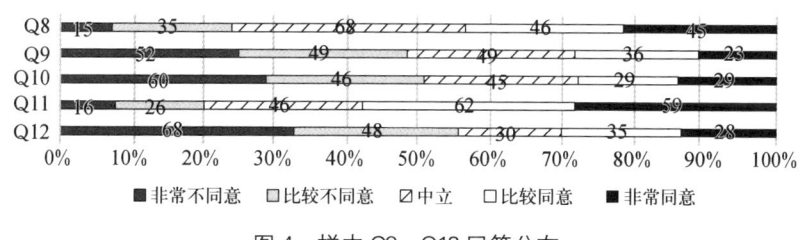

图4 样本Q8—Q12回答分布

高校青年的一大特征，是将大量的时间、精力投入一线科研与知识学习当中。本模块试图探讨的主要问题，即这种"生活方式"是否对高校青年的沟通意愿与能力产生影响。尽管有43.54%的受访者认可日常学习与科研让高校青年能够灵活面对受众（Q8）这一观点，但也有相当一部分人（32.54%）表达了中立的立场，可以看出受访者的中立/矛盾立场。至于影响能力的方式，仍然聚焦在沟通能力上。受访者对Q9和Q10的回答表明，高校青年不是不会说话的书呆子，科研为主的生活方式在他们看来没有令自己变得笨嘴拙舌。也正因为如此，他们在是否认为有必要向公众普及本人研究领域的内容（Q11）一问中，表达出了更为明确的积极立场，57.89%的受访者都认为此举是有必要的，同时他们并不害怕自己所从事的工作因为面对公众而失去光环（Q12），55.50%表现出鲜明的立场，无惧祛魅。从这一模块中能大致看出，以上海交通大学学生为代表的高校青年并不认为科研为主的生活限制了自己的才

能,他们乐于从事科学传播,并且对自己专业领域的地位持有较强的信心。参见图4。

模块4：对科普效果归功-归咎的评判

Q13：科普工作中没有得到肯定和正面反馈,我觉得观众可能难以消化专业知识

Q14：科普工作中没有得到肯定和正面反馈,我觉得可能是我表达能力不好

Q15：科普受众觉得我很有亲和力,最令我有成就感

Q16：科普受众觉得我很专业,最令我有成就感

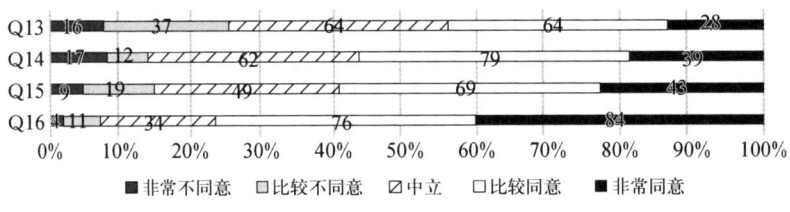

图5 样本Q13—Q16回答分布

这一模块展现出了最具辩证意义的内容。当科普工作遭到挫折的时候,是归咎于公众的理解力(Q13)还是归咎于自己的表达力(Q14),受访者明显更倾向于归咎于自己的表达力(44.02%＜56.46%)。综合前几个模块的分析情况可以看出,高校青年或许对表达能力的自我认知并不低,但是在遭遇挫折时,仍会倾向于质疑自己的能力,或者认为此次发挥没有体现出符合自我认知的能力级别。这一点在高校青年的科普实践中屡见不鲜：他们往往高度自信于自己的表达能力,又会在冷场后异常挫败,懊恼"今天没发挥好"。然而,在亲和力(Q15)和专业感(Q16)的抉择中,高校青年明显更在意后者(53.59%＜76.56%)。从某种意义上,Q13—Q14与Q15—Q16的对比可以展现出高校青年在科学传播方面的"底线思维"：我可以讲得不好,但不能讲得不对,或被人看出来我讲得不对。这也可能限制了高校青年在沟通技巧上投入更多时间与精力的意愿,在他

们构建的价值体系里,他们总有退路可走,并且这条退路的不可替代性是很强的。参见图5。

模块5：摄取知识的途径

Q17：我常常通过社交媒体获得科技新知

Q18：我喜欢看科普短视频

Q19：学术论文和专业领域书籍是我知识储备的主体

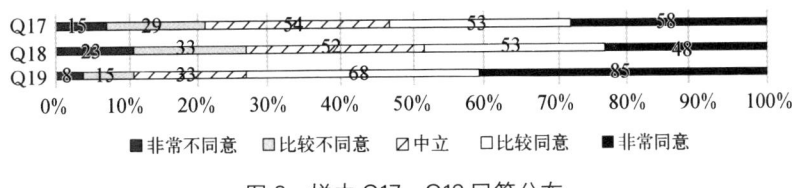

图6 样本Q17—Q19回答分布

高校青年在摄取科技新知的方法上,与一般公众具有共通之处,他们对社交媒体(Q17)和科普短视频(Q18)的使用程度也很高,表达明确积极态度的人分别占53.11%和48.33%。较之一般群体最不同的是,有73.21%之多的受访者明确表示,学术论文和专业书籍是其知识储备的主体(Q19)。这一问题意在试探高校青年是否会抗拒其知识储备严重受到专业限制,体系架构与维度较为单薄的表述,结果仅有11%的人明确表示不同意。结合此前他们对专业度的在意程度,不难推测高校青年并不认为这样的知识储备是一件坏事。参见图6。

模块6：科普内容的优先级

Q20：面向公众科普时,应当优先呈现最前沿的研究进展、最新的科学发现

Q21：面向公众科普时,应当优先呈现与社会最为相关的内容,例如技术的伦理风险、科技引发的舆论争议等

Q22：面向公众科普时,应当优先呈现基础知识、技术发展历史和背景

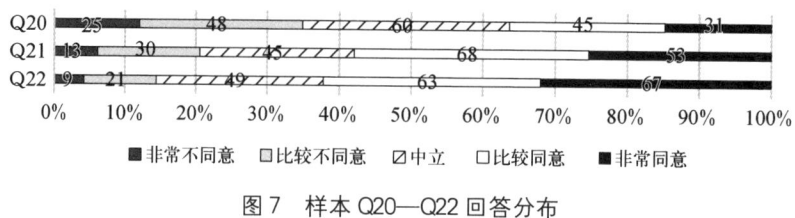

图 7 样本 Q20—Q22 回答分布

在优先传播各种知识的选择上,明确青睐"最前沿的研究进展"(Q20)的仅有 36.36%,这与设计此题时的预期有很大出入。然而,明确支持优先科普"与社会最为相关的内容"(Q21)和"基础知识、技术发展历史和背景"(Q22)的占 57.89% 和 62.20%。基于对素人受众的知识储备的考虑,高校青年一般会倾向于认为在讲清行业脉络与基本机理之前,讲述前沿进展是没有意义的。然而,这又与当代科学传播所具有的"追热点"的新闻式风格极为相悖。换句话说,高校青年会倾向于认为,科学传播最重要的内容还是要把基本原理和来龙去脉讲清楚,而非迎合传播规律去策划内容。此两种诉求要如何拿捏、统筹,将是高校青年科学传播的挑战之一。参见图 7。

模块 7:对科技强国与创新驱动发展战略的态度

Q23:科技强国、人才强国是中国式现代化的关键

Q24:我相信我的科研工作对国家科技强国战略是有帮助的

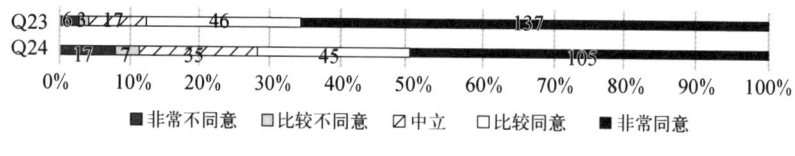

图 8 样本 Q23、Q24 回答分布

对宏观政策的态度,是否与青年人对待科学传播的态度有所关联,这是这一模块试图探析的。首先,青年科研群体对国家在教育、科技、人才方面的战略部署是高度认可的(Q23),但是相比之下,对自身科研工作是否有助于国家科技强国战略的信心(Q24)则要略低一些(87.56%>

71.77%）。这说明尽管高校青年理解政策、认可政策,但是对于自己在其中所起到的作用的自我认知则呈现出距离感与局促感。参见图8。

Q25：中国当前挑战中,最大的问题就是人未能尽其才

Q26：中国当前挑战中,最大的问题就是科研经费体量与发达国家差距太大

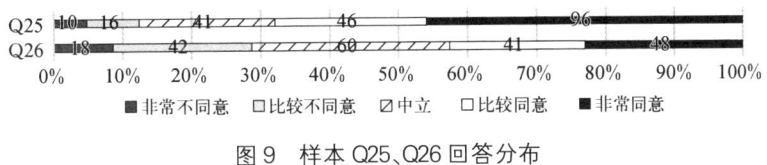

图9　样本Q25、Q26回答分布

在科技发展面临的挑战中,高校青年会倾向于从人才的使用(Q25)方面而非经济投入(Q26)方面寻找原因。在这一问题上,67.94%的受访者认为,"人未尽其才"是最大的问题,而认为科研经费体量落后于发达国家是主要问题的,仅有42.58%。高校青年是身在科研前线的工作者,他们比一般人更能直观看见科研经费的去向。或许正因为此,较之一般社会公众对科技研发经费划拨近乎无条件地信赖,高校青年倾向于认为人的问题才是大问题。参见图9。

Q27：我认为现在对科研人员的考察考核方式太单一了

Q28：我认为现在对科研人员的考核压力太大了

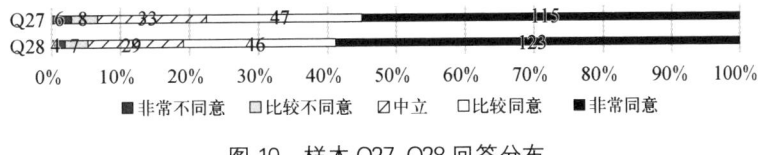

图10　样本Q27、Q28回答分布

科研人员的才能为何不能被适当地释放,从Q27与Q28中或许可以管窥蠡测。无论是明确认为考核方式太过单一(Q27)的,还是认为考核压力太大(Q28)的,都是压倒性的多数,分别为77.51%和80.86%。这可能是因为高校青年身在考评体系中,叫苦不迭在所难免。不过,Q27与

Q28 的差距较小,这与设计问题时的预估较不相符。若 Q27 中明确同意的人显著高于 Q28 中的支持人数,那么可能意味着高校青年渴望有其他方式来施展自己的才能。若如此,则从事科学传播事业可以是选项之一。但如今二者数据不但相近,而且相反,则更有可能说明科研青年感受到的压力主要来自量级,而非种类。在这样的压力背景下,如何让参与科学传播成为其职业生涯发展的有机部分,将是博物馆等平台社教工作的重要挑战。参见图10。

Q31：注重技能的职业教育是对当前教育体系的有益补充
Q32：博士研究生学历对今天中国的科技事业是十分必需的
Q33：博士研究生学历对今天中国的就业市场是十分必需的

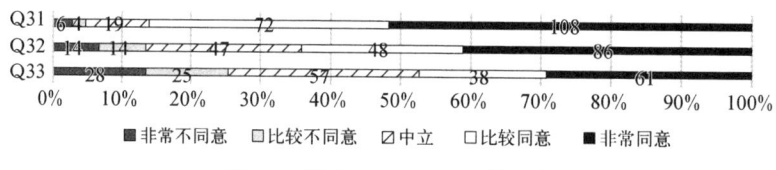

图 11　样本 Q31—Q33 回答分布

在对学历教育与职业教育的态度上,高达 86.12% 的受访者认可注重技能的职业教育对当前教育体系的补充作用(Q31)。64.11% 的受访者认为博士研究生学历对国家的科技事业是必需的(Q32),仅有 47.37% 的受访者认为博士研究生学历是求职时的必需(Q33)。这组数据反映出高校青年对于自身体系之外的教育内容并不排斥,从中也能看出为数不少的人可能认为读博是出于自身利益之外的考量,因而具有一定的道德感和荣誉感。参见图 11。

Q4：我认同以下表述：科技是一种文化

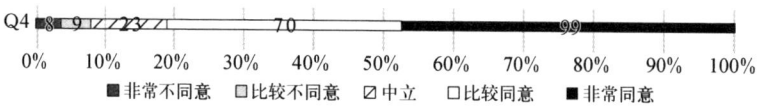

图 12　样本 Q4 回答分布

Q4 是本次问卷调查中较为特殊的一题，它并非针对高校青年对任何人（包括他人、自己，以及社会或国家）的评价，而是专门就高校青年对科技-文化这一研究中的重要命题的看法进行发问。尽管只有一问，很难达成多维度全方位的理解，但是 80.86%受访者态度明确地认为，科技也是文化的一种。这种与一般公众认知相左的观念，指向了两种不可忽视的可能性：(1) 假设受访者对"文化"的理解趋近于文化人类学中对文化的定义，那么置身于科研活动网络之中的他们，或许比一般人更善于祛魅科学与技术，更倾向于认为其日常实践与同样受某种价值体系规定的集体性活动并无本质区别。科技作为一种"圈内人"约定俗成的实践行为及其成果，未必是价值无涉的，而是有主观表达与态度的。这也与今年出版的《工业文化》一书中对"工业文化"的定义不谋而合，其中既包括了工业中各个产业门类的亚文化爱好圈及其偏好，也包括了由各行业从业人员所秉持的职业精神共同构成的谱系[1]。(2) 假设受访者对于文化的理解趋近于文化产品，如影视作品、纪录片、新闻等，那么这说明他们倾向于认为科技是需要借由载体广为传播的，就和其他文化知识一样。若如此，那么科学技术知识在传播时也将不再具备任何默认的势能蓄力，而必须和其他文化产品一样，面临在同一平面舆论市场中的竞争。无论上述哪一种情况，都可能反映出高校青年对科学技术知识持有一种超然、否定或消解的态度，这是在未来研究中需要密切关注的现象。参见图 12。

三、跨模块的定量分析

　　当对问题进行跨模块的分析时，一些更具指向性的信息得以呈现。首先，我们发现 Q1（专业知识储备的自我评价）和 Q6（我觉得没必要向没

---

[1] 王新哲,孙星,罗民.工业文化[M].北京:电子工业出版社,2018.

有专业知识背景的人谈论我的研究领域)、Q7(我享受与没有知识储备、不同领域的人士谈论我的研究)之间存在一定的关系。Q1 和 Q6 负相关(0.05 水平上显著),Q1 和 Q7 正相关(0.01 水平上显著)。越是对自己的专业知识储备有信心,越具备跨行交流意愿。详见表1。

表1 知识储备自信心与跨行交流意愿的相关性分析

		Q1 自信心	Q6 抗拒沟通	Q7 享受沟通
Q1 自信心	皮尔逊相关系数	1	−.150*	.286**
	双边显著性检验		.030	.000
	样本量	209	209	209
Q6 抗拒沟通	皮尔逊相关系数	−.150*	1	−.314**
	双边显著性检验	.030		.000
	样本量	209	209	209
Q7 享受沟通	皮尔逊相关系数	.286**	−.314**	1
	双边显著性检验	.000	.000	
	样本量	209	209	209

* 相关性在 0.05(双边)的水平上显著
** 相关性在 0.01(双边)的水平上显著

其次,Q2(沟通能力的自我评价)、Q9(科研生活使得我面向公众的沟通能力退化了)和 Q10(较之向导师汇报、课堂演讲、答辩等学校事务,我面向公众科普时要紧张得多)三者之间存在一定的关系。Q2 和 Q9 不相关,Q2 和 Q10 负相关(0.01 水平上显著),Q9 和 Q10 正相关(0.01 水平上显著)。受访者对科研生活是否影响沟通能力的判断,与其对自己沟通能力的评价无关。沟通能力自我评价越高,面对公众科普时的紧张感越低;越是认为科研生活使得自己面向公众的沟通能力退化了,其面对公众科普的紧张感越高。详见表2。

表2 沟通能力与沟通退化、紧张感加剧的相关性分析

		Q2 沟通能力	Q9 沟通退化	Q10 紧张感
Q2 沟通能力	皮尔逊相关系数	1	.012	−.206**
	双边显著性检验		.860	.003
	样本量	209	209	209
Q9 沟通退化	皮尔逊相关系数	.012	1	.450**
	双边显著性检验	.860		.000
	样本量	209	209	209
Q10 紧张感	皮尔逊相关系数	−.206**	.450**	1
	双边显著性检验	.003	.000	
	样本量	209	209	209

**相关性在 0.01(双边)的水平上显著

此外,Q2(沟通能力的自我评价)与Q13(科普不佳归咎于观众理解能力)、Q14(科普不佳归咎于自己表达能力)也呈现出部分相关性。Q2与Q13不相关;Q2与Q14负相关(0.01水平上显著)。换言之,对自己沟通能力有信心的人往往不会把科普效果欠佳归咎于自己的沟通能力,同时,他们对自己沟通能力的自我评价高低并不会成为其归咎于观众理解力的因素。详见表3。

表3 沟通能力与归咎观众、归咎自己的相关性分析

		Q2 沟通能力	Q13 归咎观众	Q14 归咎自己
Q2 沟通能力	皮尔逊相关系数	1	−.001	−.230**
	双边显著性检验		.989	.001
	样本量	209	209	209

（续表）

		Q2 沟通能力	Q13 归咎观众	Q14 归咎自己
Q13 归咎观众	皮尔逊相关系数	−.001	1	.188**
	双边显著性检验	.989		.006
	样本量	209	209	209
Q14 归咎自己	皮尔逊相关系数	−.230**	.188**	1
	双边显著性检验	.001	.006	
	样本量	209	209	209

* 相关性在 0.05（双边）的水平上显著
** 相关性在 0.01（双边）的水平上显著

此次问卷也试图探讨高校青年对高校和企业的评价，判断二者哪个才是更具活力的创新策源地。受访者的回应既在意料之中，又在意料之外。

Q29：相比高等院校，企业是更具活力的科技创新策源地

Q30：要实现科技强国，最重要的是保障高校科研，集中力量进行针对性攻关

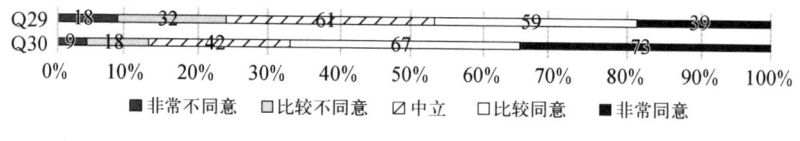

图 13　样本 Q29、Q30 回答分布

有 66.99% 的人明确表示，高校引领的针对性攻关是实现科技强国中最重要的因素（Q30），而仅有 46.89% 的受访者明确认为，企业相比于高校是更有活力的创新策源地（Q29）。作为高校青年，受访者捍卫高校在创新体系中的主体地位是情理之中的（图 13）。然而出乎意料的是，尽管高校青年身为他们所诟病的考评体系中的一员，且深知该体系运行的种种弊端，却仍然压倒性地倾向于支持高校。这引发一个问题：他们所捍卫的究竟是其目前的岗位，还是某种超越自身利益的大义？

为此，我们针对 Q29 和 Q30 进行了更深一层的分析。根据受访者给 Q29 和 Q30 的赋分方式，将他们分为 3 组：组 1 是"企业拥护者"，其 Q29 的赋分高于 Q30，亦即更倾向于认为企业是更优的创新主体；组 2 是"中立者"，其 Q29 与 Q30 的赋分相同，亦即在两者的选取中没有倾向性；组 3 是"高校拥护者"，其 Q29 的赋分低于 Q30，亦即更倾向于认为高校是更优的创新主体。三组在人数上分布比见图 14。

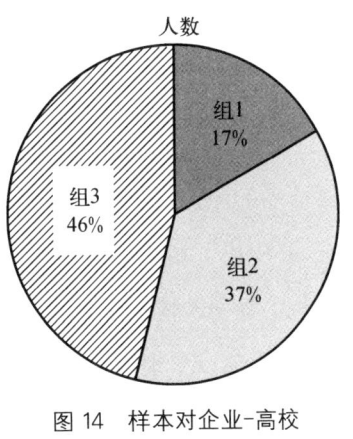

图 14　样本对企业-高校态度的分布

然后，我们比较了三组答题者对 Q24（"我相信我的科研工作对国家科技强国战略是有帮助的"）的态度，发现支持态度均值由高至低分别为：组 3（平均值 4.25）、组 2（平均值 3.99）、组 1（平均值 3.5）。尽管无从知道 Q24 与 Q29—Q30 孰为因果，但是两者之间的联系指向一种可能性：认为企业是科技创新更优主体的受访者，倾向于认为其科研工作对国家战略来说是无甚益处的。反过来，这一关联也可以解读为：认为其科研工作对国家战略是无甚益处的受访者，倾向于认为企业是科技创新的更优主体。由此可见，高校青年之中也存在特定的"围城"心理。这种心理是科学传播活动策划中可以积极利用的因素，例如，如果科普场馆所搭建的平台能够让高校青年与业界人士相聚相融，那么那些对当下科研心存疑虑甚至不满的高校青年就可能有更强的意愿来参与相关活动，因为这不是单纯的科学传播，走出"围城"心理原本也是对其有益的。

四、质性研究与访谈分析

研究的第二部分采取质性研究方法，用深度访谈进一步了解高校青年从事科学传播的利与弊,对前文的定量研究作出补充。采访对象总共3人,采访对象1是WGY,上海交通大学机械与动力工程学院的博士研究生,从事微波雷达方面的工程技术研究,不仅有近距离观察新型科学传播活动的经验,还在社区图书馆等公共性场合进行过科学知识传播的实践,并积累了相关心得。采访对象2是WAR,上海交通大学船舶海洋与建筑工程学院博士研究生,现已毕业,在沪上某外企就职,从事科技咨询工作,此前以学生身份加入上海科技馆展教中心与腾讯视频合作的"科普星人训练营",并在近一年的时间里发布了近30条中等长度的科普视频,这些视频在腾讯全网的播放量累计数百万次。采访对象3是CM,上海交通大学机械与动力工程学院博士研究生,从事燃料电池与关键器件研究,曾在校内外进行多次科普演讲,积累了丰富的科普经验。上述3位受访者在专业上有共通之处,但又彼此有别,既在职业发展线索上距离不远,但又处于不同阶段,故而能够提供较为全面且有深度的信息内容。

高校青年群体做科学传播到底是优势大于劣势还是反之?访谈结果表明,高校青年群体从事科学传播的实践工作,利弊并存,需要小心平衡才能做到扬长避短。

劣势之一,高校青年群体由于缺乏行业实践经验,很难向公众呈现生动的、以产品为案例的素材。关于何种科技知识对公众具有吸引力,CM表示,还是那些"对公众生活产生影响""可以转化为实际应用"的技术知识,而非单纯的、扎实的学术理论与前沿动态;而学生的视野相对偏狭:"据我观察,周围做过相关研究的科研学生,他们其实不怎么关注整个行业的宏观发展情况,更多的是在追踪技术的某个方面的发展,以及如何攻克相应的技术难题。但是作为从业者,特别是在技术公司任职、开发产品的人,他们更关注到底能开发出什么样的产品,以及如何将这些产品同具体的应用情景相结合,这是两者最大的区别。"这一点与问卷模块6所揭示的现象不谋而合。在此类知识的传播方面,高校青年的优势并不明显。

光是论文纸面上的知识是不行的,还是那些"看得见摸得着的"内容好,当受众无法将生活情境融入科普话题时,就会拒绝参与。WGY 也认为:"给受众介绍某一产品时,不能只说它的某项技术指标特别优异,还要说该产品在哪些细节体验上吸引了消费者。""刚开始的时候,总会带着'对方不懂'的假设去回答……他们本来就不懂,如果给他们讲过多技术细节,反而把问题弄得越来越复杂。……大家就有点困……我觉得讲清楚行业的现实需求后,稍微提一下自己的工作方向,只需让受众了解最基本的、最关键的内容就可以了。"

劣势之二,高校青年群体由于资历尚浅,在传播中难以树立权威感,冒进式树立权威又容易引发反噬。WAR 指出,学生身份决定了其实境化的视野是极为有限的,青年的身份也容易导致其自信心盲目膨胀:"我一直觉得,在学校搞研究的同学,尽管做了一些工程项目,但是他们往往会以偏概全,认为自己是项目的参与者,很了解项目了,从而草率地发表见解。就这种做法,我是持保留态度的,我认为要谨慎地去谈这类事情。容易盲目自信,这是学生的劣势。"

然而,高校青年群体在科学传播中的优势与劣势其实是一体两面,是辩证统一的。

优势之一,高校青年虽然缺乏行业实操的经验,但是却对实验室生活格外熟悉,这本来就是其工作的重要组成部分。因此,从第一人称视角对实验室生活进行描述,是高校青年在科学传播中的优势,尤其能对未来有志于从事相关行业的年轻人提前普及从业状况。CM 在访谈中指出:"如果他们真对这个行业有兴趣,并且想从事这个行业的话,那么他们确实会对我们这类科研人员的日常工作内容、工作时间及工作方式比较感兴趣。……我们以前在选择专业的时候,可没有这些信息,只能去网上找一些资料,但这些资料不一定'准确',有时还会造成某种误解,比如误以为实验室每天都会充满很多惊喜。如果有人告诉我,你即将要选择的专业每天要求早9:00到实验室,晚9:00离开,上午基本上会干什么事情,下午一般有哪些安排,每天很可能做些重复性工作的话,那么我可能会对整个科研生涯大致有一个心理准备,不会在未来进入实验室时倍感迷茫,产生'怎么跟我想象中不一样'的心态。"

此类内容为当下的科技传播提供了新的维度。枯燥的科研生活不应被遮蔽起来,实验室的实际环境不存在经不起窥探的问题,真正对此感兴趣的人不会觉得无聊。换言之,传播这样的"实境化"知识并非传统意义的科普,而是在替行业筛选未来的从业人员。从这个意义上说,相比通过社交媒体平台苦心孤诣构建的双向通道,这类"实境化"的科学传播内容本身就具有潜在的双向性。这类"实境化"内容可遴选出能够承受实境实感的候选者,随后高校青年便能够开启更具有质量的沟通。现场受众数量虽然减少了,但是连接的强度却提升了,社会教育活动质量或可得到显著提升。"坦诚"有助于消解知识壁垒,在观众看来,即使自己不能全然理解主讲人所讲述的知识,但是认为主讲人看到的现象和推得的结论是值得信服的。

历史思维是另一条可以发掘的第一人称视角的知识线索,这也是高校青年更适合讲述的话题。WGY提到:"我接触相对多一点的是力学史。在大学时,我学了高等数学,当时觉得这门学科特别枯燥,尤其是极限问题,课上讲如何定义极限时,提到了莱布尼茨和牛顿间的很多争论,这促使我回过头去寻找争论的点发生在哪儿,通过深入了解,才发现其实在力学早期建立的时候,它有很多分支,比如天文的、物理的、数学的……然后到现在,力学不再是各项技术攻关里最难的部分了,它已经很成熟了,大部分内容在工程实践中已经被直接应用了。……有力学史的加持,让我明白为什么早期学者没碰到我们今天感觉枯燥的这些问题。因为在他们所处的时代,如'到底什么是最短时间',以及'如何用极限去描述时间的连续性'等问题其实都是很重要的。……你会知道他们的知识脉络是从哪些地方集成的,你也会对一些知识和定理'去魅',这些内容不是说突然拍一下脑袋就能想出来的,而是有很多前置的基础,在某些点上相互契合,从而推动了早期的学者的发现。学科的历史会让你觉得一切东西的出现都是合理的,不是枯燥的,也不是突如其来的。"通过历史视角获得实境化视野,能将高校青年置于与历史上科学伟人相同的生命维度,以青年的心理揣测并共情彼时作为青年人的科学家们的心理,这将极大拉近受众和内容之间的距离。

优势之二,高校青年不够权威的社会地位,从某种角度上可以促进科技知识的传播。他们虽然有高校学历与专业知识储备作为"壁垒",保护其职业地位与权威边界,但是作为将科研视为己任甚至生活本身的学生,应对针对自己研究意义的拷问是常态,这就为将科学传播的场域进一步扁平化提供了契机。真正的平等既离不开对知识壁垒的消解,也离不开受众对传播主体的充分信赖。倘若只有后者而没有前者,那么科学传播将停留在单向传播阶段;倘若只有前者而没有后者,那么场域则将陷入混乱,讨论和交流将会成为湍流。高校青年群体是两者之间较为理想的平衡,接受关于研究意义和创新点的拷问,不是什么不堪的体验,而是在求学过程中日积月累的训练。WGY 提到:"被拷问是一种常态。……比如说,'这有啥用?''你的创新点在哪?'博士一般都会被问到这两问题。……我们在高校做研究,百分之百懂你的只有你自己,你的导师可能也就了解百分之六七十,很多人可能处于一个完全不了解你的研究的状态。……父母问得少,但是朋友问得多,尤其是几年不见的同学,你跟他说你在做什么,他第一反应就是'这有啥用'。"这种对意义的不断追问,事实上高度适配一种新式的传播场域。在这个场域中,虽然科学知识不再是布道式单向传播,但仍然需要有"引线"与"火星"诱发知识进入场域,方能发起流通。"引线"是事先设定的议题,"火星"则要依靠现场人群间的碰撞产生,而提问的开端就可以是高校青年十分习惯的拷问——这有啥用？你的创新点在哪里？面对院士级别的高级专家,由于社会地位与职业威望相差悬殊,受众难以开启这样的提问,但是面对高校青年,发问的门槛会大为降低。

事实上,介于业内专家和普通公众之间,高校青年的身份本身构建了受众与科技内容之间的天然连接。WAR 提到这种"参与感"的重要性:"回想以前,比如我们说载人航天的信息,那都是在新闻上看到的。假如突然有一个学生或者一个团队成员出现在你面前,尽管他只是这项大工程里的一个很小的参与者,但是他跟你讲这件事情时,你的感觉是不一样的。他是亲历者,你是圈外人,能见到一个参与过此事的人实属难得,那种感觉肯定是不一样的。相当于通过学生群体拉近了大项目跟公众的距离,这是非常有益的。"此外,名校光环也会发挥感召作用。WAR 表示:"假如这个学生的学校是一所具有'光环'的学校,那么学校对他来说肯定是一个加持,大家会把对学校的所谓的'光环'的欣赏,转移到这个学生身上。B 站上面有很多学生 UP 主,他们的评论区常会有人说'不愧是××学校的学生',称赞他们为大牛。对于年轻观众来说,名校光环确实有一定的吸引力,尤其适用于 B 站这种用户平均年龄比较低的平台。"

五、 小结: 构建更大的互惠循环

在传统观念里,科学传播的实践主要是训练高校青年的表达能力,譬如如何更好地与公众沟通,如何更好地向素人循序渐进地介绍自己的研究。也正因为如此,过去科学传播在人才吸纳方面往往会遇到这样的悖论:能够胜出的传播者未必在科研领域有精深探索,而在研究领域颇有建树的高校青年则不甚理解对外宣传自己工作的必要性。依照此种趋势,两者只会日渐背离,彼此负面评价,形成隔断的信息圈,很难形成习近平总书记所描述的科研科普"一体两翼"的形态。因此,唯有拓展科学传播的受益面,让高校青年从中获得更多收益,才能吸引更多有复合才能的人加入科学传播的人才队伍中来。本次研究就是采用问卷调研和质性访谈两种方法,针对高校青年的科学传播实践进行考察,分析其优势与劣势,意在呼吁行业视角和历史思维在未来科学传播中的重要性——它们将是高校青年和科普平台互利互惠的最好抓手。

本研究的问卷调查部分不是归纳性的,而是启发性的,虽有明显不足,但也能为本研究及后续相关研究提供有价值的参考思路。从此次调研的结果来看,高校青年并不是刻板印象中的书呆子,他们对自己的知识储备和沟通能力有较强的信心,不仅乐于向圈外素人讲授专业知识,还将其视为一种带有神圣性的社会责任。高校青年对科学传播内容的选择上,显示出对公众的迁就态度。尽管高校青年在专业领域具有相当的自信,但是在面对国家政策时,仍然显示出自信与自卑的糅杂心态。这既与其对所从事研究的实用性评价有关,也是其作为身在高校中的青年学生的必然心理。从这个意义上说,以科研青年的个体角色去与国家战略相结合,或许是一种打破专业壁垒,复现基层劳动者状态的可行策略。

科研作为一个行业,本身就具有被展现的价值,这就是当前科学传播中欠缺的行业思维。高校青年群体作为科研一线的新知创造者,在提供实境化的传播内容方面具有优势,他们应当更为坦诚地以未来从业人员的身份自居,明确自己职业发展的利益诉求,并积极地将这种带有主观价值判断的内容引入科学传播中,让传播主体更为生动、可亲、可信。尽管高校青年群体在构建权威性方面具有劣势,但在消解权威性方面,高校青年又独具优势,更适合在相对扁平的信息网络里与人沟通交流,能够通过平等的科学传播场域,实现对现有科学传播模式的超越。

科学技术的发展不是抽象的概念,而是一个具象的历史过程,这就是当代科学传播中欠缺的历史思维。各种现代学科的分野和专业化,原本是为高于其本身的求知而服务的,但时至今日对于身在其中的高校青年而言,学科从手段变成了目的本身。学科史帮助青年学者回到历史伟人曾经所处的年龄阶段与历史坐标,帮助他们理解知识的连续性。如果这种铺垫可以帮助高校青年,那么也一定能够为普通受众提供新的、更为简易的知识入口。

由此可见,强调行业思维和历史思维,是高校青年群体践行科学传播的重要抓手。讲述这两类内容,对于高校青年和科普平台来说是双赢。对前者而言,这既能帮助他们补齐知识短板,又能帮助其树立信心,在与社会公众沟通的过程中找到自己的历史坐标与价值坐标;对于后者而言,这既能通过讲述学科发展和行业现状,遴选出更具才能的受众,形成更具凝聚力的受众群体,又能促进更加平等的传播场域的形成,激活更多潜在可能。因此,本研究建议科学传播平台采取如下措施:第一,打造自己的人才池子,扩大高校青年潜在的社交机会。尽可能开发常驻的多学科高校青年,形成一个科学传播的生态系统,既能让单一内容多元呈现,也能帮助高校青年打破学科边界,彼此相识,拓展交际圈,实现平台与内容生产者的双赢;第二,从策划层面着手,将上述双方的增益点体现在活动设计初期,亦即需要提前了解该科研人员的日常工作、行业发展情况、就业情况、讲者的个性偏好等,这对科普平台的知识水平与动员能力都提出了更高要求。

高校青年群体在亲身实践参与科学传播之前,是无法对可能出现的各种情况作出精确评估的,唯有在实践之中,才能不断修正对自我、学科、公众、社会的认知。高校青年频繁地参与科学传播已是大势所趋。作为一种资源,他们会成为各种知识传播平台的抢手货。相较当前科技类博物馆的自我定位,图书馆、文化沙龙、读书会、自媒体、播客平台都是传递"真理"包袱更轻的传播平台,与高校青年之间的契合度明显更好。因此,平台可以有两种战略选择:其一,适度保留高校青年这一资源,专注平台的宽度与深度建设,靠绝对的客观性与权威性占据科学传播生态矩阵中的最高位置,用品牌的价值打造最高端的知识产品;其二,面向未来积极调整职能结构,调整自身容错机制,广泛借鉴知识类自媒体组织线下活动的模式,在策划端发力,从策略设计上注重多元资源的引入,并以平台-讲者-受众三者都能接受的偏好与风格,将维护相关科学传播系列活动的资源成本控制在最低水平,以保持此类活动的可持续性。现实情况是,大型科普场馆很难在完成现有任务之余,深度参与此类活动的策划,在自由度和主动性上逊色于一些非公立自媒体。未来之路从何起步,这个问题的解答掌握在平台自己手中。

第二部分

科学传播

新主体、新实践

国内外新媒体内容类企业科普实践对比研究[①]

顾泽莹　乔止月　周婧景[②]

摘要　新媒体内容类企业是一类结合了科技和内容创作,依托新媒体技术创造并传播富有吸引力内容的企业。如今,越来越多新媒体内容类企业开始发挥其传播优势开展科普,影响着人们获取知识的方式。本文从科普主体、科普受众、科普内容与形式、运营模式四个方面,探寻国内外新媒体内容类企业科普实践的现状及特点,从中总结国内外实践中的优缺点,并揭示国内实践存在的问题,最后结合国外实践的创新点,分别从政府和企业两个层面,对国内新媒体内容类企业科普实践提出对策建议,以保障新媒体科普的效果和可持续性。

关键词　科普;新媒体内容类企业;新媒体;国内外对比

随着公民素养的不断提高,科普,即科学普及,在当今世界的重要性和迫切性日益凸显。就我国而言,习近平总书记在2016年的"科技三会"上即明确提出"科技创新、科学普及'一体两翼'"的重要论断,将科普地位

[①] 本文为上海科技馆科普智库科研创新平台开放课题资助成果。
[②] 顾泽莹,复旦大学文物与博物馆学系硕士研究生,主要研究方向为博物馆展示教育、博物馆观众研究;乔止月,复旦大学文物与博物馆学系硕士研究生,主要研究方向为博物馆展览阐释;周婧景,复旦大学文物与博物馆学系教授,主要研究方向为以观众研究为基础的博物馆阐释与传播、博物馆学理论和方法。

提高到前所未有的历史高度①。与此同时,随着数字技术的发展,新媒体的出现为信息传播开辟了崭新路径,也使交互领域发生了革命性变化。当新媒体结合科学知识,新媒体科普应运而生,如今已潜移默化地渗透入人们的生活。

另外,数字技术应用的普及推动了新媒体内容类企业的蓬勃发展。该类型企业结合新媒体技术与内容创作,通过使用先进的技术和工具,创造并传播文字、图片、音频、视频等富有吸引力的内容。随着社会科普意识的提升,不少内容类企业凭借内容生产和传播优势开展科普实践,在提升公民科学素养方面发挥了积极作用。

然而,这些新媒体内容类企业的科普实际情况为何?在新媒体纷繁的外表下,科学知识是否实现了有效传播?放眼世界,国内外新媒体内容类企业的科普实践存在哪些共性与差异性特点?为此,对国内外具体企业案例进行考察势在必行。本研究采用对比研究的视角,通过系统梳理相关文献资料,选取部分企业进行实地考察,与内部人员访谈,对国内外新媒体内容类企业科普现状展开分析,从而明确其各自存在的优势与不足,提炼具有针对性的改善策略,以期为该类企业更好地发挥资源与技术优势提供启示,让更广泛社会公众接受各领域科学知识的普惠。

一、国内外新媒体内容类企业科普案例调查及分析指标构建

欲对国内外新媒体内容类企业科普实践展开分析,所选取的研究案例必须具有代表性,方能把握其现状特点,并针对其中暴露的典型问题予以适切的回应。另外,为了相对客观地对国内外新媒体内容类企业科普

---

① 任福君. 我国科普40年[J]. 科学通报,2019(9):885—886.

现状展开分析,还需建立合理的案例分析指标框架,确保对现状的总结、优缺点的提炼及国内外实践的比较都有理可依。

(一)国内外新媒体内容类企业科普案例调查

在选取标准上,本研究择定的国内外新媒体内容类企业尽量包含当前国内外的典型案例,同时兼及内容与形式的丰富性和差异性。国内案例的筛选包括对新媒体科普主题文献涉及的案例进行提取与检视,以及在微信、微博等新媒体平台以"科普"为关键词进行检索,随后通过"天眼查"等企业信息网站判断其主体相关信息。国外案例主要依托相关文献,同时以"science communication""science popularization"等关键词在学术网站、互联网等平台进行搜索,再进一步搜索其相关企业信息,以判断其运作主体类型。

通过上述方法,共筛选出国内外开展科普实践的新媒体内容类企业案例20项,其中国内案例11项,国外9项,分别在表1和表2中予以呈现。

表1 国内新媒体内容类企业科普案例

	新媒体内容类企业名	科普产品或品牌	科普形式
1	北京果壳互动科技传媒公司	果壳	图文、视频
2	观澜网络(杭州)有限公司	丁香医生	图文、视频
3	北京全景国家地理新媒体科技有限公司等	中国国家地理	图文、视频
4	沃生(北京)科技有限公司	星球研究所	图文、视频
5	德才皆倍(北京)科技有限公司	知识分子	图文、视频
6	杭州智聪网络科技有限公司	年糕妈妈	图文、视频
7	上海混知文化传播有限公司	混知	漫画、动画

(续表)

	新媒体内容类企业名	科普产品或品牌	科普形式
8	苏州大禹网络科技有限公司	好奇博士	漫画、动画
9	北京灵动新程信息科技有限公司	钛媒体	图文、视频
10	上海光锥文化传媒有限公司	科学有故事	播客
11	温州一阅信息技术服务有限公司	"100个秘密"系列	播客

表2 国外新媒体内容类企业科普案例*

	新媒体内容类企业名	科普产品或品牌	科普形式	国家/地区
1	BuzzFeed, Inc.	BuzzFeed	图文	美国
2	Complexly, LLC	Crash Course; SciShow	视频	美国
3	Kurzgesagt GmbH	Kurzgesagt (In a Nutshell)	视频	德国
4	Theskimm, Inc.	theSkimm	图文、在线课程	美国
5	G/O Media, Inc.	Gizmodo	图文、视频	美国
6	Vice Media, LLC	Motherboard	图文(包括音频)	美国
7	Vox Media, LLC	Vox	图文、视频、播客	美国
8	Ziff Davis, LLC	Mashable	图文、视频	美国
9	株式会社ワン・パブリッシング	学研キッズネット	图文、视频、漫画	日本

＊国外案例中,BuzzFeed、theSkimm、Gizmodo、Motherboard、Vox、Mashable和学研キッズネット的本体均为网站,表格中的"科普形式"指其所发布科普内容的形式载体

(二)国内外新媒体内容类企业科普案例分析指标

基于对新媒体内容类企业科普实践相关概念、特点、理论等的梳理,

本研究拟从科普主体、科普受众、科普内容与形式、运营模式四个基本维度展开，重点关注其各方面是否充分利用新媒体科普的特点与优势，以及运营状态与策略是否能够支持持续性的科普实践。在此基础上，借鉴过去基于媒体资源的评估类研究中所采用的分析框架范式，以层次分析法构建包含三个层级的分析指标体系，具体分析指标框架如表3所示。

表3　国内外新媒体内容类企业科普案例分析指标框架

一级指标	二级指标	三级指标
科普主体	科普主体类型	企业业务拓展；科普产品转化
	科普内容生产模式	自主生产型；专业人士共创型；社会公众共创型
	科普人员培养与激励	是否有针对科普团队人员的培养或激励机制
科普受众	受众群体	是否有明确的受众群体、是否将科普实践进行分龄分众、具体受众群体类型
科普内容与形式	科普内容	(1) 内容领域：是否对内容领域有所规划、具体领域及丰富程度、内容是否有垂直领域细分、是否有区别于其他企业的特色； (2) 内容科学性：有无知识性错误、资料来源是否可靠且明确、有无领域专家为内容把关； (3) 内容易读性：选题是否有趣或与公众生活/时事热点相关、信息处理是否清晰易懂、呈现形式是否富有吸引力； (4) 内容互动性：是否充分利用新媒体的媒介特点，与用户基于内容进行互动
	科普形式	科普产品类型及其丰富程度，内容发布渠道及其性质
运营模式	营利模式	科普相关的具体营利措施
	影响力拓展模式	科普相关的具体影响力拓展措施

在确定重点考察案例及具体分析指标的基础上，下文将分别从科普

主体、科普受众、科普内容与形式、运营模式四个维度对国内外案例展开对比分析。各部分首先结合案例对国内外现状进行论述，并在此基础上比较二者的优缺点，进而提炼国外企业的创新之处，为改善对策的提出奠定基础。

二、国内外新媒体内容类企业科普主体对比

（一）国内新媒体内容类企业科普主体现状

首先，就科普主体类型而言，国内进行科普实践的新媒体内容类企业主要有两类，分别是由某一科普产品发展而来、以科普为主要业务的"产品先行型"企业，以及将科普作为众多内容业务之一的"综合型"企业。在本研究所调查的案例中，绝大多数属于前者。究其发展模式，大多为独立个人或小团队最初以自媒体形式开展科普实践，随着科普产品影响力不断扩大，逐渐转为以企业形式运作，同时保持以新媒体科普产品为中心拓展其他业务。少数企业在原有业务的基础上增设新媒体科普业务，包括综合型新媒体内容类企业向科普方向拓展，以及专注某一领域科学内容的企业转向为更广泛的受众进行科学知识普及。前者如以专业医学知识检索与共享起家的"丁香园"，后者如从传统杂志社起步、转而逐步建立新媒体公司和融媒体中心的"中国国家地理"。

其次，科普内容生产模式是企业专业性的彰显，与传播者的构成密切相关。国内企业的科普传播者包括科学家、媒体人、科普作家等，其中以科学家为代表的高公信力专业人士参与较少，但也在逐渐以多种方式参与进新媒体科学传播中。这些企业科普的内容生产呈现出"自主型"和"专业人士共创型"两种主要模式。"自主型"作为最常见的模式，以企业团队内部人员为主导进行内容策划和生产，若有科学专业人员参与也仅

涉及顾问与审核环节。此类模式适用于选题计划性强、自给自足的团队，有利于热点话题追踪和内容把控。例如"星球研究所"遵循目录式选题，从内容创作到发布传播的全流程都由内部创作团队负责。"专业人士共创型"则以科学专业人士为内容主要创作者或把控创作进度的主编，再由专业媒体人进行编辑、传播。这一类型适用于学术性更强、更有深度的科普内容生产，如"知识分子""丁香医生"等企业。

最后，新媒体内容类企业的科普团队需要规范化的人员培养和激励机制，方能确保稳定且持续的内容生产。然而，在国内，仅有少数一定规模的企业具备相关机制。例如"果壳"针对内容生产人员发展出一套成熟的培养体系，包括提供完整的资源库和规范手册，以及选题会、优秀稿件点评会等交流平台，另外还推行由主笔和资深编辑指导新编辑的"师徒制"教学体系[1]。"丁香医生"推行"教练机制"，由每周轮值主编担任内容生产者的培训教练，对内容策划、生产和出品的整个过程给予指导，以确保内容的相对稳定[2]。

（二）国外新媒体内容类企业科普主体现状

在科普主体类型方面，国外开展科普实践的新媒体内容类企业亦可分为前述的"产品先行型"和"综合型"两类，但二者比例构成与国内殊异。在案例中，约一半的国外企业是由不断积聚影响力的科普产品发展转化而来，在原有业务领域的基础上增设科普业务的综合型企业则占据了另外一半。这与国外企业普遍重视将科普融入企业文化，使之成为业务拓展范畴的理念与实践不无关联[3]。由此出现的科普实践秉持着企业一以

---

[1] 吴欧,张博超,贾明月,等.果壳科普内容生产人才体系及其培养过程,内部资料.
[2] 丁香医生内容总监：3个持续打造爆款内容的方法论[EB/OL].[2021-12-02]. https://baijiahao.baidu.com/s?id=1718019748296971982&wfr=spider&for=pc.
[3] 王康友,郑念,王丽慧.我国科普产业发展现状研究[J].科普研究,2018,13(3)：5—6.

贯之的使命宗旨,在内容表现形式、关注重点等方面也独具企业文化特色。

在内容生产模式方面,国外企业共采取三种模式。其中,"自主生产"模式在几乎每家企业中均有体现,而"专业人士共创"模式则更注重与科学领域专业人士积极展开合作。另有"Motherboard""BuzzFeed"两家企业采用"社会公众共创"模式,即社会公众广泛投稿,企业内部内容团队进行审核、编辑和最终呈现。"BuzzFeed"用户社区中的任何人都可以发布内容,编辑团队会根据质量、主题相关性等指标从中进行选择和编辑,使其符合企业的内容标准。需要补充的是,在实践中,大部分企业采用的是上述两种或三种模式的混合,以满足内容更新等实际需要。

就科普人员培养与激励机制而言,国外企业中的相关措施亦不多见。目前仅"BuzzFeed"曾于2021年举办过为期2个月的"夏季作家挑战赛",根据内容的浏览量给予社区撰稿人150—10 000美元不等的报酬。然而,此类激励机制并非常态化、系统性的举措,对内容创作者长期积极性的影响较为有限。

(三) 国内外新媒体内容类企业科普主体优缺点对比及国外创新性提炼

通过国内外现状对比,可将国外企业在科普主体方面的创新之处进行总结,(1) 综合型企业善用优势,积极向科普领域拓展。背靠企业的资源基础,综合型企业能较为稳定地保持发展动力和竞争力。同时,此类企业普遍重视将科普内容与企业自身使命宗旨、用户定位和内容风格相联系,不断为科普市场注入活力。(2) 国外企业已开始将社会公众纳入科普内容生产主体。社会公众的参与使科普内容从选题阶段开始就符合公众的需求、兴趣和知识水平,充分发挥了新媒体在实现信息双向化方面的内在优势,同时也顺应了科普社会化、均等化和民生化的趋势(表4)。

表4 国内外新媒体内容类企业科普主体优缺点对比

	国内实践优点	国外实践优点	国内实践缺点	国外实践缺点
科普主体类型	采用"专业人士共创型"内容生产模式,保障内容的科学严谨与信服力			
		综合型新媒体内容类企业善用优势,积极拓展科普业务	科普主体类型单一,产品先行型企业科普实践影响力规模有限	
科普内容生产模式	内容生产流程较规范,科普内容在符合一定质量标准的同时具有鲜明的企业特色,且能满足定期更新的需求			
		发展出"社会公众共创型"内容生产模式,调动公众科普力量		
科普人员培养与激励机制			缺少规范化、常态化的科普人员培养与激励机制,影响科普内容质量的稳定性及内容生产的可续性	

三、国内外新媒体内容类企业科普受众对比

(一)国内新媒体内容类企业科普受众现状

整体而言,国内新媒体内容类企业在进行科普时,对受众的界定并不明晰。主要表现为,大部分企业对受众没有明确的表述,仅笼统地以让广泛人群理解科学知识为目标。此外,在构建由多个账号组成的新媒体矩阵时,它们对具体受众的考量也较少,大多仅根据内容兴趣来划分账号。

另外,值得注意的是,国内面向儿童、青少年等学生群体进行科普的企业屈指可数。科普内容大多是为成人定制的,即使是与青少年相关的账号,

也主要以向成人传授教育理念为主进行科普。例如,"果壳"旗下的"果壳少年"微信公众号,主要是向7—15岁青少年的家长分享教育干货,而非提供适应青少年自由选择学习需求的科普内容。

(二)国外新媒体内容类企业科普受众现状

国外新媒体内容类企业普遍拥有较强的受众规划和分类意识。在调查案例中,超过半数的国外企业都对其科普内容的受众群体有着明确界定,并基于该群体的需求和接收信息的偏好、习惯等,富有针对性地开展科普实践。

从整体维度看,国外相关科普实践的受众群体主要包括三类:学生及教师群体,千禧一代年轻群体和年轻女性群体,以及在传统科普实践中易被忽视的儿童群体。从个体企业维度看,尽管为数不多,但已有企业在其受众群体内部进行进一步的细分。例如,日本科学类媒体网站"儿童学研网"(学研キッズネット)虽以广义上的中小学生为主要目标受众,但也考虑到儿童的认知规律和知识水平在年龄上呈现出的阶段性特点,因此在网站的"自由研究"板块以中小学生的年级为标准对内容加以垂直细分(图1),精准定位每个年级学生适合且可能感兴趣的话题,极大改善了儿童用户的科普体验。

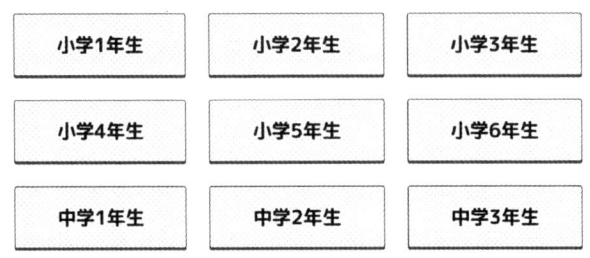

图1 "儿童学研网"针对中小学生用户的分龄化内容呈现①

---

① 学研キッズネット.自由研究プロジェクトトップ[EB/OL]. https://kids.gakken.co.jp/jiyuu/grade/.

（三）国内外新媒体内容类企业科普受众优缺点对比及国外创新性提炼

经对比，国外新媒体内容类企业科普实践在受众方面的创新之举可总结为以下两点。第一，结合自身优势与社会需求划定受众群体。国外实践普遍对受众有明确的界定和规划，并有针对性地选取科普主题和语言风格。在具体受众类型方面，得益于各企业对社会各群体科普需求的洞察，学龄儿童、青少年、女性等在国内普遍缺乏关注的群体对科普的现实需要在国外案例中得到了较为充分的关注与回应。第二，洞悉用户群体特点，开展用户内部细化分众。国外企业中，已有部分能够根据用户的差异化特点，对科普内容进行垂直领域再细分，从而满足不同个体的阶段性与个性化需求，增加科普的有效性（表5）。

表5 国内外新媒体内容类企业科普受众优缺点对比

	国内实践优点	国外实践优点	国内实践缺点	国外实践缺点
科普受众		前置规划受众群体，结合用户差异开展内部分众	缺乏受众意识，内容混杂	
		关注广泛群体的科普需求	缺少面向学龄儿童和青少年群体的科普内容	

四、国内外新媒体内容类企业科普内容与形式对比

（一）国内新媒体内容类企业科普内容与形式现状

国内新媒体内容类企业的科普实践采用了丰富的内容策略和多样的形式渠道。

在科普内容方面,国内企业整体拥有较灵活的内容领域选择与规划,既有专注特定领域,也有从生活与热点时事出发,挖掘事物背后自然科学、医药健康、社会科学等广泛科学议题的实践。细究其科普内容规划,可以发现大都能够清晰划分大类垂直领域,如以"果壳"为代表的部分规模较大的企业已形成新媒体内容矩阵(图2),根据内容领域的不同,在不同平台开设一系列相互独立又相互联动的账号。然而,其中缺乏对更小学科领域的归类,并且大多数国内企业在同一平台账号内未对所发布内容进行有条理的归类索引,导致难以快速获知科普知识的类别,不利于知识的检索和回顾学习。

公众号	发文数	总阅读数	头条阅读
果壳 Guokr42	7	11W+	10W+
吃货研究所 Food_Lab	2	19003	16348
果壳自然 GuokrNature	2	14996	10244
果壳病人 Health_Guokr	2	11513	10014
果壳亲子Guokr guokr_kid	2	10430	6923

多平台同主体账号　微信
账号主体:北京果壳互动科技传媒有限公司　公众号数量:17

图2 "果壳"旗下根据内容领域划分的5个主要微信公众号账号①

国内企业的科普内容兼具科学性与易读性。在科普实践最基本的科学性上,国内企业基本能注意参考资料的专业性和可靠性,以学术期刊和其他科学报道为主要资料来源,也有部分援引自更专业的权威机构(如学术机

---

① 清博指数."果壳"微信公众号[EB/OL]. https://www.gsdata.cn/rank/wxdetail?wxname=RQ3BVDvSaJ3qIi0nMgg5O0O0O2O0O0O1.

构、国家机构等)或相关领域专家。国内企业大都注重展现信息援引的明确性,调查案例中共有8家企业在内容中列出了参考资料,并注重在引用某一观点、介绍某一技术时标明消息来源。然而,在信息援引形式上,部分以视频为载体的内容将参考资料以字幕形式列出,而非以文字形式直接罗列,并不适应新媒体平台特性。国内不少企业通过专业审查的方式保障了内容的科学性。联络专家团队建立长期合作关系、邀请相关领域专家进行内容审核,已成为国内新媒体内容类企业进行科普的普遍做法。

在内容易读性上,国内企业亦通过各自的策略将深奥的科学知识"转译"为普通大众能够理解的内容,让科普内容与公众知识水平相契合。第一,注重标题和选题,通过标题的兴趣点制造和选题上与公众生活或社会时事相关性的增强,拉近与受众的距离。第二,在信息处理上,注重科普语言的简洁易懂,且倾向于采用易于阅读的内容结构。然而,值得注意的是,国内实践普遍以散点式的解释为主,缺乏对知识点的来龙去脉的阐述,难以构建出清晰的知识框架。第三,在内容的呈现方式上,国内企业,如"中国国家地理"和"星球研究所"等机构,都利用富有视觉冲击力的方式来降低阅读门槛。另外,也有实践采用人格化叙述的方式来增强易读性,如"年糕妈妈"的创始人李丹阳、"中国国家地理"的"狐主任"张辰亮,便在传播知识的过程中结合自身经验、展现个人特色,让读者与观众更加亲近。

然而,国内的科普内容缺乏互动性,科学传播者与受众的互动整体较少。受众能够就科普内容发表看法、参与讨论,是新媒体科普区别于传统科普的一大特点,而调查案例中仅两家有意识地抛出话题,鼓励读者互动。在互动方式上,国内企业主要采用对用户问题进行解答的方式,鲜少能够根据用户建议来确定或调整内容或选题。不过,与用户互动时,具备人格化叙事特征的传播者会注意对整体科普语言风格的保持,例如"中国国家地理"旗下《博物》杂志的微博"博物杂志",全程使用自信又幽默风趣的语言(图3),既不失科普专业性,又让人倍感亲近。

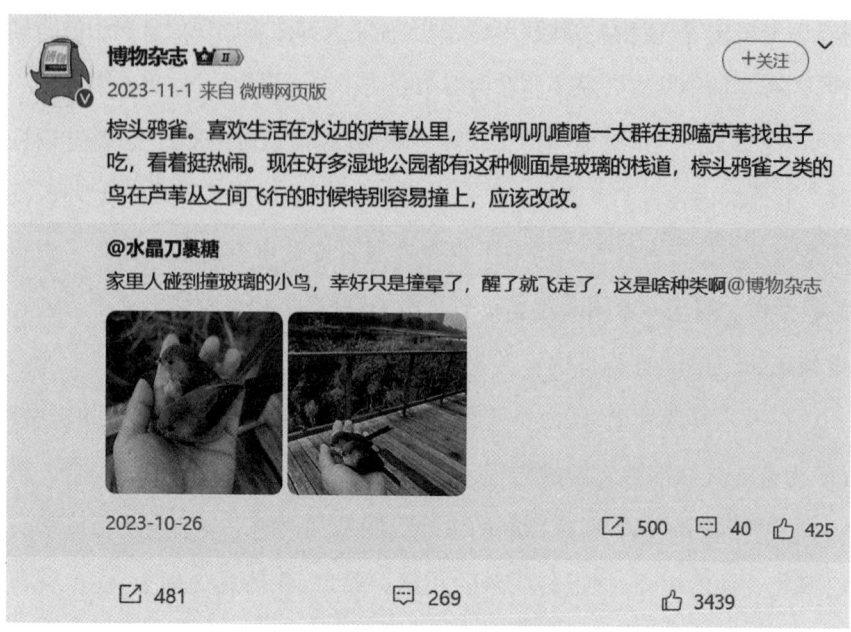

图3 "博物杂志"的微博互动①

在科普形式与渠道方面,国内新媒体内容类企业科普从整体而言并不丰富,传播渠道多而杂。具体而言,科普形式以图文和视频为主,其中不少视频是基于图文改编而来,另有少量播客和线上课程。关于此现象,"果壳"副总编吴欧在谈及科普形式的拓展时强调,新的科普形式意味着全新的内容规划与生产,涉及完全不同的技能,因此很难将一种形式的成功模式直接沿用至新的创作形式。此外,各企业的渠道拓展主要在不同社交平台中进行,也有少数会自建网页、客户端进行更专门的传播。在内容、形式与渠道之间的关系上,国内企业大都未能合理规划内容形式或利用平台特性。具体体现在内容与形式不完全适配,同样的作品被套用在具有不同形式及交互特征的平台内,不同平台间内容割裂且更新频率差异大等,造成了内容统一性弱、内容吸引力不佳,或各平台受众分散的局面。

---

① 新浪微博."博物杂志"[EB/OL]. https://www.weibo.com/bowu?refer_flag=1005050010_&is_hot=1&sudaref=www.baidu.com.

(二) 国外新媒体内容类企业科普内容与形式现状

纵观国外新媒体内容类企业,在科普内容方面普遍有较为明确的规划。国外企业在内容领域普遍偏好宇宙和(或)天文、自然(包括动植物等)、气候变化、环境等宏观自然科学相关的主题,少数企业关注健康保健、生理与心理知识等与独立个体或日常生活密切相关的话题。绝大部分企业对其科普内容所涉及的领域拥有前置性的系统规划,对自身有着较为明确的定位意识,而且在网页这一主要传播平台上,使用可视化内容分类布局与检索系统,为用户提供了选择的便利(图4)。在科普维度上,除学科性知识外,国外企业还会有意识地对社会公众的科学意识、科学态度等进行培养,如数字媒体企业 Vice Media 旗下的科普网站"Motherboard"设有"人物2020"(Humans 2020)板块,旨在通过介绍科学领域杰出人物及其主要事迹、研究领域、理想理念等[①],激发读者对科学精神的追求。

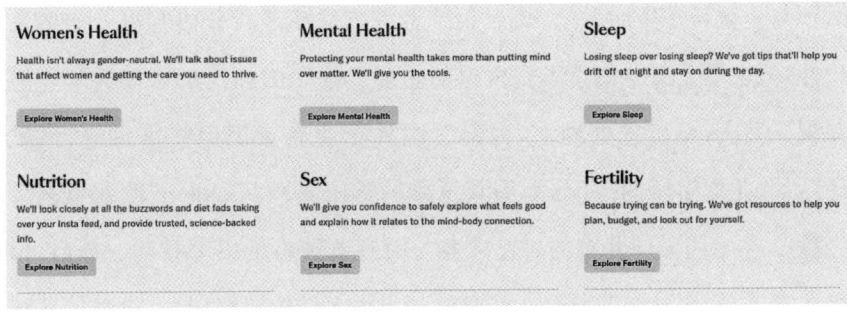

图4 "theSkimm"网页中的内容板块[②]

国外企业同样兼顾科普内容的科学性与易读性。在科学性上,国外企业采用权威、科学的参考资料,调查案例中共有7家企业在其发布的科

---

① Motherboard. Humans 2020 [EB/OL]. https://www.vice.com/en/topic/humans2020.
② theSkimm. Skimm Wellness [EB/OL]. https://www.theskimm.com/wellness.

普内容中明确标出了参考资料。资料呈现方式较为灵活,不少企业利用新媒体超时空、超媒体的特点,将资料以链接形式直接附在文章相关语句或视频中,便于用户了解内容语境,同时还能根据个人需求与兴趣拓展知识边界。在内容的把关与审查上,"儿童学研网"等3家企业邀请了业内专家担任把关人,作为内容发布前的最后一道"屏障"。"Mashable"等企业明确表示其建有错误纠正机制与用户反馈渠道,借助用户的庞大力量,在内容发布后持续规避疏漏。

然而,少数企业,尤其是采用"社会公众共创"内容生产模式的企业,其所谓科普内容的真实性、严谨性存在一定的存疑空间。例如"BuzzFeed"的"健康"(Goodful：Wellness)板块发布的文章很大程度上由其子站点的用户留言构成,此举虽然将新媒体的互动性和用户的参与性发挥到极致,但作为科普内容,其真实可靠性有待商榷。

在易读性方面,国外企业同样采取多种策略,相较国内企业更具系统性。首先,在选题的切入上,调查案例中有7家国外企业通过将宏观科学话题与公众日常生活、社会热点相结合等方法赋予科普内容以一定的易读性,但也不乏部分偏重事实报道的企业专注于大而泛的宏观科学领域知识。其次,在信息处理上,大部分国外企业有意识地将信息进行"转译",如"儿童学研网"充分利用其背靠的学研集团"Gakken"的儿童教育经验[①],在专门面向儿童的科普内容方面有着独特的书写技巧。最后,值得注意的是,国外企业科普在信息处理上大多结构清晰,具有较强的系统性,基本都能对一个知识点进行系统拆解与梳理,展现概念间的从属与影响等关系。在此基础上,结合视觉符号、图文互补、分段化处理等内容呈现策略,即使是复杂的科学问题也能使受众轻松理解。

---

① One Publishing. キッズネット総合メディア資料[EB/OL]. https://one-publishing.co.jp/wp/wp-content/uploads/2023/09/GakkenKidsnet_2023_07_09_ver1.1.pdf.

国外企业的科普内容中,用户参与互动的情况不少。一方面,国外有意识鼓励用户参与讨论,或抛出问题留待用户发表个人见解的案例并不鲜见。"BuzzFeed"几乎在每篇文章的末尾都写有鼓励读者分享内容主题相关个人经历的语句(如"您试过用热水泡脚来缓解偏头痛/头痛吗?如果试过,请在评论区告诉我们!"[1]),由此收获大量评论,充分调动了用户的参与。另一方面,国外案例中用户对选题的参与相对有限,仅"theSkimm"和"BuzzFeed"通过开放问题征集平台或从用户社群中筛选话题的方式回应用户当下关心的话题。

在科普形式与渠道方面,国外新媒体内容类企业科普形式较为丰富,传播渠道则有限。就形式而言,图文和视频成了国外企业科普形式的主体,另外还有线上漫画、播客、在线课程等多种类型。"Kurzgesagt"近期推出一款科普 VR 游戏,让玩家在情景化的剧情和身临其境的 VR 体验中了解分子、细菌、昆虫等各领域的科学知识[2]。就内容的发布渠道而言,国外企业普遍采用自有平台(通常为企业官方网站)与第三方视频网站或社交媒体平台相结合的方式,形成在自有平台或视频网站发布科普内容、在社交媒体平台与用户互动或为内容发布平台引流的模式。总体而言,传播渠道多集中在网页,而未能充分开发手机等移动设备的潜力。

(三)国内外新媒体内容类企业科普内容与形式优缺点对比及国外创新性提炼

通过国内外现状对比,可将国外企业在科普内容与形式方面的创新

---

[1] Krista Torres. "Thank You"—People Who Suffer from Headaches and Migraines Say This One Easy Trick Makes Them Instantly Go Away [EB/OL]. https://www.buzzfeed.com/kristatorres/soaking-feet-in-hot-water-for-migraines-tiktok.

[2] Meta Quest. Out of Scale: A Kurzgesagt Adventure [EB/OL]. https://www.meta.com/zh-cn/experiences/7270665009617359/.

之处总结如下:(1)结合自身定位,前置规划内容领域,在体现自身特色的同时彰显专业性,同时为用户的按需检索提供便利,提高科普效益;(2)利用新媒体交互属性,实现附属信息可视化,让用户得以便捷跳转至相关参考信息的出处,拓展用户知识边界的同时也让受众对科普内容的真实性有更直观的辨别;(3)层层拆解事物原理,展开系统阐释,帮助受众构建相关领域的完整知识体系;(4)主动发起与用户的双向互动,将用户置于相对平等的地位,在增进用户对相关领域理解的同时,拉近其与企业的距离;(5)利用技术优势,开发多元科普形式,借助包括播客、线上漫画、线上课程、游戏等在内的丰富形式,普遍考虑科普内容、形式与发布渠道特性间的适配性,创造较好的传播效果与影响力(表6)。

表6 国内外新媒体内容类企业科普内容与形式优缺点对比

	国内实践优点	国外实践优点	国内实践缺点	国外实践缺点
科普内容	兼具科学性与易读性,在保证科普内容准确性的同时有效降低信息接收门槛			
		结合自身定位,前置规划内容领域	内容领域划分不清晰、缺少管理和导航	
		利用新媒体交互属性,实现附属信息可视化	以简单罗列资料名称的方式呈现科学信息来源	"社会共创"型内容生产模式下,较难保障内容科学性
		层层拆解事物原理,展开系统阐释	信息处理方式同质化,缺乏对知识框架的清晰构建和对相关知识点的串联	
		主动发起与用户的双向互动	主要遵循"单向输出"的传统科普模式	

(续表)

	国内实践优点	国外实践优点	国内实践缺点	国外实践缺点
科普内容			用户对选题参与有限,未充分发挥新媒体媒介所内含的互动属性	
科普形式与渠道		利用技术优势,开发多元科普形式	科普形式存在同质化	
科普形式与渠道	发布渠道多元、能触及多渠道广泛用户		未能很好地统一科普内容、形式与发布渠道的调性	发布渠道略单一

五、国内外新媒体内容类企业科普运营模式对比

(一) 国内新媒体内容类企业科普运营模式现状

在科普相关的营利措施方面,国内新媒体内容类企业科普相关的收入以广告为主,文创产品开发次之,营利措施种类较少。具体而言,企业通过品牌合作,在科普内容中植入产品信息进行推广,通常能够挖掘产品背后的科学知识,借由产品介绍科学原理,呈现出"原生性"的特点。基于科普内容的文创产品开发,则包括日历、图书、桌游等融合科学知识的产品。然而,调查案例中仅零星几家向其他方向拓展营利渠道,如"年糕妈妈"和"果壳"开设的知识付费业务以及自营电商平台。事实上,这与国内占大多数的产品先行型科普企业的特点和需求息息相关。正如"果壳"副总编吴欧在受访中所指出,相较于拓展营利渠道、扩大规模,以创作为核心的、市场规模有限的小团队可能才是国内新媒体科普的常态。

在科普相关的影响力拓展措施方面,国内企业在线上进一步通过推广合作和社群建设来拓展影响力,在线下开辟多种影响力拓展模式。一

方面,在线上,由于传播主阵地多以私域流量为主,企业主要依靠平台自身特点凝聚粉丝,形成影响力,鲜有采取其他利用社交平台传播特性的举措。另一方面,国内企业在线下则有更多创新尝试,以强化科普内容特色与品牌影响力,构建品牌IP。例如,开展研学考察项目、举办线下讲座和科学交流大会等。"混知"更是于2023年开办了大型线下综合体"混知书店"(图5),设立书籍展陈区、咖啡区、餐饮区、剧场等空间,在其中提供基于漫画IP的互动体验,并举办一系列持续性的线下活动。

图5 "混知书店"的书籍展陈区(笔者摄)

(二)国外新媒体内容类企业科普运营模式现状

在科普相关的营利措施方面,广告收入、付费订阅和接受个人或企业的投资,构成了国外大部分新媒体内容类企业的主要营利来源。其中,广告手段几乎为每一家企业所采用。不少大中型企业会利用自身的内源性优势,积极承接外包等业务实现营利。同时,来自个人用户的赞助也是不少企业的重要收入来源。用户可通过第三方众筹平台直接为企业提供资金支持,作为回应,企业会根据众筹数额给予支持者以相应的回馈,例如等级头衔、周边优惠、平台免费广告等福利。

在科普相关的影响力拓展措施方面,国外新媒体内容类企业普遍善于利用新媒体交互性强、跨媒介便捷等特点,鼓励用户将内容分享至其他平台,扩大整体影响。另有不少企业与社交媒体等平台上的名人开展积极合作,以便为企业带来更多的关注和流量。例如,"Crash Course"在视频制作中广泛邀请网络红人、各领域科普明星和其他名人参与主持,有助于其与更广泛的用户群体产生联结。也有部分企业通过线下渠道更好地融入社会公众日常可接触的生活领域。例如,"儿童学研网"曾在线下固定展位展出其系列科普漫画;"BuzzFeed"广泛利用 AR、VR 等技术为参加活动的用户"创造世界上并不存在的体验"[①]。

(三) 国内外新媒体内容类企业科普运营模式优缺点对比及国外创新性提炼

通过国内外现状对比,可将国外企业在科普运营模式方面的创新之处总结如下,(1) 基于科普内容价值,广泛寻求内外部营利渠道,使企业营利与科普内容质量直接挂钩。一方面是利用企业自身在内容创作和资源等方面的优势广泛承接外包业务,或将科普内容进行出版以赚取版权费用;另一方面是采取"用户众筹",通过直观阐明营利来源的方式加深受众信任,并设置多等级会员来提升受众参与感,增强用户黏性。(2) 利用新媒体集聚效应,拓展线上影响力。通过与社交平台上的关键意见领袖(key opinion leader,即"KOL")、网络名人或其他科学传播者积极合作,在确保自身主体地位的前提下,促进联合宣传,为企业带来更广泛的流量。

---

① Alexandra Bower. The BuzzFeed Blend:How the Publisher Is Harnessing the Power of IRL Events [EB/OL]. [2022-10-21]. https://www.adweek.com/media/the-buzzfeed-blend-how-the-publisher-is-harnessing-the-power-of-irl-events/.

表7 国内外新媒体内容类企业科普运营模式优缺点对比

	国内实践优点	国外实践优点	国内实践缺点	国外实践缺点
科普相关营利措施	根植于自身科普内容进行平稳、持续性的广告推广并售卖文创衍生品			
		基于科普内容价值,广泛寻求内外部营利渠道	内容价值利用不足,产品先行型企业"羞于"向受众阐明企业科普的经济需求	
			许多企业营利渠道单一,已有内容未充分变现	
科普相关影响力拓展措施		利用新媒体集聚效应,拓展线上影响力	线上平台以吸引私域流量为主,线上的影响力拓展措施较为局限	
	开辟出一系列线下的影响力拓展措施			

六、国内新媒体内容类企业科普实践问题揭示及发展对策

在系统梳理并比较国内外新媒体内容类企业科普实践各方面的现状之后,本文将进一步总结国内实践的现存问题,结合现状提炼出新媒体环境下内容类企业科普的整体发展趋势,并在此基础上,从政府和企业两个维度提出具体发展对策。

(一)国内新媒体内容类企业科普实践问题揭示

1. 企业内生优势不显著

从科普主体维度看,国内开展科普实践的新媒体内容类企业类型单

一,主要为从具体科普产品发展而来的"产品先行型"企业,而本身具有一定规模背景的综合性新媒体内容类企业对科普领域则鲜有涉足。如此便导致大部分企业在开展科普实践时自身特有资源的支撑不足,从而较难挖掘自身优势、摸索出具有企业特色的长远发展道路。

2. 科普人才潜力未有效激发

国内开展科普实践的新媒体内容类企业在常态化、系统性的科普人员培养与激励机制方面普遍存在缺位,使得科普人才潜力未能得到有效激发,也使得企业内科普人员的科学知识转化能力参差不齐,且易对科普工作失去热情和积极性。

另外,除少数规模和影响力较大或本身拥有科学研究背景的企业外,大部分企业在进行科普实践时未能与科学专业人士展开充分的跨界合作。如此"单打独斗"的科普实践使得前沿科学信息无法得到有效、及时的互通,从而导致公众所能接受到的科普内容受到局限。

3. 科普内容与传播形式缺乏创新

与国外企业相比,国内企业对于科学原理的系统性梳理与传播呈现出明显缺位。另外,有关科学意识、科学精神等非知识领域的理念传播和培养也仍显缺失。

在科普形式方面,国内企业虽整体较为丰富,但究其具体类型可发现同质化现象较突出,这体现了各企业尚未充分挖掘新媒体在形式载体方面的潜力,并且尚未富有创新意识地加以活化利用。

4. 科普规划意识淡薄

国内企业科普规划意识的淡薄主要体现在以下三个方面。

首先,在科普受众的界定方面存在明显缺失,更遑论对受众群体内部的进一步分众,如此便导致科普内容往往缺乏针对性,难以满足社会公众对科学知识的多样化具体需求。

其次,在科普内容方面,规划意识的缺失进一步导致内容呈现缺乏条理。尤其是涉及多个细分领域而未开设独立账号或设置索引框架的企业,不同主题的内容往往错杂呈现,如此也使得受众难以轻松地根据需要对知识进行检索或回顾。

最后,在科普形式上,规划的缺位使得不同形式、层次传播载体的优势未能得到充分彰显,导致多形式多渠道传播的合力效果不佳,难以为公众提供泛在式科普。

5. 与受众的互动意识不足

与受众互动意识的缺乏主要集中在科普内容缺少与受众的交流互动,往往倾向于单向式输出,而忽视了将受众纳入平等对话,从侧面反映内容生产主体对新媒体互动特征的认识欠缺。

另外,"社会公众共创型"科普内容生产模式的缺乏也体现了企业与公众互动意识的不足。如此不但使得民间科普力量无法得到有效发挥,也无法真正满足公众的兴趣和需求所在。

6. 科普内容价值变现渠道少

在运营模式上,国内企业大多仅限于广告收入和文创产品开发,普遍存在营利渠道单一的问题,尤其缺少基于科普内容的营利措施。这将导致科普的内容价值难以变现,不利于国内为数众多、将新媒体科普作为主要业务的"产品先行型"企业的可持续发展。

(二)国内新媒体内容类企业科普实践的发展对策

前文对国内外新媒体内容类企业科普的现状归纳和国外创新性的提炼显示,在新媒体环境下,内容类企业科普具有"与受众平等对话和共创"以及"全媒体互通融合"两个发展趋势。国内企业科普提升对策的提出,需遵循这两个趋势,在新媒体科普的各环节贯彻与受众的平等交流,并利用多载体、多渠道的合力来提升科学传播的广泛性和有效性。

1. 政府层面对策建议

政策引领规范,协同跨界融合。 随着国内科普战略地位的提高,为进一步优化新媒体内容类企业的科普实践,政府相关部门应带头积极发挥引导作用,首先从宏观政策层面提供引领和支持保障。一方面,应形成业界规范,为科普产品内容的真实性和科学性增添保障,维护社会公众获取高质量科普内容的基本权益。另一方面,应通过资源整合解决科普企业"各自为战"的局面,同时激发龙头企业的领头作用,以形成科普产业的集聚效应①,解决目前国内"小打小闹多"而未能形成规模体系的状况。同时,还可着力于凝聚多方力量,包括一线科学家、民间科学爱好者等科学相关人士,以及新媒体从业者等传播方面人才,与新媒体企业共享科学知识和新媒体相关的传播技巧、发展成果,共同优化企业科普的实际成效。

完善激励措施,提供资金保障。 除政策的无形引导外,新媒体科普的发展亦离不开政府部门的实质性激励举措。鼓励科普人才发展,调动科普人员的积极性。例如,北京市推行有兼容体制内外科普工作者的科普职称制度②,此类官方认证是对科普工作者专业能力及辛勤付出的极大肯定,能有效提高其创作热情,从而推动行业的整体可持续发展。此外,针对国内企业科普内容与形式缺乏创新的问题,政府可通过设定专门面向新媒体科普的荣誉奖项,鼓励各新媒体企业不断针对科普内容形式推陈出新,促进行业内部的经验交流和整体向好发展。

政府在资金方面的支持则可更切实地解决国内为数众多的"产品先行型"企业在资金周转方面的后顾之忧;对于拥有一定实力积淀的"综合型"企业,政府支持亦有助于增强企业的内生优势,如进一步完善企业内

---

① 章梅芳,吴因,牛桂芹,等.北京市部分科普企业发展现状调查研究[J].科普研究,2019,14(4):56.
② 丁苏雅,徐丹,王伊男,等.科学传播职称对科学传播人才队伍建设的影响——基于北京地区事业单位科学传播人员的调查[J].科普研究,2020,15(5):65—71.

部人才培养和激励机制的建立和常态化、规范化实施。

调研市场需求,实现供给侧改革。提高科普可及性,需从掌握市场需求入手。针对目前新媒体内容类企业所存在的目标受众意识匮乏、科普内容同质化等问题,政府应帮助调研市场需求,进一步实现供给侧改革。一方面是建立社会科普需求跟踪机制。市场需求调研非企业一己之力可以达成,尤其对于国内众多的"产品先行型"小型新媒体内容类企业而言。政府的介入则可利用大数据调研各地区的科普需求并分享给科普企业,以用户需求引领科普供给,这有助于企业提供更加精准、高质量的科普内容。另一方面,可根据公众需求布局科普领域,形成多层次、差异化的科普结构。相较于专业机构的科普,领域灵活、跟随市场是新媒体企业科普的优势。因此,在某类科普内容产出过多、同质化严重的情况下,政府可率先聚焦新兴领域、支持部分企业,及时跟进科普产品供给。

保护知识产权,健全科普市场。除了自上而下的布局和支持,政府职能更需从主导型向引导型转变,让市场和社会发挥资源灵活分配的主体性作用。科普产品推陈出新,不断满足公众的多元化需求,方能真正建立科普行业的健康生态。一方面,政府应鼓励企业建立多元化运营模式,开放科普市场。在实现科普与各行各业协同互动的同时,联动上下游产业,促进国内科普企业的可持续发展。另一方面,政府应进一步规范和完善科普市场机制,尤其是加强对科普产品知识产权的保护。目前,国内知识产权保护意识淡薄——不仅公众缺乏鼓励原创、为原创科普内容付费的意识,一些企业投入巨大精力产出的成果更是可能受到抄袭。因此,亟须完善知识产权保护相关法规,加强科普市场监督监管,保护原创科普作品及创作者的科普热情。

2. 企业层面发展对策

找准市场定位,满足受众需求。国内新媒体内容类企业开展科普实践需找准市场定位,根据用户需求和自身优势,明确主要内容领域与受众。一方面,企业应深入了解不同人群的知识水平和科普需求,明确目标受众。唯有此,才能有针对性地提供科普内容。其中,学龄儿童、青少年、女性这些有着强烈科普需求的群体,值得国内企业着重关注。另一方面,企业还需充分认识并发挥自身优势,才能真正作出特色。对于主要从事新媒体科普的企业,其最初的核心科普产品是形成竞争力的基石;对于综合型企业,原先的业务基础和与此相关的团队正是其向科普业务拓展所具有的独特资本,可考虑对科普业务进行拓展,在贯彻企业自身的宗旨、规范和内容特色基础上使新媒体科普呈现差异化。

打造科普人才队伍,拓展内容生产模式。优秀的科普人才队伍是企业做好科普的关键,决定了科普内容的主题领域与创作质量。企业需确立团队内明确的人员培养与激励机制。招募适应企业内容定位,具有专业学科背景的成员,以保障科普内容的科学性;共享资源库并设置内容创作规范,以保障内容风格的统一性。更需要深化人员培养,通过培训会和以老带新等方式系统培养团队人员的创作理念、创作技能和新媒体操作技能。

除人员培养之外,企业还需根据科普团队构成和自身定位选用合适的内容生产模式。内部员工具有相当科学背景,能够自主创作科普内容的企业可采取"自主生产型"模式,这有助于高效协商沟通与长期规划明确的内容生产;而以科学专业人士为核心、团队内部媒体人为辅助的"专业人士共创型"模式,则能最大程度保障内容的科学性。在团队严格把关内容科学性的基础上,积极调动社会公众力量,采用受众选题或部分让渡创作权的"社会公众共创型"模式,最能与受众互动深入,能够大大提升科普选题与内容的灵活性。

坚持内容为王,平衡科学性与易读性。内容永远是新媒体科普发展的核心。科学性与易读性的兼顾和平衡是科普内容创作的最大特征,根据当下国内外企业的实践能够总结出以下几点通用经验,(1)科普内容应贴近受众,符合其日常接收科学信息的特点。企业可自由选取以下策略:选题的生活化和兴趣点的制造、语言的简洁幽默和人称转换、信息结构的分段编排和问题递进,以及呈现方式的视觉冲击和人格化叙述等,从不同层次降低知识获取的门槛。(2)内容易读性的提升并没有固定模板,但必须与内容的科学性相平衡。二者之平衡及易读性的策略选取,取决于企业自身内容定位和相应的受众需求。(3)在选题和信息处理方面,国内企业已普遍注重发挥新媒体的即时性特征,提供紧跟时事、贴近公众生活的解读式科普,然而与之相对应的更加系统性地拆解基本概念的深度阐释类科普,则可以是另一大拓展方向。

增强人性化交互,便利双向对话。新媒体环境下的公众更倾向于根据自身兴趣与需求主动选择和获取信息,因此,国内新媒体内容类企业在生产高质量科普内容的同时,需要相应增添促进双向对话的构思,这可以通过有针对性的内容策划及便于用户主动获取信息的交互设计来实现。

企业应增强各传播渠道的交互设计,便于受众主动获取所需信息。对于所推出的科普内容,应注重其归类和导航,及时利用各平台的合集、标签、目录等功能或自有平台的分类版块来整理集成内容,这有助于用户的检索和回顾。对于正文以外的补充信息,如资料来源、拓展阅读等,也应适应平台特点加入链接指引,尽可能利用文字和图片超链接以及视频简介区域,真正实现科学信息来源的公开和共享。

除交互体验外,企业还需在科学传播过程的各个细节考虑到与公众的平等对话。具体举措包括使用专门的互动型平台或建立粉丝社群来改善与受众的交流,在科普内容中加入邀请用户话题讨论、分享个人见解的话语,以及在表达观点、共享资料时阐述逻辑脉络和争议论点等,以更好地引发受众思考,促进科普的双向沟通。

规划媒体矩阵,实现深度融合。在全媒体互通融合的趋势下,国内新媒体内容类企业需要结合自身定位,进行多形式、多渠道的科普布局,实现内容的立体化传播和深度融合。

企业可以为科普内容规划多种传播形式和传播渠道,以丰富科普信息、扩大传播范围。根据内容或严肃,或平易,或重分析,或重体验等各类特征,应各有侧重地选择图文、视频、播客、游戏等不同形式来承载科普内容。不同传播渠道也各自适配不同的内容形式、互动方式及相应的用户群体类型,应根据产品特点对传播平台或渠道进行合理布局,以最大程度发挥不同渠道的传播优势、扩大科普内容可及性。

值得注意的是,企业多形式、多渠道的传播需要建立在统一规划的基础上,以实现多平台科普内容的深度融合。不同渠道的内容一方面应发挥各自差异性优势,多角度切入科普,带来泛在式体验;另一方面应保持风格调性的统一,相互协调形成合力,提升科普的有效性。在媒体矩阵布局完成后,还需注意对分散内容的集合性呈现,通过多平台之间的合作来促进引流、深化科普效果。

创新运营模式,提升科普生产可持续性。企业要持续发展,必须创新运营模式,一方面根据受众需求拓展营利措施,另一方面通过影响力的扩大来凝聚并拓展受众。

在营利方面,国内新媒体内容类企业应着重扩大内容价值,并提供与定位相符、适应受众需求的产品与服务。科普新媒体往往具有公益性的特征,用户被科普内容吸引而聚集,因此企业的盈利需要着重以其科普内容为中心展开,包括场景化广告的植入、知识付费服务、通过打造 IP 售卖文创产品、用户赞助等更为直接的举措。其中,用户赞助或众筹最为直观地体现了受众对科普内容的认同程度,国内企业可通过与受众的坦诚沟通及福利设置来提升这一来源的收入。除扩大内容价值之外,还可利用自身业务优势,根据受众需求拓展其他产品与服务,创新营利模式。然而,值得注意的是,在商业运作过程中,企业需时刻谨记自身科普内核的定位,开辟真正有利于科普内容可持续生产的盈利路径。

在扩大影响力方面,线上线下并行的整合营销传播有利于用户的凝聚和受众的拓展。在线上,企业一方面可借助已广泛使用的微信公众号、微博等平台打造群体性思维,通过组建社群和互动交流来凝聚"粉丝";另一方面应考虑利用外部流量叠加影响,通过加强与其他科学传播者、意见领袖的深入合作来获得更广泛的关注。除新媒体渠道之外,在线下,企业还可整合更多传播渠道,通过举办讲座、展览、夏令营等活动,以及开办线下门店等交流空间,来巩固科普品牌形象,进一步扩大影响力。

七、结语

本研究从国际比较视角对新媒体内容类企业的科普实践展开系统探讨,通过从科普主体、科普受众、科普内容与形式、运营模式四个维度的多层级考察,探明了国内外实践现状,总结了二者的优缺点及国内实践的六大现存问题,并通过整合国外创新之举与国内现有优势,从政府和企业两个维度提出国内新媒体内容类企业科普的发展对策。

本研究在案例选取和研究方法上仍存在一定的局限性,有待后续研究的修正与补充。一方面是所选案例倾向于知名度较高的企业,另一方面是受资源获取渠道所限,研究过程中对企业负责人的访谈数量不足,所获一手资料不够充分。因此,本研究中所提出问题和对策的普适性尚存在提升空间。

新媒体自身的发展及其融入普通社会公众的趋势势不可挡,同时,当今社会也愈发重视对公民科学知识、科学素养等的培养,对高质量科普的需求日益扩大。本研究意在抛砖引玉,以期各新媒体内容类企业能够在更多理论和政策的支持下,使科学知识、科学理念惠及更多普通公众,也期待未来的研究能够纳入更多具有代表性的新媒体内容类企业,并尽可能多地获取一手资料,更好地助力新媒体内容类企业科普实践的发展。

国内外公益非政府组织与基金会的科学传播实践现状与未来趋势分析[1]

杨 正[2]

摘要 随着国家对社会化科普格局的重视,非政府组织与基金会作为大科普格局中重要一环的价值越发凸显。为了更好地了解非政府组织与基金会在当前科学传播实践中的行为特点与未来发展趋势,本研究深入分析了国内外20家不同领域的非政府组织与基金会的科学传播实践模式与未来发展趋势。分析结果表明,在重视非政府组织与基金会参与科学传播与普及的价值时,我们还应当进一步明晰非政府组织与基金会在科学传播与普及工作中的优势和潜在不足,以便进一步放大其优势并消弭其不足,从而有针对性地提升不同领域非政府组织与基金会的科学传播效果。

关键词 社会化科普;非政府组织;基金会;科学传播;发展趋势

一、引言

2021年6月3日,国务院印发《全民科学素质行动规划纲要(2021—2035年)》,对我国新时代的科普事业进行了全新的界定与规划。《全民科

---

[1] 本文为上海科技馆科普智库科研创新平台开放课题、国家社科基金后期资助项目"角色嬗变与重构:数字媒体时代科学传播的主体生态研究"(项目编号:23FXWB015)资助成果。
[2] 杨正,苏州大学传媒学院副教授,硕士研究生导师,主要研究方向为科学传播、科学与社会、科学哲学、健康传播等。

学素质行动规划纲要(2021—2035年)》中明确指出,"深化科普供给侧改革,提高供给效能,着力固根基、扬优势、补短板、强弱项,构建主体多元、手段多样、供给优质、机制有效的全域、全时科学素质建设体系";并明确提出,"党的领导、政府推动、全民参与、社会协同、开放合作"的科普工作建设模式。2022年底,中共中央办公厅、国务院办公厅联合发布《关于新时代进一步加强科学技术普及工作的意见》,针对当前科普工作中存在的问题和不足,对面向新时代的科普工作提出了总体要求和一系列具体指导意见和目标。《关于新时代进一步加强科学技术普及工作的意见》明确提出,"全社会共同参与的大科普格局加快形成"的发展目标。大科普格局的形成,是实现2025年公民具备科学素质比例超过15%、2035年达到25%这一具体目标的前提和基础。无论是《全民科学素质行动规划纲要(2021—2035年)》提出的"社会协同"科普格局,还是《关于新时代进一步加强科学技术普及工作的意见》提出的"大科普格局",其核心要求均在于扩大科普主体的范围。传统意义上,科普被狭隘地认知为由科学家或科学共同体所从事的社会性事业,在我国则是由科学技术协会领导的社会性事业,其他社会主体无须参与或仅扮演科普的受众角色。但《全民科学素质行动规划纲要(2021—2035年)》与《关于新时代进一步加强科学技术普及工作的意见》均从我国当前科普工作的现实情况以及所面临的社会、媒介环境入手,明确提出了扩大科普主体范围的目标与要求。2020年,著名科学传播杂志 *Journal of Science Communication* 发布了名为"Alternative Science Communicators"的专刊,呼吁科普工作主体的多样性。在这样的"社会协同"科普格局、"大科普"格局及"科普主体多样性"格局中,政府、企业、学校、公众、科技馆、社会组织等被明确为需要主动介入并发挥主体作用的行动者[①]。公益非政府组织与基

---

① Fähnrich, B., Riedlinger, M. and Weitkamp, E. Activists as "Alternative" Science Communicators—Exploring the Facets of Science Communication in Societal Contexts[J]. Journal of Science Communication, 2020, 19(6): C01–1.

金会是其中发挥作用的重要一环(图1)。

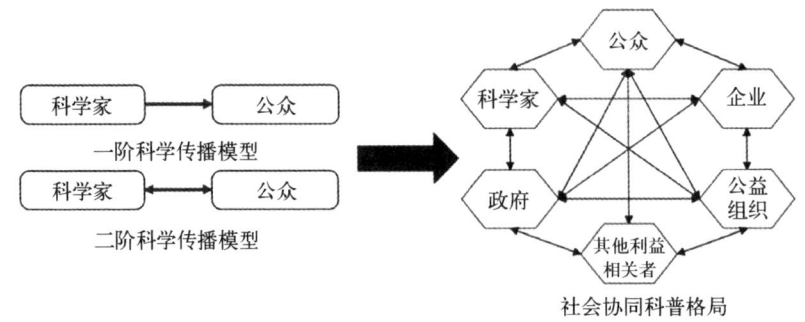

图1 传统科普到社会协同科普格局变化

联合国官方网站对"非政府组织"给出了如下定义：非政府组织是在地方、国家及国际级别上组织起来的非营利性的、志愿性的公民组织。这些非营利组织是一股来自民间的、自下而上的科学传播与普及力量。事实上，从世界范围的科学传播实践来看，非政府组织已经成为甚至早已成为西方发达国家科学传播的主要推动者。近年来，非政府组织被明确作为公共服务的承接主体，在社会公共事务中扮演着重要角色。我国非政府组织在科学传播领域通过新公益的运作方式聚集了一大批优秀志愿者，开展的活动灵活多样，原创产品丰富，其社会影响正日益扩大[1]。但是，我国真正从事科学传播活动的来自民间的力量还非常弱小，继续培育和支持非政府组织在科学传播领域的发展显得尤为必要且十分重要[2]。

我国的基金会目前正处在大活跃、大发展时期。基金会的发展受到政府重视与支持，被视为2020年全面建成小康社会的重要力量。与此同时，政府也在不断完善对基金会的监督管理。基金会与非政府组织作为

---

[1] Maeseele, P. NGOs and GMOs: A Case Study in Alternative Science Communication[J]. Javnost-The Public, 2009, 16(4): 55—72.

[2] 张楠,龙琳.非政府组织如何以"新公益"的模式发展——以科学松鼠会为研究案例[J].科普研究,2015(5): 25—30+61.

重要的社会力量,其介入科学传播与普及工作的可能性与日俱增。一方面,非政府组织充当着政府和民众的桥梁。它们通过提供信息鼓励民众参与政治,再将民众的关注带给政府,倡议和监督政策执行。另一方面,非政府组织具有补充政府和市场缺失的社会功能,起到稳定器的作用。在科普工作中,非政府组织与基金会可以有效补充正统科普的信息缺失与领域偏向,在各自擅长的领域内发挥正统科普无法发挥的作用。此外,科技类非政府组织与基金会也可以成为科普工作中公众与政府和(或)科学界的桥梁,发挥沟通与衔接的重要作用。之前的许多研究都指出,具体领域的非政府组织或基金会可以在科普工作中发挥重要且不可替代的作用。例如,王弈(2021)指出,科技类非政府组织聚集了特定领域的科学家及专业技术人员,因此在科普知识来源及权威性上有天然资源优势[①]。同时,这些组织开展科普活动,能号召和组织有较强科普意愿的志愿者群体及受众群体。因此,科技类非政府组织参与开展科普活动,往往能收到非常好的社会效益。同时,科技类非政府组织相比于政府组织及科研学术机构(如高校、研究所等)更贴近民众,能够更深入到社会基层了解民众的科普需求及传播特点[②]。袁康、扬帆(2011)指出,非政府组织的工作者往往是因为强烈的热情和美好的愿望走到一起,尤其是在我国,非政府组织工作者的报酬少、地位低,这种情况下出现的志愿者一般拥有强大的内在动力,能够亲力亲为,从活动策划到实施都亲自施行,主体的专业性较强[③]。

  对此,我们选取国内外共 20 个非政府组织与基金会的案例,对其参与科学传播的具体情况、实践模式、外部评价、事件案例、特点优势,以及

---

① 王奕. 浅论科技类 NGO 参与科普的优势、挑战与对策[J]. 学会,2021(6):47—50.
② 郭立臣. 非政府组织入驻网络社区的资源困境及其成因——以世界自然基金会入驻哔哩哔哩网站为例[J]. 湖北理工学院学报(人文社会科学版),2020(2),44—49.
③ 袁康,杨帆. 中国环境 NGO 的科学传播特征与作用研究[J]. 科普研究,2011,6(6):39—45.

对同类型非政府组织与基金会介入科普领域的借鉴意义等方面,进行了充分调查与分析,并在此基础上试图展现国内外非政府组织与基金会在科学普及工作中的具体态势。这些案例既涉及前文所说的官方组织与半官方组织,也涉及由公众所建立的民间组织与草根组织;既覆盖专业从事科学传播与普及或着力于特定领域科普事业的非政府组织与基金会,也覆盖了并不以科学普及为核心业务的非政府组织与基金会;在国别上,所选案例涉及亚洲、北美、北欧、西欧、非洲等地,从而基本覆盖了不同类型不同地域的非政府组织与基金会(表1)。

表 1 案例选择与分布情况

	国内非政府组织与基金会	国外非政府组织与基金会
综合性非政府组织与基金会	质兰基金会 腾讯公益慈善基金会 山水自然保护中心 浦东科普志愿者协会 非政府组织2.0	福特基金会 ESCI 欧洲科学传播研究所 丹麦种子保护协会 SciCo 爱尔兰科学基金会
行业性非政府组织与基金会	中国航天基金会 能源基金会 中国红十字基金会 中国互联网发展基金会 中华环境保护基金会	亚洲动物基金 Black Girls Code(BGC) Depave 社区环境保护协会 国际海洋环境保护协会(Oceana) 核之声协会(Voices of Nuclear)

二、非政府组织与基金会作为科学传播与普及的重要社会力量

自《全民科学素质行动计划纲要(2006—2010—2020年)》印发实施,特别是党的十八大以来,我国公民科学素质水平大幅提升,2020年具备科学素质的人数比例达到10.56%;科学教育与培训体系持续得到完善,科学教育纳入基础教育各阶段;大众传媒科技传播能力大幅提高,科普信

息化水平显著提升;科普基础设施迅速发展,现代科技馆体系初步建成;科普人才队伍不断壮大;科学素质国际交流实现新突破;建立以科普法为核心的政策法规体系;构建国家、省、市、县四级组织实施体系,探索出"党的领导、政府推动、全民参与、社会协同、开放合作"的建设模式,为创新发展营造了良好社会氛围,为确保如期打赢脱贫攻坚战、确保如期全面建成小康社会作出了积极贡献。但目前我国的科学传播与普及工作仍旧存在一些问题与不足,比如,科学素质总体水平偏低,城乡、区域发展不平衡;科学精神弘扬不够,科学理性的社会氛围不够浓厚;科普有效供给不足、基层基础薄弱;落实"科学普及与科技创新同等重要"的制度安排尚未形成,组织领导、条件保障等有待加强[1]。面对这一现状,《全民科学素质行动计划纲要(2006—2010—2020年)》强调,要以提高全民科学素质服务高质量发展为目标,以践行社会主义核心价值观、弘扬科学精神为主线,以深化科普供给侧改革为重点,着力打造社会化协同、智慧化传播、规范化建设和国际化合作的科学素质建设生态,营造热爱科学、崇尚创新的社会氛围,提升社会文明程度,为全面建成社会主义现代化强国提供基础支持,为推动构建人类命运共同体作出积极贡献。其中"打造社会化协同科普格局"是当前全国科学传播与普及工作的重点之一。坚持社会化协同科普推进,就是要各级政府强化组织领导、政策支持、投入保障,激发高校、科研院所、企业、基层组织、科学共同体、社会团体等多元主体活力,激发全民参与的积极性,构建政府、社会、市场等协同推进的社会化科普大格局。在社会化协同科普格局中,非政府组织与基金会是其中重要且不可替代的一股社会力量。因此,挖掘、分析国内外非政府组织与基金会的科学传播参与实践案例,总结其参与路径与方式,探究其参与的特点、优

---

[1] 本刊编辑部. 新媒体时代背景下的科普专家谈——《科普研究》学术沙龙(第5期)纪要[J]. 科普研究,2013(5).

势与不足,是当前推动非政府组织与基金会有效介入社会化协同科普格局的必要举措,也是本研究的核心目标。

三、非政府组织与基金会参与科学传播与普及的基本特征

通过调查分析国内外 20 个非政府组织与基金会的案例发现,这些非政府组织与基金会在参与科学传播与普及时,表现出十分全面且多样化的参与路径和态势,具体表现在参与的多维度、多层次和多渠道等方面。

(一) 参与的多维度

选取的这 20 个非政府组织与基金会,在参与科学传播与普及工作时所承担的主体角色不尽相同,其中大部分扮演了科学传播与普及活动的主体,直接从事或组织科学传播与普及活动。例如,腾讯基金会组织的"雪豹数字化保护"科普活动;浦东科普志愿者协会开发、运营的科普直播栏目"风从海上来",邀请大量科技领域专家进行科普讲座;能源基金会主办的"能源中国"系列科普论坛,邀请院士、专家、政府和企业代表进行了高水平、深层次的跨界探讨及交流;核之声协会开发的"Stand Up for Nuclear"系列科普活动,包括演讲、迷你讲座、娱乐节目、与公众互动对话、发放宣传品等。在这些科学传播与普及项目中,上述非政府组织与基金会主动扮演科学传播主体的角色,通过生产科普内容、组织科普活动、搭建科普平台,完成相应的科学传播与普及目标。这也是当前非政府组织与基金会参与科学传播与普及的最为常见的形式与维度。在主动扮演科学传播主体角色的科普活动中,非政府组织与基金会可以有效利用自身在某一垂直领域(如环境保护、动植物保护、能源、海洋等)的长期积淀与各类资源,发挥自身专长,实现专业领域内科普的优势与效果。但是,

除了主动扮演科学传播的主体角色,直接生产科普内容或组织科普活动外,还有一些非政府组织与基金会旨在发挥桥梁作用,充分体现自身独特的中介或培训价值。例如,由中国科学技术大学知识管理研究所和麻省理工学院新媒体行动实验室共同发起的深圳市图鸥公益事业发展中心,即非政府组织2.0,就旨在运用互联网技术和社会化媒体服务公益事业,推动技术公益的跨界发展。它运用互联网技术和社会化媒体,服务公益行业和社会组织,开展技术公益工作坊,编辑2.0公益工具箱,开发公益地图平台和公益组织评级数据库,发起中国公益组织互联网使用与传播能力系列调研,同时举办公益创客团,提供众筹指导服务,开设网络公开课。同时,它还为大量有科学传播或普及需求的公益组织开设专门的传播能力培训课程与工具箱,提升其科学传播与普及能力和相应技术,从而助力非政府组织与基金会更加有效地介入科学传播与普及事业中。

(二) 参与的多层次

正如前文所言,当前非政府组织与基金会参与科学传播与普及的维度和扮演的角色呈现出多样化的态势。在此基础上,其参与科学传播与普及活动的层次也同样呈现出不同的格局。首先,作为行动者主动参与科学传播与普及的顶层战略设计。比如,希腊教育性非营利组织SciCo就主动参与了2022年雅典科学节的整体规划与设计工作。它与英国文化协会、雅典市科技城以及众多学术、研究和教育组织紧密合作,将雅典科学节打造成为希腊最大的科技庆典之一,并在此基础上进一步提升了希腊对科学传播与普及的重视程度。当然,能够从顶层设计上影响科学传播与普及整体战略格局的非政府组织与基金会毕竟是少数。其次,大部分非政府组织与基金会在中层或基层科普工作中发挥着自身的能量。比如,在所在行业领域内引领科学传播与普及的潮流,建立行业内科学传播与普及的基本范式与可复制案例。例如,中国互联网发展基金会通过开设网络数字专享基金、多渠道开展数字科普,引领计算机网络领域的各类科普活动,并为该领域的其他非政府组织与基金会参与科普活动提供大量资金支持与行业指导。再比如,中国航天基金会通过大量建设航天科普基地,设立航天科普基金,开发专业性航天科普公益课件并在领域内推广使用,以及开发航天科普品牌项目等,利用自身在行业领域内的专业身份,整合专业领域内科普资源,打造行业科普专业矩阵,开发行业标准化科普内容,从而在行业领域内发挥重要的科普引领作用。最后,大量非专业性或在行业领域内并不十分突出的非政府组织与基金会则更多地参与基层科普活动,更为直接地与公众接触,发挥科学传播与普及的作用。例如,浦东科普志愿者协会通过在街道、社区建立科普志愿者团队,开展大量面向公众的多样化科普活动,来完成自身的科普价值与使命。该协会打造的"科学东小院"品牌科普活动,坚持聚焦身边的大科学,面向广大市民,整合升级"场馆基地"、"科普解读"与"渠道直播",让科普真正融入"听得懂、看得见、摸得着"的系列活动,同时开展红色主题"行走的科普课堂"致敬党的百年奋斗精神,让讲科学、爱科学、学科学、用科学的良好氛围扎根红色土壤,助推浦东公民具备科学素质的人数比例上升到新的高度。在该区36个街镇以及辖区内居委和村委持续开展"社区科普大学"项目,通过线下、线上多种传播形式,将不同领域的科普讲座、科普体验活动送到基层群众身边,每年还会有一系列贴近市民生活、富有知识、动手又动脑的科技互动体验活动。这些非政府组织与基金会利用自身专业背景的不同,分别在国家顶层科普战略、行业中层科普引领以及基层公众科普实践等层面发挥着独特而又多样化的功能,最终形成非政府组织与基金会参与科普的多层次可能性以及实践现状。

(三) 参与的多渠道

虽然非政府组织与基金会在不同的维度和层次发挥着各自的功能,

但有一点是大部分非政府组织与基金会在介入科学传播与普及事业时都会去做的,那就是参与各类科学传播实践。然而,在参与科学传播实践时,不同的非政府组织与基金会所侧重的渠道各有不同。有的非政府组织与基金会更偏向于传统媒体的科普写作或科普内容生产。例如,福特基金会长期致力于开发的《芝麻街》电视科普节目。在福特基金会、纽约卡内基公司和美国政府资助下,该节目于1969年首次播出,20世纪最有影响力的儿童电视工作室也由此诞生。该节目旨在以儿童友好的方式传递科学知识,通过动画角色、互动剧情和娱乐元素,将科学概念和原理呈现给年幼的观众。除了科学,《芝麻街》还涵盖其他重要的教育领域,包括数学、阅读、健康、社会情绪学等。参与节目制作的包含一群教育专家,他们会实时对节目内容进行调整,结合相应研究成果,将科学原理和教育理论应用于节目的设计,以提供针对儿童的有效教育内容。例如,其最开始专注基础字母、数字、合作,后来则强调科学学习、抵制诱惑等。通过多样化的节目内容,《芝麻街》提供了综合的科普教育,帮助儿童在多方面全面发展。在当前的媒体环境下,更多的非政府组织与基金会更倾向于新媒体科普内容生产。例如,浦东科普志愿者协会创办的微信直播栏目"风从海上来"等,利用微信、微博、抖音等数字化媒介矩阵来实现科普数字化的内容生产与建设。当然,除了科普内容生产外,组织各类科普活动也是非政府组织与基金会介入科学传播与普及事业的常见渠道。例如,质兰基金会发起的各类基于环境保护的公民科学项目,全国防鸟撞行动公民科学项目,以及山水自然保护中心和上海市林业总站、复旦大学保护生物学研究团队合作开展的"城市里的公民科学家"项目等,关注城市物种的研究与保护,与公众一起探索城市生物多样性改善的可能。除了这两种常见的科普渠道外,有些非政府组织与基金会还试图通过开发科普场馆来拓展介入科学传播与普及渠道的可能。这些不同的渠道表明当前非政府组织与基金会对于科学传播与普及事业的参与是多面向的,需要挖掘不同非政府组织与基金会所擅长和喜爱的科普参与渠道,从而发挥他们独特的科普功能,为建设社会化协同科普格局提供特殊力量。

四、非政府组织参与科普的实践模式归纳

在具体的案例分析过程中,我们尝试对所有分析对象进行科学传播与普及的实践模式总结(图2和图3)。虽然本研究选取的20个非政府组织与基金会的案例,在性质、国别、领域等方面存在差异,导致它们在具体

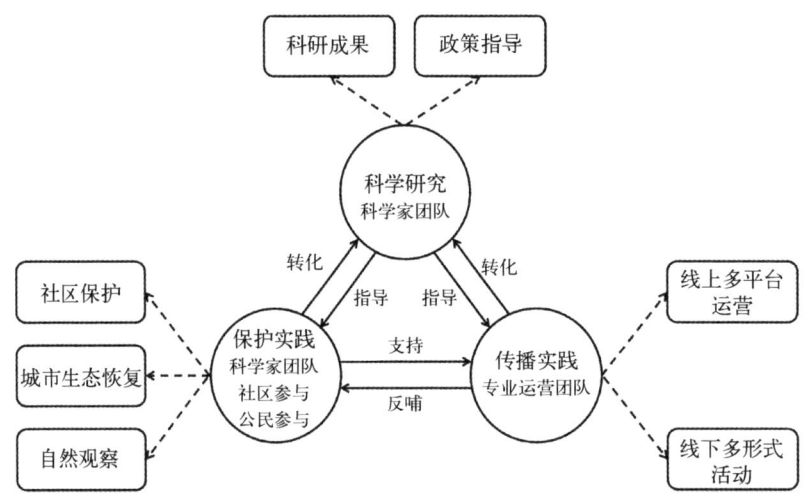

图2 山水自然保护中心科学传播模式

图3 SciCo科学传播模式

的科学传播与普及的实践模式上千差万别,难以提炼出一套简洁且适用的通用型模式模型,但纵观这些非政府组织与基金会的科普实践案例时仍会发现,有一些实践环节和阶段是普遍存在的,可以对其进行一定程度的归纳。

(一) 设立目标与自我定位

在所分析的 20 个案例中,无论是行业性还是综合性非政府组织与基金会,它们在进行科学传播与普及活动前的必备措施均是思考自身的角色定位以及在科学传播与普及工作中所想要取得的目标。这种对定位与目标的思考,有助于非政府组织与基金会在后续的科学传播与普及工作中拥有更加明确的方向性与行动指南。例如,质兰基金会在其主页中明确自身的社会定位与科普行动目标:

> 质兰基金会希望通过"小额资助"和"质兰成长社区"逐步培养一批有能力、有远见的行动者,促进政府、社会组织、公众、社区、科研单位和企业等的多方合作,从而促进整个行业实现如下目标:(1)分类群逐步摸清中国濒危物种的受威胁和保护现状,制订相应的保护行动计划,确定亟须采取的优先行动;(2)提高当地社区和公众的保护意识及能力,让更多人关注和参与到濒危物种、关键物种和生态系统的保护中来;(3)培育和壮大一线行动者群体,提高在地的保护成效;(4)遏制甚至扭转物种的濒危趋势,保护和恢复关键生态系统,促进中国的生物多样性保护与可持续发展事业。

这些目标的设定有效帮助了质兰基金会在后续的科学传播与普及行动中更好地聚焦于物种保护领域,并逐渐建立自身的领域优势及行业科普特色。

（二）选取合作者与设定科普活动范围

在明确自身定位与科普行动目标后，绝大多数非政府组织与基金会都会进一步思考自身的具体科普活动范围，例如是偏重于策划、生产与执行科普内容与活动，还是资助其他非政府组织与基金会，抑或是为非政府组织与基金会提供支持与帮助。这些关于科普活动范围的思考进一步框定了这些非政府组织与基金会在科普行动中所选取的潜在合作者以及可能的合作领域。当前对于非政府组织与基金会而言，从事科普活动已不再是单打独斗了，而是寻求稳定且强大的合作者，搭建科学传播与普及工作矩阵，这已经成为它们介入科普领域的一种共识。例如，致力于发展希腊本国科学传播事业，在国家宏观层面有明确目标的 SciCo，其通过设立雅典科学节项目，与英国文化协会、雅典市科技城，以及众多学术、研究和教育组织搭建了长期合作关系，并逐渐将合作范围扩展至 90 个不同的学术、研究和教育机构。这种与大型科学机构及政府合作的模式，不仅可以更好地服务于 SciCo 搭建希腊科学传播战略平台的宏观目标，还可进一步为其实现这一目标提供大量有效的社会资源。

（三）定义实践平台，开发实践工具

在明确自身科普定位以及进一步的科普活动范围后，所分析的多数非政府组织与基金会会进一步开发具有自身行业特色的科普实践工具，或定义自身所需要实践的科普媒体平台。对于大量较为成熟且具有行业或实践领域特色的非政府组织与基金会来说，它们往往不满足于使用现有的科普工具或平台，多会自主开发具有自身行业特色或实践特色的科普工具或平台，以供后续科普实践使用。例如，2017 年，能源基金会推出气候与能源传播能力提升计划，以工作坊的形式，为领域内相关机构的传播人员提供交流和培训机会。由于各机构的工作目标各异，对传播能力的要求也不尽相同,能源基金会经过3个月详细的调研,开发了首套量身定制的气候能源议题策略传播课程,为参与者提供不同板块的系统性知识和丰富的国内外经验分享。该工作坊已成功举办2期,为近30家机构进行了培训。非政府组织2.0通过开发整合公益工具箱,将现有的380多条数字工具进行整合管理,进一步协助公益组织科普办公的各个流程。这些工具的功能包括活动安排、志愿者管理、聊天社交、线上会议、协作文档、项目管理、财务管理、建站程序、数据可视化、问卷表单、网络宣传、协同办公、地图导航、日历日程、视频平台等。当然,也有大量的非政府组织与基金会采用了较为成熟的平台,如在微信、微博、抖音、快手等新媒体平台上进行科普内容的生产与传播。但无论是自我开发平台工具,还是借用现有的平台工具,明确科普工作的具体渠道是非政府组织与基金会在进行科普工作实践前需要思考的步骤。

(四)联动多方力量落地科普活动

在明确科学传播与普及的具体落地渠道后,前期基本的准备工作大致全部完成了。至此,非政府组织与基金会的科普活动就可以进入落地实践的阶段。正如前文所说,在非政府组织与基金会介入科普工作时,往往都不是单打独斗的,而是联动所有可以联动的社会力量与资源。因此,在科普活动落地实践的阶段,非政府组织与基金会同样会尝试寻求多方社会力量的协助,以实现科普活动的完美实践。例如,中国互联网发展基金会在世界互联网大会、数字阅读素养提升项目、数字中国建设峰会等活动的落地与实践中,与政府、企业、学术界等多方形成长期稳定的联动格局,共同制定数字化发展战略,探讨数字技术的应用和创新,推动数字经济的发展和数字素养的提升。这也启发其他基金会积极寻找合作伙伴,形成联合推动的力量,共同开展科学传播活动。再如,腾讯基金会所设立的"可持续社会价值事业部",在进行科普公益活动时也大量与公司内部的各产品、各业务链进行联动,形成相互支撑、分兵合力、牢牢扎根的社会价值创新格局。无论是与机构内部的不同部门合作,还是联动社会上的其他力量,搭建合作联动格局,共力推动科普活动的实践与落地,是当前非政府组织与基金会介入科学传播与普及事业的重要举措。

(五) 做好评估与反馈,建立科普实践的良性循环

对于较为成熟的非政府组织与基金会而言,其参与科学传播与普及都不是一次性的,而是长期、稳定、可持续的。因此,对于每一次科普活动实践的评估与反馈调查,并将相应结果应用在后续的活动设计与调试中是相当必要的。事实上,大多数成熟的非政府组织与基金会也确实是如此操作的。例如,非政府组织2.0作为数字化公益支持机构,注重数据的收集、分析和利用,以了解社会问题的本质、评估项目的影响和效果,并基于数据进行决策和规划;数据驱动帮助其更好地理解社会需求,优化资源配置和项目运作。再比如,SciCo致力于创建或推广支持公众积极参与科学研究、促进公民科学的计划。公民科学计划涉及有组织的研究,公民不一定是科学家或专家,如果公民愿意,他们可以参与科学研究过程的多个阶段,在自愿的基础上收集和(或)分析数据,从该计划中获得关于数据如何使用以及研究、政治和政治研究结果的反馈,并将所获得的反馈进一步用于下一轮公民科学项目的设计与实施过程中。这些项目的实践反馈可以有效推动非政府组织与基金会在科学传播与普及的事业中建立良性的可持续发展的格局,从而进一步实现非政府组织与基金会对于社会化协同科普格局的有效介入。

五、 国内外非政府组织与基金会科学传播和普及实践的未来趋势

在总结完当前国内外非政府组织与基金会科学传播和普及实践现状

后,通过对上述 20 个案例进行深入剖析,我们可以更加长远地窥探非政府组织与基金会在未来科学传播与普及事业参与中可能出现的进一步趋势。总体而言,非政府组织与基金会的科学传播与普及实践在未来趋势上集中表现为以下几个特点。

(一) 行业纵深更加强化

相较于传统的非政府组织与基金会试图更为全面地介入科学传播与普及的社会实践,当前的非政府组织与基金会越来越表现出对于某一特殊行业领域的纵深介入意愿,并进一步积累自身在该行业领域内的资源及经验,从而实现在该领域的科普工作中的优势与特长。例如,质兰公益基金会一开始将自身定位在较为宏观的环境、动植物保护以及生态保护上,覆盖面较广。随着在行业内介入的加深,其将自身定位精准框定在濒危物种的保护上,并进一步设定自己是以提升当地社区和公众对濒危物种的保护意识和能力的提升上,以达到遏制甚至扭转物种濒危趋势的目的。在这样一种更为精准的行业纵深定位下,质兰公益基金会设置了一系列科普活动与公民科学项目,并联动具体领域内的行业专家进行更为专业的科普服务。再如,不同于没有设置特殊的专业领域,泛而化之地将所有的科学内容都纳入表演范畴内的科学脱口秀,由腾讯基金会开发的科学脱口秀 X-Talk 从创立之初就聚焦于传染病、癌症、抑郁症、生殖医学等专业领域,在生物-医药前沿领域内纵深发展,邀请全球顶级医学领军者,向行业和公众科普关于生命的前沿思考,提供专业的医学资讯与突破。这种在行业纵深领域内进行强化的特点已经成为当前较为成熟的非政府组织与基金会科学传播与普及的发展方向。这样一种发展态势有助于非政府组织与基金会集中力量形成行业特色,凝聚行业资源完成更为专业且精准的科普服务。

（二）社会联动网络更加密集

传统的非政府组织与基金会或个体介入科学传播与普及的工作大多是基于个人或组织领导者的科学兴趣，因此其所从事的科学传播与普及的工作也大多呈现出明显的单兵作战特点。随着非政府组织与基金会对于科学传播与普及工作的重视，以及相应科普介入的机制化与体制化，这些非政府组织与基金会的科普活动的社会联动网络越来越密集，所调动合作的资源也越来越丰富，从而构建出更为多元且有活力的新型科普互动网络。例如，中国航天基金会在科学传播中积极整合跨界资源，与学校、企业、媒体等进行合作。其他非政府组织纷纷效仿，与各领域合作伙伴携手推动科学传播，共同发挥各自优势，实现互利共赢。再如，Black Girls CODE 之所以成功，很大一部分原因在于其与行业合作伙伴和大学的紧密合作。这种合作模式为组织带来了丰富的资源、专业知识和技术支持，不仅丰富了学生的学习经验，还为他们创造了更广泛的学习机会。其他组织可以从中汲取灵感，积极与科技行业、高校等建立合作伙伴关系，共同推动科学传播的全面发展。此外，行业合作伙伴可以为公益组织带来先进的科技资源和实践经验；可以提供最新的技术设备、工具和平台，让学生能够在真实的科技环境中学习和实践；还可以分享行业内的最佳实践和创新成果，让学生更好地了解科技行业的发展趋势和应用前景。最重要的是，这种合作模式能够促进科学传播的全面发展。行业合作伙伴和大学作为科技领域的重要参与者，能够帮助公益组织更准确地了解行业需求和趋势，从而调整教育内容和方法，使其更贴近实际应用。建立更为丰富的社会联动网络，与"社会化协同科普格局"的其他行动者建立更为密切的合作互动关系，将更有助于非政府组织与基金会实现自身的科普责任，且更为有效地实现"大科普"社会格局的推进，这是当前非政府组织与基金会意识到且自觉发力的趋势。

(三) 线上线下互动更为频繁,实践类型更为丰富

传统的科学传播与普及更多依赖于线下活动,如科普讲座,或传统媒体的内容生产等。但随着媒介渠道环境的不断革新,可使用的媒介手段的不断增多,当前非政府组织与基金会在介入科学传播与普及的工作时,也呈现出实践类型渠道愈发丰富的发展趋势。例如,中国红十字基金会理事长贝晓超提到,中国红十字基金会将与各类人道公益伙伴携手,拥抱数字化理念,利用互联网平台、新技术工具的优势,进一步加强行业共建,共同助力解决社会问题,推动互联网公益事业高质量发展,向着更加高效、透明的数字化公益生态迈进。又如,SciCo 利用地铁空间所开发的 Mind the Lab 活动。Mind the Lab 是一项 STEM 意识提升活动,旨在在很短的时间内激发人们对科学的兴趣。它面向所有公民(地铁乘客),无论其年龄、教育程度、社会背景或兴趣如何。这样,公众就可以通过互动展览、表演、站立表演和街头科学真正参与科学传播体验。2017 年 2 月 3 日,首届 Mind the Lab 活动在雅典地铁举行,来自 20 多家希腊研究和教育机构的热情的科学家、发明家、研究人员、师生,在 8 个地铁站以互动方式展示他们的科学实验、技术应用、游戏和艺术表演,并与超过 10 000 名地铁乘客互动(1/10 的乘客停下来了解展品并与展品互动)。不过,相较于国内的非政府组织与基金会,国外非政府组织与基金会更擅长于开发科学传播与普及的空间应用,更为多元化地探索线下物理空间中的科普活动;而国内非政府组织与基金会则更擅长于开发各类线上活动或科普内容,这是国内外非政府组织与基金会在科学传播与普及渠道发展趋势上的一些不同。

(四) 管理机制更加完善

通过分析这 20 个国内外非政府组织与基金会的科普实践案例可以

发现,随着时间的推进,这些非政府组织与基金会介入科学传播与普及的工作日渐成熟,相关的管理机制也逐渐完善。尤其是对于一些大型的非政府组织与基金会而言,科学传播与普及最初可能仅仅是其社会事业工作中的一个小分支,甚至没有专业的管理机构对其进行监管;但随着整个社会对科学传播与普及事业的重视程度加深,以及非政府组织与基金会自身对科学传播与普及工作重要性的认知增强,相关工作的管理逐渐走向机制化、体制化。例如,福特基金会作为大型纯资助型基金会,建立了相关制度承诺并保证对于科学传播事业的稳定资金支持。纯资助型基金会在科学传播中的成功,往往建立在长期的承诺和稳定的资金支持基础上。这种长期的支持有助于建立可持续的项目和组织,推动创新和实验,并实现更深远的影响。福特基金会的建设机构和网络(BUILD)计划是一种赠款方法,重点是帮助社会正义组织随着时间的推移变得更强大、更有弹性。通过为受资助者提供5年的一般运营支持,并结合有针对性的组织强化支持,BUILD旨在为这些组织提供所需的战略、人员、知识和资源,以在未来几年内实现影响并推动系统变革。这些强化管理流程,完善管理机制的措施都是非政府组织与基金会更加长期有效介入科学普及工作的重要保证,也是当前非政府组织与基金会介入科学传播与普及工作的重要发展趋势。

六、如何推动改进非政府组织与基金会在科学传播与普及中的作用

正如前文所言,非政府组织与基金会在当前"社会化协同科普格局"中扮演着重要且独特的角色。它们已然在当前的科学传播与普及事业中发挥了十分积极的作用,表现出一系列值得期待的行业特色与未来趋势。但其当前也确实存在一定的发展困境与不足,需要予以有效克服。对此,

我们从不同的协同行动者角度提出相应的意见与建议。

首先,对于作为外部力量的政府而言,需要对非政府组织与基金会参与科学传播与普及事业加大支持力度。一是完善相应的参与机制,明确当前非政府组织与基金会作为科学传播与普及事业主体地位的身份与价值,并建立相关的奖惩机制,从顶层设计的角度保证好非政府组织与基金会可以长期有效地介入科学传播与普及事业。二是在此基础上可以进一步对非政府组织与基金会介入科学传播与普及的工作做好引导工作,尤其是在中国特有的政治环境体制下,要发挥好科协组织在其中的引导作用,设立奖项、明确路径、宣传典型,从而进一步让非政府组织与基金会有可以参考与模仿的对象。除此之外,还有学者提出,政府可以向非政府组织与基金会购买科普服务,以达到从资金和制度层面促进非政府组织与基金会参与科学传播与普及事业的目的。非政府组织与基金会聚集了各自领域的专家,是科普内容的理想生产者,具有高度的权威性。政府机构可以向非政府组织与基金会购买定制化的科普内容或科普服务,由非政府组织与基金会组织相关科学家,针对科技或社会热点问题进行专题科普,这样可以达到既调动科学家的积极性,保证科普内容的权威性,又满足民众对科普热点需求的双重目的。可以通过项目的形式,有选择地支持一批科普项目,并在总结经验后推广到更大范围。例如,针对新冠肺炎疫情,可以在新冠知识、个体防护、疫苗接种等诸多方面进行科普宣传,组织具备相关知识技术能力的非政府组织与基金会制作文字、图片、视频、3D动画等多种展现形式的科普素材,通过新媒体渠道进行发布和互动,取得良好的科普效果和社会效益。

其次,非政府组织与基金会自身要在政府引导的基础上进一步做好科学传播与普及事业的介入。具体而言,就是要明确自我科学传播与普及事业的角色定位,切忌定位不清或目标过大。对于行业性非政府组织与基金会或较为新晋的非政府组织与基金会来说,其可从更为细致的垂直行业入手，发挥自身的行业特色与领域优势，在更为纵深的领域内进行科普服务，实现自身的科学传播与普及的社会价值。此外，对于非政府组织与基金会而言，从事科学传播与普及工作应当被视为一项长期的社会事业，因而要设定更为明确稳定的内部制度，使自身对科学传播与普及事业的参与更加长期化、建制化。对此，有学者提出，应当在非政府组织与基金会内部设置与科学普及相关的专人专职，使科学传播与普及成为专业的非政府组织与基金会的业务或日程，然后对其进行管理，从而减少科普工作在非政府组织与基金会日常工作中推诿及分职不明的负面情况。而若采纳这一建议，人才的缺乏是非政府组织与基金会面临的另一个普遍问题。在我国，社会地位得不到认同、待遇不好是优秀人才不愿意到非政府组织与基金会工作的最主要原因。资金和制度问题牵涉到多种因素，在近期内难以解决，而提高已有人员的专业素质是可行的。因此，应积极组织各项培训活动，培养非政府组织与基金会工作人员的科学素养和创新精神；开展与其他非政府组织与基金会之间的交流，相互学习宝贵经验；加强工作人员的法律和自律意识；提高活动质量，扩大组织影响，吸引更多优秀人才。想要长期稳定地介入科学传播与普及的事业，非政府组织与基金会还应当树立评估-归纳意识，对于每次进行的科普活动或内容生产传播做好评估工作，并将所得出的结论应用在下一轮科普活动的实际或实施中，避免科普参与的"一次性"弊端。此外，非政府组织与基金会具有多元性、包容性等特点，在科技高速发展的今天，民众的科普需求呈现多样化的特点，需要结合不同手段和活动形式提升科普的接受度，尤其是在青少年群体中的接受度。对此，采用青少年群体喜闻乐见的形式进行科普的效果更好，如采用涂鸦形式宣传科技热点，往往能快速抓住青少年注意力，在开展线上科普交流的同时，也可以开展线下互动，如运用科普作家互动访谈等形式，通过与公众媒体平台，如短视频平台合作、推广科普视频等，尽可能拓宽自身参与科普的渠道形式。

最后,对于同样处在"社会化协同科普格局"中的其他行动者而言,应当对非政府组织与基金会这一新型的科普主体予以更多的包容与支持,这同样需要政府在其中发挥重要的引导作用。例如,引导公众、企业、媒体等认可并接受非政府组织与基金会作为科学传播与普及的主体地位、价值与合理性。引导媒介给予非政府组织与基金会参与科学传播与普及更多的曝光机会等。此外,其他行动者主体也可以在此基础上进一步强化与非政府组织与基金会在科学传播与普及事务上的深度合作,沟通构建"社会化协同科普格局"。对此,不同的行动者需要深刻认知自身以及非政府组织与基金会在科学传播与普及事业中的不同优势、地位与资源,从而更好地做到资源整合、优势互补。但这些都离不开政府在其中发挥重要的引导与调和的作用。总体而言,想要进一步强化非政府组织与基金会在"社会化协同科普格局"中的作用,就要进一步完善和强化政府的引导作用,非政府组织与基金会自身的自觉努力以及其他行动者的协同互助,从而最终实现非政府组织与基金会介入科学传播与普及事业的良性格局。

七、总结

本研究通过对国内外 20 家非政府组织与基金会参与科学传播与普及实践的分析发现,非政府组织与基金会已然成为当前社会科普事业的重要参与者与行动者,是我国搭建"社会化协同科普格局"的重要社会力量,也是不可忽视的"大科普格局"的一员。因此,有必要进一步强化对于非政府组织与基金会介入科学传播与普及工作重要性的认知。同时,非政府组织与基金会作为特殊的社会力量,其在参与科学传播与普及的事业中具有强烈的特殊性与独家性,尤其是大量行业性质的非政府组织与基金会在垂直行业领域,具有资源积累与纵深优势,使得其可以成为,且应该成为科学传播与普及工作中其他行动者所无法替代的角色。在重视非政府组织与基金会参与科学传播与普及的价值时,还应当进一步明晰它的优势与潜在不足,从而进一步放大其优势并消弭其不足。对此,本研究所选取的20个非政府组织与基金会案例或可从不同维度提供借鉴。最后,回归到《全民科学素质行动规划纲要(2021—2035年)》所提及的"坚持社会化协同科普推进,就是要各级政府强化组织领导、政策支持、投入保障,激发高校、科研院所、企业、基层组织、科学共同体、社会团体等多元主体活力,激发全民参与积极性,构建政府、社会、市场等协同推进的社会化科普大格局"的理念要求,希望这一对非政府组织与基金会参与科学传播与普及工作的分析也可以成为其他行动者工作的借鉴指南,从而调动更为多元化的社会力量参与到科普工作中,最终真正实现"社会化科普"的大格局。

科技类培训机构质量认证标准研究[①]

吴 倩 鲁欣彧 史 瑶[②]

摘要 本文在新时代科普高质量发展的背景下提出，聚焦面向未成年人开展科技类培训的民办培训机构，通过分析新时代背景下科技类培训机构的功能定位、质量内涵，思考如何通过构建一套科学、合理的质量认证标准来引导科技类培训机构进行自我诊断和自我改进，从而更好地满足国家加强科学技术普及工作、培养青少年科技创新人才的需要，也更好地满足受教育者对多元化教育服务的需求。

关键词 科技类培训机构；质量认证标准；青少年科学教育

科学教育是处于科学技术时代的现代人所必需的科学素质的一种养成教育，是将科学知识、科学思想、科学方法、科学精神作为整体体系，使其内化成为受教育者的信念和行为的教育过程，从而使科学态度与每个公民的日常生活息息相关，让科学精神和人文精神在现代文明中交融贯通。[③] 随着新一轮科技革命和产业变革的到来，科学教育的重要性已在

[①] 本文为上海科技馆科普智库科研创新平台开放课题资助成果。
[②] 吴倩，上海市教育科学研究院，民办教育发展服务中心业务部负责人，兼上海市培训协会科技辅导专委会秘书长，主要研究方向为教育政策、教育评估；鲁欣彧，上海市培训协会，项目助理，主要研究方向为科学教育；史瑶，上海平协教育研究与评估事务所，项目助理，主要研究方向为教育评估。
[③] 中国科学院.2001科学发展报告[M].北京：科学出版社，2001.

世界各国得到普遍认同。它不仅是学校教育的重要组成部分，还是实现教育、科技、人才一体化发展的重要支撑。

在开展科学教育的各类主体中，科技类培训机构是一支近年来发展较快的新生力量。一般地说，科技类培训属于非学历教育范畴，指的是面向社会举办的，以普及科学技术知识、弘扬科学精神、传播科学思想、倡导科学方法为目的的教育活动。科技类培训机构是举办科技类培训活动的主体，可以是国家机构，也可以是国家机构以外的民办机构，如民办非企业单位、民营企业等。从受众角度分析，科技类培训机构面向人群的属性非常广泛，既包含中小学生、学龄前儿童，也包含企业在职人员、退休人员等。

本文将研究对象聚焦于面向未成年人开展科技类培训的民办培训机构（以下统称"科技类培训机构"），一是考虑到民办培训机构兼具市场属性和教育属性，加强对这类机构规范化管理的呼声更迫切，操作也更为复杂；二是考虑到未成年人是科普工作的重点人群，面向这部分人群的科技类培训亟需提高质量。

本文通过研究科技类培训机构的质量认证标准，其意义主要体现在两个方面。一是从理论层面上来说，学界对校外科学教育的研究主要聚焦在少年宫、科普场馆、科研院所等国家举办的教育机构和科研单位，较少涉及民办科技类培训机构等市场主体，因此，在现阶段开展科技类培训机构质量认证标准的研究，有利于弥补这一方面研究和管理的不足。二是从实践层面上来说，现阶段对科技类培训机构质量认证标准的研究，有利于在市场发展初期就形成一套具有较强应用性的统一认证标准，引导培训机构运用认证标准进行自我诊断和自我改进，从而更好地满足国家加强科学技术普及工作、培养青少年科技创新人才的需要，也更好地满足受教育者对多元化教育服务的需求。

一、新时代背景下科技类培训机构的功能定位分析

(一) 时代背景

新时代背景下,全球各国均对科学教育和科学素质给予高度重视与关注。从20世纪80年代起,世界主要发达国家持续制定国家科学教育战略规划,明确提出将科学教育作为国家发展的优先事项。联合国教科文组织在1993年首次采用"全民科学素质"这一概念,将"科学素质"从单纯的科学教育水平衡量标准转变为现代公民所必需的能力之一。20世纪末到21世纪初,科学素质(科学素养)的表述开始正式出现在各国的法律法规及相关政策文件中。在这样的背景下,世界各地先后涌现出一批科技类培训机构,通过开设各类科技类课程致力于提升青少年的科学素质。

我国对青少年科学教育亦给予极大的重视。习近平总书记在2020年科学家座谈会上强调"对科学兴趣的引导和培养要从娃娃抓起";他在2021年两院院士大会、中国科协第十次全国代表大会上强调,要"形成崇尚科学的风尚,让更多的青少年心怀科学梦想、树立创新志向"。如何激发青少年好奇心和想象力、增强科学兴趣和创新意识、培养科学家精神,已成为当下科普工作者和教育工作者的共同使命担当,也是科学教育和科普工作的共同目标。虽然目前在我国,科学教育的主阵地仍然是学校,但随着社会经济的发展,以学校为主的科学教育逐渐无法满足青少年科学素质提升的客观需求,在学校以外开展的一系列科学教育活动显现出其独特的作用。

(二) 科技类培训机构的发展现状

课题组通过对上海市37家科技类培训机构开展市场调查,初步了解

了科技类培训机构的发展现状。

1. **整体情况**

对37家科技类培训机构的市场调查结果显示,上海市科技类培训机构的规模普遍较小,80%以上的科技类培训机构年培训学生数在500人以下,20%以上的科技类培训机构年培训学生数在500人以上。科技类培训机构的培训对象以学龄前儿童及义务教育阶段中小学生为主,培训项目以计算机编程、机器人、创客、积木拼搭等为主;80%以上的科技类培训机构会直接组织或者参与组织科学普及活动,包括科普类社会实践活动、科创赛事辅导活动、科学主题研学游学活动、科普讲座等。科技类培训机构的办学属性以营利性为主,即主要登记为有限责任公司或者股份有限公司,其经费来源为举办者投入的非财政性经费。

2. **主要存在的问题**

一是部分培训机构功利性较强。调查发现,现阶段家长通过参加科技类培训获得赛事奖项的意愿比较强,部分中小学校甚至将参赛获奖作为引科技类培训机构进校的条件之一,导致80%以上的科技类培训机构开设竞赛辅导项目,一定程度上加重了学生学习负担,且过强的功利性教育观念不利于培养青少年对科学的兴趣。

二是培训内容同质化程度较高,难以满足新时代科学教育改革需求。这些科技类培训机构开设的培训项目主要集中在编程、机器人、积木拼搭、创客四类。其中,编程和机器人培训项目的主要内容以信息技术为主,涉及科学的内容较少;积木拼搭主要面向学龄前儿童,科学启蒙的成分较少;仅有创客培训的主要内容在科学课程范畴内,但一体化课程设计能力不足、培训质量参差不齐的问题较为凸显。

三是培训服务合同纠纷居高不下。从调查情况看,科技类培训机构与消费者(学生家长)之间的服务消费纠纷较多,主要集中在对培训效果不满意、对收退费情况协商不一致、对课程安排不满意和对任课教师不满意四个方面。

四是科技类培训教学人员队伍建设存在困难。绝大部分被调研的科技类培训机构表示教学人员流动性大,且难以从市场上招聘到合适的教学人员,教学人员的培养成本非常高。此外,部分教学人员对学科专业知识、科学本质和科学实践的理解不够深入到位,也是科技类培训机构在培育教学人员过程中遇到的主要问题。

(三) 科技类培训机构的功能定位分析

基于上述对时代背景的理解及对科技类培训机构发展现状的梳理,课题组以促进青少年科学素质提升为目标,提出新时代背景下科技类培训机构的功能定位。

1. 协同培育青少年科学素质

对于当代青少年来说,具备科学素质至关重要。它不仅能够提升青少年的批判性思维、创新能力和解决实际问题的能力,还能帮助他们更深入地思考和理解社会问题,进而培养他们的社会责任感。对于科技类培训机构来说,应当把握好"学校教育的有益补充"这一定位,按照"学校缺什么、我们补什么"的思路来思考机构的功能定位。例如,学校缺乏贴近生活的教学环境,科技类培训机构就可以多组织社会实践活动,在日常生活情境中培养孩子利用科学知识解决实际问题的能力。

2. 满足个性化科学教育需求

要提升青少年科学素质,激发他们对科学的兴趣尤为重要。不同学生对于科学的兴趣可能会表现在不同方面,而学校教育需要遵循统一的课程标准,很难发现并兼顾所有学生的兴趣。比较而言,家长在为孩子报读科技类培训时,已将孩子的兴趣作为一项考虑因素。同时,由于科技类培训机构的班额比学校小,教学环境更加贴近生活,教学方式更加灵活多样,教学人员在组织活动的过程中更有条件根据孩子的兴趣灵活选择主题和情境,从而在激发青少年科学兴趣方面产生更明显的积极作用。与学校教育的普适性相比,科技类培训机构应当更侧重于满足个性化科学教育需求。

3. 提供社会化科学教育资源

针对科学教育资源不足的问题,教育部办公厅联合中国科学技术协会办公厅在《关于利用科普资源助推"双减"工作的通知》中强调要"请进来"和"走出去"。科技类培训机构可以依托机制优势,在这两方面发挥作用。例如,在"请进来"方面,科技类培训机构可以充分利用教学人员工作时间方面的优势,向中小学校输送教学人员,让他们进校提供科技类课后服务或承担校内教学的任务;而在"走出去"方面,科技类培训机构可以利用自身在教学方面的优势,通过与高新技术企业合作等方式,与企业共同开发适合中小学生的、与学校科学教育课程互相衔接的校外科学教育课程,将科普资源转化为科学教育资源。

4. 营造全社会科学教育氛围

2020年国家义务教育科学学习质量监测行动对我国的四年级和八年级学生进行了调查,调查结果显示只有近两成八年级学生的职业期望与科学相关,期望成为科学与工程专业人员的学生仅占到5.7%[1]。这说明我国现有科学教育对青少年科学职业信念的关注存在较大不足。在此现状下,更需要全社会营造人人爱科学、人人学科学的科学教育氛围。因此,科技类培训机构应充当起校外宣传推广的角色,让孩子们不仅在学校里感受科学教育氛围,在学校外、社会中也能真切地感受到人人爱科学、人人学科学的科学教育氛围。

---

[1] 教育部基础教育质量监测中心.2020年国家义务教育质量监测——科学学习质量监测结果报告[R/OL]. https://www.gov.cn/xinwen/2021-11/30/5654913/files/9a1b6b287d8c47edb6c6301b78003ef3.pdf.

二、科技类培训机构的质量内涵分析

(一)科技类培训是一项"服务"

2017年,国际标准化组织(ISO)首次在合格评定领域制定发布服务认证国际标准——《合格评定服务认证方案指南和示例》(ISO/IEC TR17028:2017)。按照该方案精神,"服务"的定义是至少有一项活动必须在服务提供者和顾客之间进行的服务提供者的输出。为了更好地区别"产品"和"服务",该方案给出了"服务"的特征:(1)服务的主体要素是无形的;(2)服务包含与顾客在接触面的活动;(3)服务的提供可能涉及有形产品、无形产品以及为顾客创造氛围;(4)通常服务由顾客体验。

结合科技类培训机构组织实施培训活动的实际情况看,科技类培训活动由科技类培训机构提供,并且在培训机构雇佣的从业人员和受教育者之间进行。在这一过程中,科技类培训机构提供的场所、设施设备、培训材料是有形的,教学人员实施培训和受教育者接受培训的过程是无形的。在教与学的过程中,教学人员必须与受教育者发生接触和互动,且培训效果往往由受教育者在与教学人员的接触和互动的过程中去体验,对培训效果的感知也是因人而异的。因此,我们认为科技类培训机构提供的科技类培训活动其本质属于一项"服务"。

(二)科技类培训机构的质量内涵分析

《服务质量评价通则》(GB/T 36733—2018)将服务质量定义为:"组织能够满足规定、约定以及顾客需求的特性的程度"。结合科技类培训的实际情况看,科技类培训机构的质量定义为"科技类培训机构能够满足规定、约定以及受教育者需求的特性的程度"。

1. 规定、约定及顾客需求的具体含义

(1)"规定"是强调预先(即在行为发生之前)和法律效力,用于法律条文中的决定。国家出台了一系列法律、法规、规章规范了科技类培训机构的各项活动,这些规定对培训机构的规范办学至关重要。要考量科技类培训机构的服务质量,先要观察该类机构履行国家法律法规和政策要求的程度。此处的国家法律法规和政策要求主要分为两类:第一类是明确科技类培训机构发展方向和发展要求的政策文件,例如《关于加强新时代中小学科学教育工作的意见》《关于利用科普资源助推"双减"工作的通知》等;第二类是明确科技类培训机构依法办学要求的法律法规和规章,例如《教育部办公厅 应急管理部办公厅关于印发〈校外培训机构消防安全管理九项规定〉的通知》《教育部办公厅 人力资源社会保障部办公厅关于印发〈校外培训机构从业人员管理办法(试行)〉的通知》《校外培训机构财务管理暂行办法》等。

(2)"约定"在汉语词典中的释义是经过商量而确定。培训机构与受教育者家长在受教育者接受培训服务前事先商量,通过培训服务合同等方式对服务的各项要素进行确定,并可能根据培训实施的情况适当调整约定内容。遵守约定是科技类培训机构具有良好社会信用的体现,但实践中有很大一部分消费纠纷都源于培训机构缺乏契约精神,没有遵守双方约定,导致双方最终对服务质量及收、退费标准产生分歧。

(3)"顾客需求"指的是接受培训的受教育者的需求。在培训机构与受教育者及其家长事先充分沟通的基础上,双方对培训目标、培训内容、培训效果等形成较为清晰的认知和认可。因此,受教育者的需求也可以等同于双方认可的培训目标,满足受教育者需求的程度也可以理解为培训目标的达成度。

2. 科技类培训机构"六维"质量特征

国内外学者对服务质量认证模型的研究比较早,其中最具代表性的是美国学者帕拉苏拉曼(A. Parasuranman)、泽丝曼尔(Vala-rie A. Zeithaml)和贝里(Leonard L. Berry)等人提出的服务质量差距模型(SERVQUAL模型)。SERVQUAL模型的核心在于识别服务质量差距的原因,即通过比较顾客实际接受的服务与他们预期的服务来评估服务质量。此外,模型还明确了服务质量的5个主要维度,依次是:可靠性(reliability)、响应性(responsiveness)、保障性(assurance)、移情性(empathy)和有形性(tangibles),五维模型被广泛应用于酒店、金融、医疗护理等服务业。1992年,克罗宁(Cronin)和泰勒(Taylor)借鉴前人的经验提出SERVPERF量表,这是一种基于服务绩效的测量方法,与SERVQUAL模型不同的是,SERVPERF量表通过直接测量客户在服务过程中的感知程度来评价服务质量,而不考虑客户的期望值。[①] 这一测量方法较SERVQUAL模型来说实操更便捷。此外,克罗宁和泰勒提出,服务质量是提升顾客满意度的先决条件,而顾客满意度对消费意向的影响要大于服务质量本身对消费意向的影响[②]。因此,一家机构不仅要确保自身服务质量的水准,还要通过实际行动让顾客看到其服务质量是卓越的,这样才能极大提升顾客满意度,从而增强消费的意向。

我国学者对此也进行了一些探索。钟晓芳、许前认为,服务不仅是提供者与顾客接触活动的结果,也是服务供给方内部活动的结果[③],并

---

① Cronin J J, Jr, Taylor S A. Measuring Service Quality: A reexamination and Extension [J]. Journal of Marketing, 1992, 56(3): 55—68.
② Cronin J J, Jr, Taylor S A. Measuring Service Quality: A reexamination and Extension [J]. Journal of Marketing, 1992, 56(3): 55—68.
③ 钟晓芳,许前. 构建新型服务质量测评模型和服务质量认证体系[J]. 认证技术,2010(8):38—40. DOI: 10.16691/j.cnki.10-1214/t.2010.08.016.

基于此提出新的服务质量测评模型。其中,顾客感知服务指数从可靠性、响应性、有形性、移情性和增值性5个维度加以测评,而服务提供能力指数从人、机、料、法、环5个生产要素进行测评。龚奇峰认为,若要将SERVQUAL模型和SERVPERF量表应用于我国的教育服务行业中,应根据该领域的特征再增加"帮助性"维度,并在此维度下新增细项,从而与行业特征更契合①。

与其他服务相比,科技类培训机构提供的培训活动具有教育事业特有的属性——政治属性、人民属性、战略属性,这就意味着科技类培训活动必须全面坚持党的领导和社会主义教育的方针政策,以满足人民需求为中心,致力于培养学生正确的世界观和价值观,为推动我国科技创新和经济社会发展发挥重要作用。本文在借鉴SERVQUAL五维模型的基础上,充分考虑教育特有的属性,提出科技类培训机构质量认证的"六维"模型。

(1)合规性:科技类培训机构符合国家法律法规规定和政策导向的情况。

(2)有形性:科技类培训机构提供给受教育者的培训场所、设施设备等硬件资源满足培训活动需求的情况。

(3)保障性:科技类培训机构组建的从业人员队伍、开发的教学资源等软件资源满足培训活动需求的情况。

(4)可靠性:科技类培训机构向受教育者提供所承诺的服务并保护消费者合法权益的情况。

(5)响应性:科技类培训机构从业人员通过专业知识、技能和态度满足受教育者多样化、个性化需求的情况。

---

① 龚奇峰.教育服务品质、学员满意度和忠诚度:SERVQUAL还是SERVPERF?——来自上海教育服务行业的证据[J].中国软科学,2011(S2):1—26.

(6) 有效性：受教育者通过参加科技类培训活动，有助于其提升科学素质的情况。

三、科技类培训机构质量认证标准的构建

科技类培训机构质量认证指的是由认证机构证明科技类培训机构满足规定、约定以及受教育者需求的特征的程度符合技术规范的强制性要求或者标准的合格评定活动。在开展认证工作的过程中，认证机构需要设计一套科学、合理、可操作的认证标准。通常地说，认证标准是认证方案的重要组成部分，认证方案还应当包括认证范围、认证程序、认证方法、认证结果等内容，但这些不在本文的研究范围内。

（一）全生命周期视角下科技类培训机构的业务流程

科技类培训机构提供的服务是培训机构与受教育者体验互动的结果，这一活动的过程贯穿了科技类培训机构全生命周期的各个业务环节。在构建科技类培训机构质量认证标准时，为了便于认证机构和培训机构开展认证工作，可以从培训机构的业务流程出发，通过厘清关键业务环节中可能影响培训机构质量的观测点，形成质量认证标准。基于前期对科技类培训机构的市场调查结果，科技类培训机构的业务流程主要分为培训准备、培训实施、培训评价和自我改进四大阶段，涉及 15 个业务环节，包括设计培训项目、制定培训大纲和培训计划、准备办学条件、申请办学资质、组织招生宣传、提供课程咨询、订立培训合同、培训收费开票、组织培训活动、沟通培训过程、结算培训费用、评价培训效果、优化硬件配置、强化队伍建设、提升培训质量。

(二) 科技类培训机构质量认证标准的构建

课题组在对科技类培训机构的功能定位和质量内涵开展分析的基础上,结合培训机构的业务流程尝试进一步构建科技类培训机构质量认证标准,明确质量认证指标、指标评价标准以及相关质量特征(合规性、有形性、保障性、可靠性、响应性、有效性)。

1. 科技类培训机构质量认证标准设计原则

(1) 引领性:指标的设计有益于帮助科技类培训机构完善服务流程、提高服务质量。

(2) 科学性:指标的设计既体现教育的政治属性、人民属性、战略属性,也尊重市场规律,体现受教育者对培训服务的直接感知,从而科学、全面地反映科技类培训机构的服务质量。

(3) 全面性:各指标既相互联系,又各有侧重,形成有机整体,从6个维度反映科技类培训机构的服务质量。

(4) 可测性:指标体系涉及的量化指标可测量,以达到认证结果的合理性、客观性和公正性。

(5) 易懂性:指标表述采用通俗易懂、贴近大众的表述方式,确保在认证过程中相关方能够准确理解和作出回答。

(6) 灵活性:指标体系的设计能够根据实际应用情况进行后期的灵活调整和修改,以确保其与现实情况密切贴合。

2. 科技类培训机构质量认证标准

科技类培训机构质量认证标准含一级指标4个,根据培训机构的业务阶段设置;二级指标15个,根据培训机构的具体业务环节设置;三级指标40个,系业务环节的具体观测点;指标评价标准共67条,其中,合规性质量特征指标21条,有形性质量特征指标2条,保障性质量特征指标8条,可靠性质量特征指标14条,响应性质量特征指标4条,有效性质量特征指标13条。详见表1。

表 1 科技类培训机构质量认证标准

一级指标	二级指标	三级指标	指标评价标准	质量特征
培训准备阶段	1. 培训项目	1.1 培训目标	（1）培训目标明确，有益于受教育者崇尚科学精神，树立科学思想，掌握基本科学方法，了解必要科技知识，培养应用其分析判断事物和解决实际问题的能力	有效性 保障性
		1.2 培训内容	（2）培训内容与培训目标相适应，容量、难度与培训对象的年龄、身体素质、认知水平、科学意识相适应，有益于受教育者提升科学素质	有效性
			（3）培训内容设计多样化，能够满足个性化教育需求	响应性
			（4）培训内容经科学审查，无伪科学内容	合规性
		1.3 教学方式	（5）教学方式以学生为中心，有益于促进学生自主、探究、思维、合作	保障性
		1.4 培训材料	（6）培训材料体现正确的政治方向和价值导向	合规性
			（7）培训材料与培训目标、培训内容匹配	保障性
			（8）培训材料的内容遵循学生身心发展规律，具有思想性、科学性、适宜性	有效性
		1.5 组织形式	（9）培训活动的组织形式能够结合真实的生活环境，有益于受教育者培养在现实生活情境下作出正确判断和决策的能力	有效性
	2. 培训大纲和培训计划	2.1 培训大纲	（10）培训机构组织具有相关教学能力和经验的人员根据培训目标、培训内容、组织形式等编制具体的培训大纲	保障性
			（11）培训大纲科学合理，体现连续性和进阶性，有益于受教育者身心发展	有效性

(续表)

一级指标	二级指标	三级指标	指标评价标准	质量特征
培训准备阶段	2. 培训大纲和培训计划	2.2 培训计划	(12) 培训机构组织具有相关教学能力和经验的人员根据培训大纲编制培训计划	保障性
			(13) 培训计划科学合理,体现连续性和进阶性,有益于受教育者身心发展	有效性
	3. 办学条件	3.1 章程制度	(14) 培训机构制定遵循法律法规且结合实际情况的章程	合规性
			(15) 培训机构制定遵循法律法规且结合实际情况的管理制度、管理流程和执行标准	合规性
		3.2 组织架构	(16) 培训机构有稳定的组织架构	合规性
			(17) 培训机构设有专门负责处理投诉举报的业务部门	响应性
		3.3 培训场所	(18) 培训机构具有稳定、适宜、安全的培训场所	有形性
			(19) 培训场所符合消防安全管理的相关要求	合规性
			(20) 教学设施设备配置科学合理,可以满足培训活动开展的需要	有形性
			(21) 实验用设施设备合格且符合国家标准	合规性
		3.4 安全设施	(22) 每间培训教室配备不少于2个应急手电筒和与受教育者人数相当的过滤式消防自救呼吸器 (23) 培训场所配置灭火器等消防设施器材 (24) 培训场所醒目位置设有安全须知,张贴疏散示意图 (25) 培训场所的安全疏散门向疏散方向开启 (26) 安全出口、楼梯间、疏散走道设置疏散照明灯具和保持视觉连续性的灯光疏散指示标志	合规性

(续表)

一级指标	二级指标	三级指标	指标评价标准	质量特征
培训准备阶段	3. 办学条件	3.5 从业人员	(27) 培训机构配备与培训对象、培训内容、培训规模相适应的从业人员队伍,包括管理人员、教学人员、实验指导人员及其他从业人员	保障性
			(28) 教学人员具有职业(专业)能力证明,已接受岗位能力培训,培训内容涵盖法律法规、职业道德、教育学、心理学等	保障性
			(29) 从业人员未受到剥夺政治权利或者故意犯罪受到有期徒刑以上刑事处罚,未纳入行业从业人员黑名单	合规性
	4. 办学资质	4.1 证照齐全	(30) 培训机构取得办学许可证和法人登记证 (31) 培训机构办学许可证记载的办学内容、住所与实际相符	合规性
			(32) 培训机构在办学场所的显著位置公示办学许可证和法人登记证	可靠性
	5. 招生宣传	5.1 宣传方式	(33) 培训机构在培训场所显著位置公示招生的必要信息	可靠性
		5.2 宣传内容	(34) 公示的招生信息包括招生对象、招生规模、报名方式、培训项目、培训周期、收费项目、收费标准、退费办法、服务承诺、投诉举报电话等内容。内容真实、有效	可靠性
	6. 课程咨询	6.1 接待人员	(35) 接待人员能够全面、准确介绍培训机构的服务能力和服务范围,包括培训项目、课程设置、师资配置、入学条件、培训周期、收费标准、教学管理等	保障性
			(36) 接待人员能够充分了解培训需求,合理评价培训项目是否能够满足受教育者的培训需求	响应性

（续表）

一级指标	二级指标	三级指标	指标评价标准	质量特征
培训准备阶段	6. 课程咨询	6.2 信息保护	（37）接待人员充分尊重受教育者家长的知情权和选择权，说明预留个人信息的用途，不滥用个人信息	合规性
	7. 培训合同	7.1 合同形式	（38）培训机构和受教育者（家长）在平等自愿、协商一致的基础上订立书面合同	可靠性
		7.2 合同内容	（39）合同明确了培训主体与受教育者名称、培训项目、培训时间、培训地点、培训内容、培训师资、培训周期、收费标准、安全保障、双方权利义务、退课退费方式、纠纷处置、违约责任以及双方约定的其他内容	可靠性
	8. 收费开票	8.1 收费金额	（40）培训机构实际收费金额与公示信息、合同约定一致	可靠性
		8.2 收费账户	（41）培训机构收费账户与合同约定的培训机构名称一致。采用预收费的，预收资金存入预收费专用存款账户	合规性
		8.3 服务发票	（42）培训机构提供培训服务，开具法定税务发票	合规性
培训实施阶段	9. 培训组织	9.1 符合规定	（43）培训机构组织实施的培训活动符合国家法律法规要求	合规性
			（44）培训机构制定的内部管理制度得到有效执行	可靠性
		9.2 履行约定	（45）培训机构实际提供的培训内容、进度安排、组织形式、教学人员背景资质、消课进度、退换课服务、争议处理方式、其他服务承诺与双方约定的一致	可靠性
		9.3 个体差异	（46）教学人员能够在教学活动过程中，关注个体差异，鼓励受教育者提出感兴趣的问题，操作感兴趣的事物	响应性

(续表)

一级指标	二级指标	三级指标	指标评价标准	质量特征
培训实施阶段	9. 培训组织	9.4 安全保障	(47) 培训机构定期开展防火检查和巡查 (48) 教学人员在开展科学实验时，告知受教育者安全注意事项，并采用相适合的安全防范措施	合规性
	10. 过程沟通	10.1 学情反馈	(49) 教学人员应将受教育者接受培训的情况及时向受教育者家长进行反馈	可靠性
		10.2 变更处理	(50) 培训机构变更培训场所、教学人员、培训内容、组织形式的，应提前告知受教育者家长，并根据双方合同约定及受教育者家长的意见处理变更事项	可靠性
		10.3 投诉处置	(51) 培训机构相关职能部门应及时响应受教育者家长的投诉 (52) 培训机构应与受教育者家长友好协商，按照双方约定合规、合理处置投诉	可靠性
	11. 费用结算	11.1 消课处理	(53) 培训机构应根据双方合同约定，根据培训服务提供的实际情况进行消课	可靠性
		11.2 费用退还	(54) 培训机构应根据双方合同约定，及时退还未消课金额	可靠性
培训评价阶段	12. 成果评价	12.1 客观成果	(55) 受教育者接受培训后，能够完成培训目标明确的培训成果，如独自完成一段编程任务等	有效性
		12.2 主观感知	(56) 科学兴趣：受教育者参加培训后，更多地表现出对科学话题、概念、实践的兴趣和好奇心，更加积极地参与校内外以科学为主题的活动 (57) 科学知识：受教育者参加培训后，掌握了更多的科学概念和知识 (58) 科学方法：受教育者参加培训后，在日常生活中更多地运用科学概念、科学知识与方法，并更多地使用科学工具来探究和解决问题	有效性

（续表）

一级指标	二级指标	三级指标	指标评价标准	质量特征
培训评价阶段	12. 成果评价	12.2 主观感知	(59) 科学思维：受教育者参加培训后，更多地运用科学思维进行批判性思考、提问、推理和证明 (60) 科学态度：受教育者参加培训后，表现出正确的科学价值观，具有更强的社会责任感，表达出对科学职业的愿望	有效性
		12.3 评价组织	(61) 培训机构组建质量评价工作小组，建立具体的质量评价工作流程，从客观成果和主观感受两方面对培训成果进行评价	有效性
自我改进阶段	13. 硬件配置	13.1 培训场所	(62) 根据识别的合规性、有形性方面的不足，完善办学场所	/
		13.2 设施设备	(63) 根据识别的合规性、有形性方面的不足，完善设施设备的配置与更新	/
	14. 队伍建设	14.1 人才引进	(64) 根据识别的合规性、保障性方面的不足，招聘合适的从业人员	/
		14.2 继续教育	(65) 根据识别的保障性、响应性、可靠性方面的不足，有针对性地加强从业人员继续教育	/
	15. 质量提升	15.1 流程优化	(66) 根据识别的合规性、可靠性方面的不足，完善管理制度、工作流程和相关标准	/
		15.2 内涵建设	(67) 根据识别的有效性方面的不足，推进培训项目的开发与完善	/

四、小结与思考

本文在新时代科普高质量发展的背景下提出，聚焦科技类培训机构，思考如何通过构建一套科学、合理的质量认证标准引导其找到发展定位、完善业务流程、提升服务质量,从而更好地服务于科学教育与科学普及工作。不可避免的是,本课题存在一定的局限性。在本课题开展期间,科技类培训市场尚处于发展初期,绝大部分市场主体仍处于申领办学许可证的阶段,相关办学条件还有待完善,在现阶段开展质量认证工作存在实践困难,因此本文中的科技类培训机构质量认证标准还有待实践的检验。但无论如何,科技类培训机构要在新时代背景下实现规范发展,就要摆正办学定位、找准发展方向,通过满足个性化科学教育需求来帮助广大青少年提升科学素质。与此同时,科技类培训机构的规范发展也离不开政府引导、行业自律以及社会各界的共同监督。只有这样,科技类培训机构这一支新生力量才能发挥其应有的作用。

科普主播的群体画像及平台分析[①]

官 璐[②]

摘要 在信息爆炸的时代,科普主播成为传播科学知识、提升公众科学素养的重要角色。本研究对10家国内主流直播平台的科普主播展开调研,对科普主播的群体画像和平台特点进行系统性分析。研究发现,科普主播呈现出男性比例高、中青年年龄层为主、高学历化、高职业化等特点。此外,各大直播平台的科普实践存在明显差异,搜狐视频、快手、B站等平台已发展出具有平台特色的科普实践策略,微博、微信、抖音、斗鱼等平台在科普直播领域仍在发展初期,虎牙、YY、花椒等直播平台在科普领域有待大幅加强。

关键词 科普;网络主播;群体画像;平台分析

一、引言

在信息爆炸的时代,科普类主播成为传播科学知识、提升公众科学素养的重要角色。近年来,国内科普类网络直播呈现持续增长态势,根据《2024抖音自然科学数据报告》,抖音自然科普相关视频累计获赞77.3亿次,投稿内容量同比增长169%。众多专业科普机构和创作者受到欢

[①] 本文为上海科技馆科普智库科研创新平台开放课题资助成果。
[②] 官璐,通讯作者,复旦大学新闻学院副教授,研究方向为计算传播、数字人文。项目其他参与人员为复旦大学新闻学院本科生:陈好、陈思哲、董小童、傅冰清、林芳怡、吕粮池、吴佳卉、叶智婧、曾奇桐、张涵祎、张雨佳。

迎,带火天文和动植物等自然知识①。同时,越来越多的年轻人参与到自然科普中来,"90后"在自然科普创作者中占比超过45%,成为科普热潮的主力人群②。此外,越来越多院士、教授和专业科普创作者受邀成为网络直播的参与者,通过网络直播的形式,知识的壁垒正在被打破,直播平台逐步成为人们获取知识的"第二课堂"。

国内外学界针对科普类直播的主体与内容展开了初步探索。研究发现,网络主播、短视频等新媒体形态行业正在展开从"娱乐化"向"知识化"的生态转型,主播群体逐渐呈现高学历化、年轻化、职业化趋势,文娱行业积极开展在线文娱、数字艺术、沉浸式体验等消费新业态,泛知识等新型文化业态和文化消费模式快速发展③。同时,科普类主播行业因其存在一定专业领域知识门槛,对主播的学历、年龄、职业和基础素养有一定基础要求,在直播内容和形式上存在一定的难度,因此也面临着科普传播主体泛化和权威性不足,科普信息原创性不足,无法兼顾专业性与可读性,传播过程监管薄弱等系列问题,仍有待网络监管部门进一步建立健全信息共享和审查机制、开展网络信息内容生态治理工作④。

基于此,本研究对国内主流直播平台的科普主播进行系统调研,对科普主播的人群画像和平台特点展开分析。具体地说,本研究对微信、微博、抖音、快手、B站、斗鱼、虎牙、搜狐视频、YY、花椒10家主流直播平台上的736位科普主播展开全景式调查。研究结果将对系统掌握科普直播

---

① 凌萌.科学实验短视频累计时长近2.3亿小时,自然科学内容走红抖音[EB/OL].未来网,[2024-06-22]. https://news.k618.cn/dj/202405/t20240528_19764996.html.
② 黄靖茹.抖音发布自然科普数据报告:过去一年,11亿人次点赞相关视频[EB/OL].封面新闻,[2024-06-22]. https://baijiahao.baidu.com/s?id=1744491641782635937.
③ 肖迪.让知识共享成为短视频创作的"流量高地"[EB/OL].人民论坛网,[2024-06-22]. http://www.rmlt.com.cn/2021/1206/633778.shtml.
④ 蒙薇,黄晓峰,杜玉娇.新形势下科普传播面临的问题及其对策[J].传播与版权,2024(4):83—86.

生态趋势提供重要参考价值，对新媒体环境下科普主体的治理监管与体系完善具有学术与实践的双重意义。

二、科普主播的人群画像

本研究通过关键词搜索、滚雪球抽样和算法推荐等多种方法，共收集来自10家主流直播平台的736名科普主播信息，尽可能还原各平台科普主播的全貌。其中，B站科普主播159位，抖音219位，微信75位，斗鱼65位，虎牙51位，快手65位，搜狐视频64位，微博38位。YY和花椒科普主播主要为平台官方账号，仅对其展开平台案例分析。研究对各平台科普主播的人口学特征、账号简介、直播内容、带货情况、主播出镜情况等进行内容编码和统计分析。

（一）科普主播人群画像

研究发现，科普主播中男性占大多数（73.7%），女性较少（23.1%），个别采用多人搭档直播的模式（3.2%）。年龄层面，30—39岁年龄段为主播主力军（41.32%），其次为40—49岁（33.49%）和50—59岁（14.67%），20—29岁年龄段（5.13%）和60岁及以上年龄段人群占比较低（5.37%）。

不同平台科普主播的年龄分布略有不同，微博是科普主播最年轻的平台，平均年龄38.8岁，40岁以下青年主播占比64.3%。其次是B站和抖音，平均年龄分别为39.4和40.3岁。搜狐视频的科普主播整体年龄偏成熟，平均年龄42.7岁，40岁以下青年主播仅占比25%。

从科普主播认证机构来看，教育机构（28.9%）是主要单位，其次是媒体公司（20.9%）、科技企业（15.7%）、科研机构（7.7%）、医疗机构（6.0%）和行业协会（5.5%）。此外，政府机构、咨询公司、商贸公司等机构的从业者也参与了科普直播（图1）。

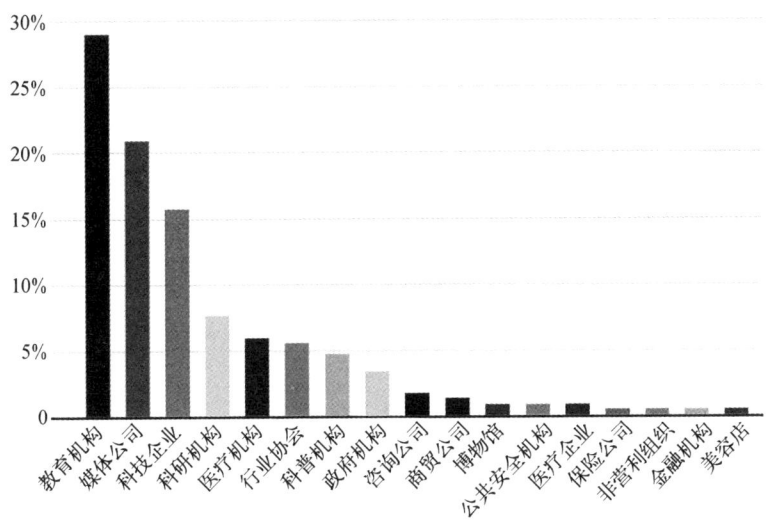

图 1 科普主播认证机构类型

从科普主播的职业来看,教师、医生、自媒体、律师、学者、作家是主力军。心理咨询师、金融从业者、摄影师、营养师等分别从不同专业领域驻军科普直播行业。综合来看,科普主播的职业背景相对多元,且多带有各个领域的专业技能和知识(图 2)。

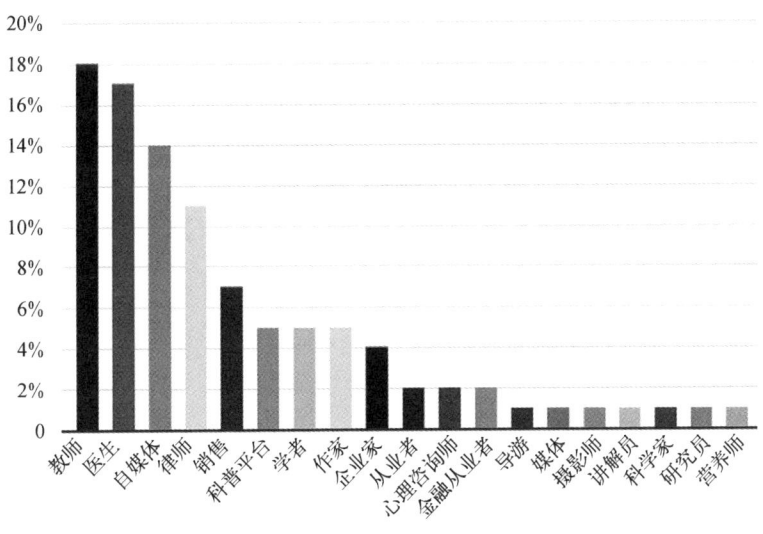

图 2 科普主播职业类型

北京(28.5%)和上海(10.7%)是科普主播所在最多的两个城市。从地区划分来看,华北地区(包括北京、天津、河北、山西、内蒙古,36.7%)和华东地区(包括上海、江苏、浙江、安徽、江西、福建、山东,25.2%)占比较高,华南地区(包括广东、广西、海南、香港、澳门,12.9%)、华中地区(河南、湖北、湖南,11.9%)其次,西南地区(包括重庆、四川、云南、西藏、贵州,5.8%)、东北地区(包括辽宁、吉林、黑龙江,4.0%)、西北地区(陕西、甘肃、青海、宁夏、新疆,3.5%)占比较少(图3)。

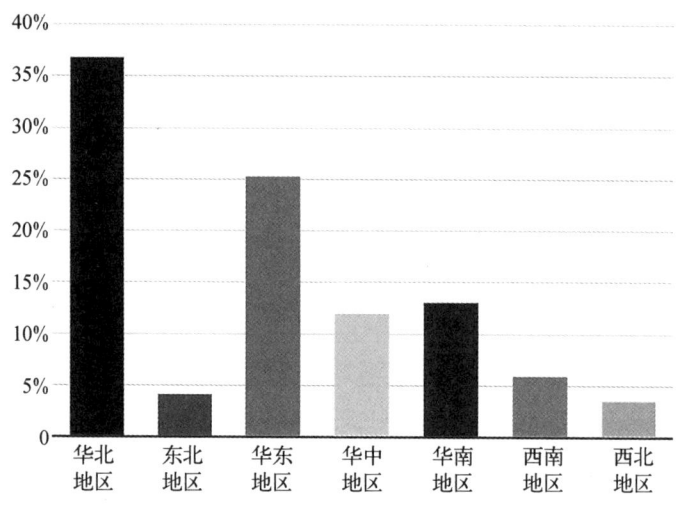

图3 科普主播地域分布情况

带货是直播博主的常见商业盈利模式之一,不同平台带货情况存在差异。快手平台的科普主播带货比例最高(43.1%),微信和B站科普主播带货比例分别为33.3%和25.8%,其他平台的带货比例较低,其中抖音为11.0%,斗鱼为10.8%,微博为5.3%,虎牙仅为2.1%。搜狐视频平台没有直播带货的情况(图4)。

不同平台的主播直播出镜形式有所区别。搜狐视频平台的所有直播均为真人出镜,微信、微博、抖音平台的主播真人出镜比例均为84%左右,虎牙平台的主播真人出镜比例为74.5%,快手和斗鱼平台的主播真

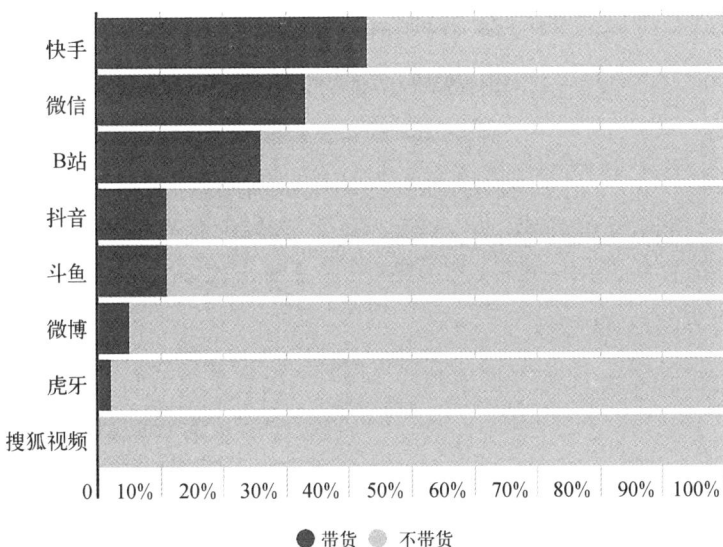

图 4　不同平台科普主播带货情况

人出镜比例较低,分别为 58.5% 和 53.9%。相较之下,B 站的主播出镜比例最低,为 43.7%(图 5)。

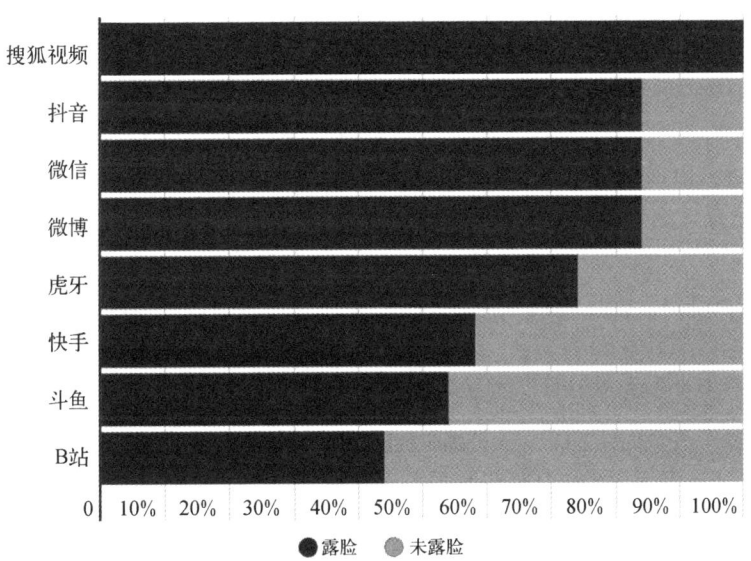

图 5　不同平台科普主播出镜情况

（二）科普直播内容领域特征

本研究对 736 位科普主播的直播领域展开内容分析。理工医领域（包括计算机、医学健康、数学、物理、化学、天文地理、生物农业、环境、机械等）科普主播占比 50.5％，文社科领域（包括财经、法律、政治、心理、情感、文化、哲学、历史、教育、艺术等）科普主播占比 37.8％，其余为机构、泛科普等其他类内容（11.7％）。

理工医领域中，医学健康领域的科普主播数量最多（32.3％），其次是计算机领域（19.1％）、数理化领域（15.3％）、天文地理领域（13.2％）、生物农业领域（12.0％），环境领域和机械领域科普主播人数较少。

文社科领域中，财经领域的科普主播最多（26.9％），其次为文化领域（19.8％）、法律领域（16.6％）、历史领域（15.1％）、心理领域（11.9％）、教育领域（6.5％）和社会领域（3.2％）。

1. 医学健康领域

医学健康领域的科普主播主要集中在抖音平台，其次是微信和搜狐视频，其他平台略有涉及。抖音平台的医学健康科普主播更偏向于康复、养生等话题，以食疗、理疗等康复内容介绍为主。以"运动康复找老孙"账号为例，他在运动康复垂直领域深耕，受众范围相对较广，包括体力劳动者、健身人士以及身体不适的调理人群等。

微信和搜狐视频平台医学健康科普主播更偏向于医学、疾病领域的知识科普。以"丁香医生"账号为例，其视频内容偏向于日常疾病的预防和普及宣传，直播内容更关注于重症的预防治疗以及药品使用的误区等内容。

2. 计算机领域

计算机领域科普主播主要集中在 B 站开展科普活动，其次是抖音，其他平台较少。B 站计算机领域科普内容偏向于编程教程，主要面向编程语言的学习者和科技行业从业者，依靠长视频或者课程栏目进行内容讲授。抖音平台的计算机领域主播偏向于电脑使用问题的咨询和解答。以"轻松学电脑知识"账号为例，其直播内容主要围绕电脑使用的具体场景，通过与受众互动答疑来讲授计算机知识、帮助解决日常使用电脑的具体问题。

3. 数理化领域

数理化领域的科普主播主要聚集在抖音、搜狐和 B 站平台，其他平台较少。

抖音平台数理化科普主播偏向以日常现象为切入点，分析讲解其背后的物理化学知识。例如，"陈征 博士——科学实验大玩家"账号就从消防水枪为什么能喷水、为什么只有肥皂水能吹泡泡这样的日常经验中提问，进一步揭示背后的科学原理。

B 站平台的数理化科普直播更像是学科知识的课堂培训，主要面向学生或相关背景知识的从业者，其科普形式类似课堂讲授。例如"七彩教育机构"账号会较为系统地介绍如何实现光伏发电，并讲授其中的原理和架构方式。

搜狐平台的数理化科普主播往往关注比较前沿的话题领域，对其中的数理化问题进行讨论和讲解。以"弦论世界"账号为例，她以星际化学、视界望远镜等内容为主题，探讨其发展方向和应用前景。

4. 财经领域

财经领域的科普主播集中在抖音平台，其次是 B 站，其他平台较少。

抖音平台的财经类科普直播内容落点较为微观和具体，偏向于理财方法或财经资讯。以"尚局说"账号为例，其画面主体为近期的股市走势图，主播会根据图像分析市场行情，依据具体情况演示对应的估值与投资技巧，例如如何从各行业的"月线"（约 20 日内收盘价平均值的变化情况）判断"大底"（股票价格在一段时期内的低点）、预测"牛市"（股价长期保持上涨势头的股票)等。

B站的财经领域科普主播偏向于社会经济状况的整体分析以及经济学理论的阐释。例如,"冷枪哑火"账号的主播内容多为自己对于当前国际经济形势的看法分享,分析当代中国在经济方面的不足与破局之法。"巴豆爱金融"账号的视频内容多为对经济金融领域专家的采访,结合现代经济学理论,探讨近年中国经济发展和财经政策的情况。

5. 文化领域

文化领域的科普主播在主流直播平台都有分布,抖音占21.8%,虎牙、B站、微博各占16.3%左右,其他平台较少。

抖音平台文化领域科普直播通常围绕中国传统文化常识、中西方文化比较等内容,例如,"墨年国学"账号主要结合图式讲解天干地支内容。虎牙平台的文化科普内容多为放映文化类纪录片,如辽西故道纪录片、仙居县纪录片等。微博平台的文化科普主播多为博物馆机构账号,主要内容为对馆内展览等活动的宣传预热与导览。B站文化领域科普直播通常为经典国学作品的思想分析,如讲解《易经》《道德经》等。

6. 法律领域

法律领域科普直播的主要平台为B站和抖音,其他平台略有涉及。

B站法律领域的科普直播通常关注宏观的法律体系阐释。例如,B站"张三剪辑大师"账号采用录播方式,以法律条文的系统性阐释为主,具体案例讲解为辅。抖音法律领域科普直播则聚焦于具体的现实案例,绝大多数主播都采取实时与观众连麦的形式,提供一对一的法律咨询服务,运用专业法律知识为咨询者分析纠纷问题、提出解决方案。

7. 历史领域

历史领域科普直播的主要平台为抖音,其次为斗鱼、快手、B站,其他平台较少。

抖音的历史科普通常围绕特定真实历史人物展开,在轶事奇闻的讲述中涉及历史朝代当时相关的知识,例如,"周周爱历史"在直播中讲述"宋美龄的爱恨情仇","导游大川"账号在直播中结合人物关系图,解释清朝康熙皇帝九子夺嫡的过程。斗鱼的历史主播会放映趣味知识视频,例如"历史老肆的直播间"账号结合卡通图像讲解日本历史。快手与B站的科普主播通常对于特定历史时期或话题展开讨论。

8. 心理领域

心理领域的科普主播主要集中在B站,其次为搜狐视频直播平台。

B站的心理科普直播通常为心理学流派及其理论的系统性介绍。例如,"天天爱心理"账号每次直播会针对心理学专业的一个特定细分领域(如病理心理学、发展心理学等),结合画面中放映的课件,系统讲解相关理论和知识。

相较之下,搜狐视频平台的心理科普直播更贴近日常生活。例如,"爱家心理张丽"账号会聚焦当下社会生活中的心理领域热点话题(如"宅""超雄综合征""校园暴力"等),从心理学专业角度分析现象原理和提出改善措施。

9. 生物农业、环境环保、机械等领域

生物农业领域科普主播在各平台的内容上较为相似,主题通常是动物的生活习性等。例如,抖音的"青蜂侠-蛇游记"通过自己在各处的实地考察,分享各种蛇类的外观特点、区域分布和生活习性等内容。

环境保护领域科普主播主要讲解动物保护的重要性,呼吁更多人关注相关话题。例如,微信账号"山水自然保护中心"在直播中展示各类研究数据来体现动物保护的紧迫性和重要性,同时也会展示该领域目前的研究成就和进展。

机械领域的科普博主数量相对较少,主要分布在抖音平台,可以分为两类。一类关注汽车选购的知识科普,面向有意购车的用户,代表主播是"大伟说车视界",他会在直播中分享购车需要着重注意的地方,并

给出选购建议。另一类则会在直播中进行电子设备的维修,科普电子设备常见问题以及配件参数等知识的讲解,以主播"华少验机(维修号)"为代表。

三、 国内主流直播平台的科普主播分析

(一) B 站科普直播的平台分析

1. B 站科普直播简介

B 站的科普直播主要集中在知识版块,下设社科法律心理、人文历史、成长学习、科技·科学、自习室、时政 6 个二级分区。从科普内容来看,B 站科普直播主要集中在计算机、法律、心理、财经、医学等学科领域,直播形式以学科知识课堂和直播连线咨询为主,43%的 B 站科普主播为真人出镜直播,其中 85%为男性,15%为女性。

多家高校、博物馆等机构在 B 站运营他们的官方知识科普账号,如上海科技馆、上海自然博物馆、中国科学院、南京市红山动物园等,30 余家科研院所在 B 站开设官方直播间,呈现各具特色的科普活动。例如,中国科学院在 B 站设立独家官方直播间,在公众科学日活动期间,通过直播全方位展示科学日的活动盛况。

2. B 站科普主播特点

自然科学硬知识多于文化软知识。相较其他平台,B 站科普直播多以课堂、讲座、学术论坛形式的硬知识科普为主。这些直播间的画面多为教学科研 PPT,直播形式类似于课堂中老师的授课。常见直播间类型包括教育机构开设的计算机 Python 教程直播、高校及科研机构主办的各学科领域前沿的学术交流讲座直播等。

视频直播为主,互动性不强。B 站科普直播间内鲜少看到主播在评

论区与观众互动。例如,其他直播平台的医疗健康科普主播常常在直播间与受众在评论中互动答疑,而 B 站的医疗健康科普直播则是以医生问诊看病的现实工作画面直播为主,主播鲜少回答评论中的问题,直播间观众需要私聊或者加微信才能与主播互动。同时,B 站科普直播还存在较多的非原创内容,例如搬运名人(如董宇辉、卢麒元、罗翔等)讲座、访谈视频,进行长时间轮播。

3. 头部科普主播案例分析:中国科学院物理研究所的"中二所"

中国科学院物理研究所在 B 站的直播账号自称"中二所",贴合 B 站年轻群体的话语风格,科普形式较为活泼丰富。该账号在科普直播中不仅包含中国科学院物理研究所的专业人士,还邀请 B 站高人气主播参与,例如韩小沐、"大物是也"等。这些人气主播在参与时主要起到观众"嘴替"的作用,替观众向专家提问"表面物理是什么""钠离子电池和锂离子电池有什么区别"等,由专家进一步解释专有名词,生动有趣的形式让科普过程更加吸引人。

同时,"中二所"在直播中设计了一系列科普游戏。例如,在"中二所奇妙夜"活动中,他们将 B 站主播分成两队展开比拼,抢答诸如"一杯汽水放进真空罐,猜猜它会有什么变化"等问题,然后由专家展开相应的实验对主播们的答案进行验证,以此方式对物理知识和物理实验器械进行科普,其形式与内容兼具创新性和游戏性,收获高热度和高点赞数。

(二) 搜狐视频科普直播的平台分析

1. 搜狐视频科普直播简介

搜狐视频是国内科普知识直播的开拓者之一。2015 年,搜狐千帆直播平台初创,开始在直播领域的探索。2019 年,搜狐视频将直播纳入媒体矩阵,与图文资讯媒体一道,成为搜狐媒体平台的延伸,推出一系列科普知识直播,邀请文化、汽车、法律、母婴等领域的学者专家进行知识科普分享①。

截至目前,搜狐视频直播平台的专家库已累计数千人,很多具有影响力的专家学者入驻平台。总体而言,理工科领域主播数量多于文社科领域,医学健康、天文地理和物理类科普主播的数量较多,文化、历史类科普主播数量相对较少。搜狐视频平台绝大多数科普主播均为真人出镜直播,男性明显多于女性,年龄主要分布在40—55岁。主播职业中,大学教师、医生、律师等职业占比较高。科普主播的账号IP主要分布在我国东部地区,中西部地区较少。

2. 搜狐视频平台科普主播特点

科普直播IP的体系化运营。搜狐平台致力于打造知识直播IP,采用体系化运营。因此,搜狐平台科普主播的风格整体性、统一性特点大于主播的个性化特点。搜狐视频的科普主播视觉风格统一。大多数主播直播单集封面的构成要素和构图布局都高度相似,包含直播标题、主播照片、主播身份简介、直播时间、纯色背景等几个要素,构图布局方式相似。此外,搜狐平台科普主播的直播形式也比较接近,主播均真人露脸出镜,不进行直播带货,多数主播采用口头讲解的方式,风格类似教师课堂授课,其中部分主播会使用PPT作为讲解辅助,少有主播采用创新性的差异化场景和形式。

主播与受众互动活跃度分化。搜狐视频直播的互动活跃度在主播和受众之间呈现两极分化:主播之间互动活跃,而受众与主播的互动量则相对较少。科普主播之间常有连麦等互动,张朝阳等主播也会在其他科普主播的评论区互相留言和推荐。对比其他较为年轻化的平台,搜狐视频直播面向的对象以中年人居多,平台总体互动活跃度不足,点赞、转发、评论量较少。

---

① 林小白. 知识直播,搜狐视频的一张特色名片[EB/OL].[2023-03-04](2024-06-23). https://www.sohu.com/a/649472786_115060.

科普直播商业化程度低。搜狐视频的科普直播目前商业变现能力相对较弱。搜狐视频的知识直播主要围绕"知识""价值"两大核心,以科普知识、传播价值为第一要义,而非商业变现思路的直播卖货导向,因此平台商业变现能力相对较弱。搜狐视频平台为了实现商业发展,在科普直播栏目之外开辟了好物分享系列等产品生态。此外,部分主播也通过上线付费课程的方式实现商业变现。

3. 头部科普主播案例分析:"张朝阳"

张朝阳作为搜狐视频的主播,其定位非常独特。他不仅是物理学毕业的博士,还是搜狐的创始人、董事局主席兼首席执行官,对搜狐视频平台的品牌形象和商业发展方向起到决策性和表率性作用。张朝阳利用自己物理学专业背景开设物理课直播,讲述范围从基础物理概念到复杂理论。他身体力行地开直播课程,参与各类科普活动,以此带动搜狐平台的知识直播氛围。作为平台的头号标杆主播,搜狐平台大多数其他主播也遵循张朝阳的模式,大多数是具有专业背景的人士科普,经过官方实名认证,较少业余爱好者。

张朝阳的科普直播兼顾通俗性和专业性。张朝阳会用白板演算和推导公式,讲解复杂的物理公式,同时也用通俗易懂的语言解释科学现象,使得直播内容易于大众理解又不失其专业性。他善于将当前的热点事件与科学知识相结合,例如在超级月亮出现时,他通过直播解释了月球轨道和视觉大小的关系。除了线上面对观众直播,张朝阳还会举办线下活动的直播,将物理课堂与商业营销活动结合,讲解产品背后的物理原理,让物理学走进人们可感知的生活和商业世界。

(三)快手科普直播的平台分析

1. 快手科普直播简介

快手最初是一款制作、分享 GIF 图片的手机软件,2012 年后转型为短视频生产和分享平台,目前已与抖音平台形成在短视频领域分庭抗礼之势。近年来,快手在泛知识科普领域深耕发力,2022年快手泛知识创作者数量同比增长24%,万粉创作者视频发布量达1.1亿①。

快手科普主播中男性超过七成,超过二成科普主播拥有高等教育经历的平台认证,超过1/3主播为专业科研机构开设的账号或有官方科研机构的背景。此外,七成科普主播地域来自北方,北京是所在最多的城市。快手的科普直播内容主要涉及电子信息、医疗健康、财经、法律、自然科学等领域。

2. 快手平台科普主播特点

平台力量主导,引入权威专家。快手平台通过整合科普主播资源,举办一系列科普主题的直播盛宴,积极引入权威机构和专家参与科普直播。以"快手新知播"直播活动为例,开设《开聊吧!经济学家》特色直播IP,联合清华大学中国经济思想与实践研究院院长李稻葵、复旦大学经济学院院长张军等10余位行业头部经济学家,分享财经干货及观点。另外,快手还与江苏广电总台、南京博物院合作,参与举办江苏卫视的"2022跨年知识大会",汇集著名雕塑家吴为山、南京博物院院长龚良、新疆伊犁州文化和旅游局副局长贺娇龙、北京大学副教授丁延庆等各领域专家,确保科普内容生产的质量和权威性。

关注青年群体,回应时代诉求。快手平台在科普直播领域积极引入权威力量的同时,努力避免科普转变为枯燥的上课或说教。由于该平台主要用户群体以青年为主,快手在科普直播策略上关注青年人的实际诉求,积极发掘青年人感兴趣的话题。例如,高考前夕,快手平台开设"2023高考季"专项系列直播活动,向家长科普如何为孩子做好应考的"后勤"工作,并邀请名师资源进行考前辅导。高考之后,快手平台又邀请北京协和

---

① 快手.2022快手泛知识内容生态报告[R].[2022-06-24]. https://mp.weixin.qq.com/s/dbfUnTQqCC6H8Dx9rEkNGw.

医学院、中国传媒大学等名校招生组进行直播,进一步为广大学生和家长的志愿报考提供指导。

3. 头部科普主播案例分析:"戴博士实验室"

"戴博士实验室"账号主播的中文名叫戴伟,他来自英国,毕业于牛津大学,后长期在北京化工大学工作,是化学领域的专家。自1996年来到中国,戴博士就积极投身于中国基层中小学科普教育。他在快手上的账号"戴博士实验室"有996.5万名粉丝,获得2400多万次的点赞。

戴博士主要针对青少年群体进行化学知识科普。在直播中,他深入浅出地介绍相关化学知识,亲自动手用实验器具进行现场化学实验教学,并与现场的青少年互动。在个人形象的塑造上,戴博士以穿着白色实验服,佩戴护目镜的面目出镜,这样的造型增加了他的权威性,而他带外国口音的中文则成为一种独特的幽默感,进一步增加了他的知名度和受欢迎程度。

除此之外,戴博士与其他科普主播进行合作,参加了快手平台举办的知识科普晚会。例如,戴博士与知名科普主播、同济大学物理学教授吴於人(网名"不刷题的吴姥姥")在直播间进行联动,并与现场的儿童嘉宾进行互动,上演了一场精彩的青少年科普课程。

(四) 抖音科普直播的平台分析

1. 抖音科普直播简介

抖音直播于2017年上线,内容包括娱乐、传统文化、体育比赛、宠物、泛生活、"三农"、校园、美食、亲子、旅行、科普、教育等[1]。抖音平台积极开展科普相关系列活动,2019年3月,抖音联合中国科学院科学传播局、中国科学技术协会科普部、中国科学报社、中国科技馆发起"DOU知计

---

[1] 巨量算数.抖音直播2021年度生态报告[R]. 2021.

划"全民短视频科普行动①。2023年5月,抖音联合科普中国、中科院之声、中国科协青少年科技中心、中国科技馆、中科院物理所发起"青少年科普创作计划",邀请高校、科技馆等专业科普内容创作生产机构,创作适合青少年观看的科普视频②。

抖音科普主播中超过七成为男性,年龄层集中在31—50岁的中青年群体,超过八成主播出镜直播,仅一成主播参与带货。抖音科普直播内容主要涉及医学健康、财经、历史、法律、文化、天文、计算机等领域。相较于其他平台,个人自媒体科普主播占比较高。

2. 抖音平台科普主播特征总结

寓教于乐,主播形式丰富。抖音科普直播形式多样,多以有趣、真实的方式传播科普知识。主播不拘泥于传统教科书式的知识传教模式,而是结合实景实物实例、使用通俗易懂的语言进行科普传播,贴近受众的真实生活,消弭刻板印象中专业知识的距离感。例如,主播通过文化古籍中的画作、显微镜下的微生物、自家院子里种植的植物等进行知识讲解和分享。

个人主播占比高,专业性参差不齐。大部分抖音科普主播并不具有权威专家身份,多为相关领域的从业者或爱好者,他们并不会标榜自己在进行科普工作,只是出于对相关领域的深入了解和热爱,表达和分享见解和知识。例如,从业10年的电动车维修师傅在直播间里介绍电动车电路相关知识、金庸爱好者在线回答观众有关金庸小说里人物关系和故事情节的疑问等。抖音科普主播参与主体多样化,同时也带来内容质量参差不齐的情况。例如,部分天文类科普直播会涉及有关外星人的猎奇故事、

---

① 中国新闻网."DOU知计划"发布 抖音开通5分钟长视频权限[EB/OL].[2019-03-25](2024-05-16). https://www.chinanews.com.cn/business/2019/03-25/8789840.shtml.
② 中国新闻网.抖音联合科普中国等发起青少年科普创作计划共建青少年模式内容池[EB/OL].[2023-05-25](2024-05-16). https://www.chinanews.com/cj/2023/05-25/10013802.shtml.

部分文化类直播会以"国学文化""道德经"的名义来包装八卦、算卦、风水等内容等。

互动形式多样。相较于其他平台,抖音科普主播与观众的互动性强,形式更丰富。首先,抖音主播可以通过评论、送礼、点赞、连麦、福袋、直播粉丝群等功能与观众互动。其次,部分抖音科普主播选择以语音连麦方式与观众互动。这种形式常见于法律等领域咨询类直播中,主播可以通过与观众实时语音沟通,了解实际情况并给予个性化的解答。最后,部分抖音科普主播会频繁使用空降直播粉丝群功能,将直播中讲解的内容、学习资料或笔记发布在粉丝群里。

3. 头部科普主播案例分析:"不刷题的吴姥姥"

"不刷题的吴姥姥"是同济大学物理学退休教授吴於人,其粉丝数超过2000万。"吴姥姥"认为自己像"刘姥姥进大观园"一样进"科学大观园",身穿工装夹克,和蔼可亲又生动活泼,不以板书式教学进行物理知识科普,而是使用实验演示装置进行趣味实验来介绍物理原理、讲解生活中的科学现象,让知识"活"起来。在"吴姥姥"的视频中,她手上拿的实验器材几乎不重样,且多以日常化的口吻和生活化的场景进行拍摄,科普内容从小学生、中学生到大学生皆宜,深受各阶段学生的喜爱。

(五) 斗鱼科普直播的平台分析

1. 斗鱼科普直播简介

斗鱼直播上线于2014年,主营业务为游戏赛事直播,目前已扩展到娱乐、综艺、户外、数码科技等板块。斗鱼科普主播以男性为主,年龄集中在25—40岁,近半数不出镜直播,主要可分挂机直播、纯声音和操作型直播三类,带货主播数量极少。

受平台定位特点影响,斗鱼数码科技专区下有大量装机直播,展示电脑装机技巧或电子产品性能。这些直播账号多为电脑装机店或电子产品带货主播,部分直播内容涉及计算机学科硬件器械的知识科普,但并不标榜其为科普相关主播账号。

此外,斗鱼有部分科普主播关注于人文社科、纪录片等内容,此类主播一般直接搬运国内外纪录片、科普讲解视频等,在直播间内进行重复播放,缺乏与观众的即时性互动。平台中仅有少量科普主播以生动有趣的形式投入天文、户外等领域的科普实践中。

2. 头部科普主播案例分析:"叶子户外"

"叶子户外"是斗鱼的第一个直播户外主播,其直播风格主要是户外纪实型,通过走访和实地拍摄,带领观看者探索未知的世界。主播叶志强曾前往珠穆朗玛峰、大凉山悬崖村、中洞苗寨等多地拍摄,现今在斯里兰卡进行考察。在直播过程中,叶志强的专业科普性解读相对较少,更多是用镜头展现当地的自然风貌和风土人情,并通过与当地人交流的方式使观众直接体察当地文化和生活状态,传播文化地理知识。

"叶子户外"账号的内容定位为"探索未知世界",兼有公益目标,因此多是前往国内偏远地区或东南亚相对落后国家进行拍摄。在呈现方式上,"叶子户外"多采用实景直拍和半身拍摄,画外音仅对当地情况做简要说明,在保护交流者隐私的同时,帮助观众更直观地感受当地人文地理状况。比起传统科普解说,"叶子户外"的纪实直播趣味性更强、涵盖内容更广泛、知识输出更易被接受,热度和传播效果比一般科普解说更好。但由于其直接输出的科普知识相对较少,更多需要观众自身通过观察和互动获取地理、历史、政治经济等文社科知识,对观众的探索精神要求更高,"叶子户外"科普知识的转化率反而低于传统解说。

(六) 微信科普直播的平台分析

1. 微信科普直播简介

微信直播业务自 2020 年上线,作为微信视频号的重要组成部分,涵盖教学、音乐、购物、游戏、资讯、颜值、日常生活、语音、同城9大内容板块①。微信科普主播以企业及机构认证账号为主,占比近七成,个人科普主播相对较少。近八成以上主播出镜直播,三成以上参与直播带货,主播IP属地遍布全国各地,其中北上广深等一线发达城市分布较多。

相较于其他直播平台,微信科普主播更加注重平台内公众号推送、短视频等功能的建设,主要依赖平台内部生态圈引流至直播间。同时,微信平台并未专门设置科普主播专区,通过关键词主动搜索也较难查询到科普相关话题主播账号,科普话题相关建设仍有待加强。

2. 头部科普主播案例分析:"Know Yourself"

"Know Yourself"是一个由专业心理学团队运营的机构账号,在直播间提供免费的心理科普服务,该主播以"关照自我与内心,引领身心健康的生活方式"为宗旨,通过轻干预、轻互动、轻链接的方式,为有情绪烦恼但尚未上升到需要专业机构诊疗阶段的用户提供帮助。

直播间以年轻女性为主要受众,由专业心理咨询师出镜讲解心理知识、解答观众问题。他们往往以当下社会热点作为切入口,将心理学知识以趣味的方式表现出来。与同类型的心理科普主播相比,"Know Yourself"在直播之外还注重包括公众号、视频号、小程序和App的全媒体体系构建。

(七) 微博科普直播的平台分析

1. 微博科普直播简介

微博直播功能在2016年上半年首次推出,初期与"一直播"平台合

---

① 新榜研究院.2023微信视频号年中发展报告[R].[2023-08]. https://36kr.com/p/1723018002433.

作,2018 年后成功收购"一直播"①。微博科普直播内容集中在天文、文化、历史等领域,男性主播超过八成,主播出镜率高,绝大多数主播不带货,IP 属地位于北京的主播占比接近一半。微博科普主播中,机构官方账号占比较大,超过六成主播账号为博物馆、报纸刊物等机构媒体的官方或从业者账号,个人自媒体科普主播较少。

2. 头部科普主播案例分析:"国家动物博物馆员工"

微博主播账号"国家动物博物馆员工"实名为张劲硕,是中国科学院动物研究所国家动物博物馆馆长,其直播内容多为国家动物博物馆参与的讲座、论坛、读书会、分享会等活动,主播作为主持人或代表国家动物博物馆相关嘉宾出席活动,目前拥有 80.7 万粉丝,累计直播 51 场。

该主播主持能力出色,有较强的镜头感,能够自然引导节目流程并吸引观众注意力;其直播风格轻松活泼,能够调动观众情绪;直播内容简明易懂,能够将生物学领域复杂的专业知识以更加浅显的方式传达给观众,广受好评。

(八) 虎牙、YY、花椒等直播平台分析

虎牙、YY、花椒等直播平台也存在少量科普主播,其特点较为相似,即科普主播数量少、观看热度低、主播内容质量相较其他主流平台差,其科普专区多与平台官方正能量文化专区治理相结合。

1. 虎牙平台科普主播特点

虎牙直播创立于 2014 年,是以游戏直播为主的弹幕式互动直播平台,其受众集中在 30 岁以下的男性。2018 年 8 月,虎牙直播上线"虎牙文化"专区,作为虎牙传播正能量的核心板块,下设新华社、粤学习、趣味科普、普法课堂、公益行动、公安风采 6 个分板块。根据虎牙 2024 年 Q1

---

① 毛琳.微博收购一直播,背靠产业巨头的幸运与不幸[EB/OL].[2018-11]. https://m.36kr.com/p/1723018002433.

季度财报,针对网络安全知识普及和法律法规科普等多个正能量内容领域,该季度共开展正能量直播 1030 余场①。

虎牙科普直播主要集中在虎牙文化专区,以不间断播放录播视频作为主要内容,直播关注人数较少。主要涉及科普领域包括法律、反诈、网络安全、环境、健康、动植物科普等,其中普法和安全主要为以往相关讲座或直播的录播视频,环境教育则收录了大量纪录片,分集进行循环播放,医学健康科普和动植物科普领域主要以动画片加真人讲解形式呈现。

2. 花椒平台科普主播特点

花椒直播创立于 2015 年,平台创建初期,花椒直播的玩法丰富多样,有 VR 直播、变脸特效、美艳等多种直播功能,还会邀请明星参加直播互动,深受用户喜爱。但随着后期直播软件竞品增加,花椒直播面对多重压力。2023 年,国家网信办点名花椒直播"跳舞"板块多名主播在直播中存在衣着暴露、行为挑逗等问题,责令整改并约谈负责人②。

花椒平台科普内容主要集中在正能量专区,平台水军多,红色主题浓烈,多采用视频而非直播的特点。主要内容涉及历史以及节日习俗科普,例如《百炼成钢——中国共产党的 100 年》等党史、航天、高铁相关话题的宣传片和纪录片等。

3. YY 平台科普主播特点

YY 直播是互联网早期的直播平台之一,创立于 2005 年,曾是国内第一大游戏语音通信平台③。YY 平台科普内容包括文化、历史、哲学、健康等领域,以平台账户和机构账户为主。其科普直播主要在新时代专区

---

① 虎牙. 虎牙 2024 年 Q1 财报[R]. 2024.
② 邹姗. 花椒直播、大姨妈 App 等,被依法查处[EB/OL]. [2023-12]. https://mp.weixin.qq.com/s/jWWdKZMF3dsjtvQfdbXzhg.
③ 孙鹏越. YY 直播成弃子,老牌娱乐平台再遭暴击[EB/OL]. [2024-01]. https://mp.weixin.qq.com/s/pCzkgyzF-vXkiYm5jsmR7A.

下的几个板块,"阳光直播"板块主要为非物质文化遗产和地方文化介绍,"百年风华"板块主要为中国共产党党史发展介绍,"科普文教"板块主要为健康、教育、地域文化等宣传视频的循环播出。

四、结语

本研究对国内主流直播平台的科普主播进行系统性调研,对微信、微博、抖音、快手、B站、斗鱼、搜狐视频、YY、花椒直播平台展开案例分析,构建出10家直播平台上736位科普主播的人群画像,并对其科普传播模式特点展开分析。研究发现,科普主播的人群画像明显区别于其他领域主播,呈现出男性比例高、中青年年龄层为主、高学历化、高职业化等特点。此外,各大直播平台的科普实践存在明显差异,搜狐视频、快手、B站等平台已发展出具有平台特色的科普实践策略,微博、微信、抖音、斗鱼等平台仍处在科普直播领域仍发展的初期,虎牙、YY、花椒等直播平台在科普领域有待大幅加强。

首先,科普主播的人群画像明显区别于其他领域主播。根据《中国新业态与新就业青年调查报告》,网络主播群体中女性占比近六成,平均年龄27.7岁,90后主播占比近七成,六成以上拥有大学学历[1]。本研究发现,科普主播男女比例明显高于网络主播总体数据,男性主播约占七成,B站、搜狐、微博等平台的男女主播比例甚至高于8∶2。年龄层上,科普主播比其他网络主播群体更加成熟,集中在30—50岁中青年群体。相比于网络主播90后"小鲜肉"的人群标签,科普主播的标签则是高学历、具有专业知识技能的从业者,他们多为教师、医生、律师、学者等身份,且较

---

[1] 张璐.社会蓝皮书:超八成新业态青年月收入在8000元以下[EB/OL].新京报,[2021-12-25](2024-06-24). https://baijiahao.baidu.com/s?id=1720092604303126688.

多拥有博士学位。

其次,各大直播平台的科普实践存在明显差异。搜狐视频、快手、B站是主流直播平台中发展科普领域的排头兵,已发展出具有平台特色的科普实践策略。搜狐视频是国内科普知识直播的早期开拓者,其创始人张朝阳利用自身物理学博士的专业知识开设物理课直播,积极带动搜狐平台的知识直播氛围。快手平台通过邀请学界业界专家,举办多场如"快手新知播""2022跨年知识大会"等直播活动,在泛知识科普领域稳步向好。B站科普直播形式较为传统,以课堂、讲座、学术论坛形式的硬知识科普为主,但B站科普主播数量多,教育培训等内容的受众黏度强,热度持续居高。

抖音、微博、微信、斗鱼等平台的科普直播仍处于起步阶段。抖音在近年来积极开展多场科普相关活动,其科普主播不拘泥于传统教科书式的知识传教模式,而是结合实景实物实例、使用通俗易懂的语言进行科普传播,互动效果较好,但其高比例的自媒体主播同时也带来科普内容质量参差不齐等问题,有待后续进一步完善提升。斗鱼平台因其游戏赛事直播的平台定位,数码科技专区下有大量装机直播,部分涉及计算机硬件设备的知识科普,具有一定平台特色,建议平台针对此部分主播开展进一步知识科普的引导和管理。微信直播主要依赖平台内部视频号等生态圈引流,较难找到科普领域主播账号,相关建设仍有待加强。微博科普主播以博物馆、媒体等机构官方账号为主,个人自媒体科普主播亟待发展中。

最后,研究发现虎牙、YY、花椒等直播平台虽存在少量科普主播,但主播数量少、观看热度低、主播内容质量较差。虎牙科普直播主要在虎牙文化专区下,以不间断播放普法和网络安全、反诈相关宣传视频作为主。面对监管部门整改治理规定,YY和花椒增加了"正能量""新时代"专区,循环播放党史、地域文化宣传视频,其科普实践模式和态度仍有待继续大幅加强。

综合来看，国内主流直播新媒体平台正在展开从"娱乐化"向"知识化"的生态转型，少量平台已发展出具有创新性、互动性、平台特色的科普实践策略，大部分平台仍处于科普事业的发展初期，亟待完善和提升。科普类主播因其行业存在一定专业知识门槛，呈现出学历化、成熟化、职业化的较好趋势，但现阶段依然面临着主体泛化和权威性不足等问题，需要有关网络监管部门进一步开展信息生态治理和内容审查等工作。

青少年科技场馆科普活动参与情况和需求现状的调查与思考①

李无言　孟惠普②

摘要　科技场馆是开展青少年科普活动的重要主体之一,了解青少年活动参与情况有助于科普活动质量提升,但已有文献或调研报告中缺少针对这一群体的全面广泛的调研,使其需求尚未被真正探知。本研究通过在全国范围内开展问卷调研,揭示当前科技场馆青少年科普活动的参与情况与需求现状,并结合科技场馆科普活动的供给现状进行分析,以此提出科技场馆青少年科普活动的未来发展建议。

关键词　科技场馆;青少年;科普活动;需求

一、科技场馆青少年科普活动概述

青少年③是国家的未来和希望,是后备的创新人才。国家长期关注

---

① 本文受中国科普作家协会课题"科技场馆青少年科普活动现状、需求及未来趋势研究",以及中国科学技术馆现代科技馆体系发展研究项目"国外知名科技馆发展现状及趋势研究"(项目编号:zgkjgwtxm－202403)资助。
② 李无言,上海科技馆,副研究员,研究方向为场馆教育、场馆管理;孟惠普,上海科技馆,研究实习员,研究方向为科学传播。
③ 由于学界对"青少年"并未有统一定义,现实中也很难划定明确界限将其与"儿童""学龄儿童"等概念进行区分,本文中的青少年范围为9—18岁,生理、心理状态等区别于低龄儿童与成年人的群体。

对科技人才的早期培养，2000年科技部等印发了《2001—2005年中国青少年科学技术普及活动指导纲要》，推动全社会开展青少年科普活动。科技场馆通过开展类型丰富、形式多样的青少年科普活动激发观众探索、学习科学知识，提高其科学素养，培养创新意识和能力，成为青少年科学教育的重要阵地之一。

已有不少从场馆供给视角开展对科技场馆科普活动调研的研究成果，如中国科普研究所、中国科学技术馆等机构以及相关学者的一系列报告[1]—[3]，对科技场馆科普活动进行了整体性考察，其中不少主要观察观众群体都包含青少年。从调研结果中可以看出，我国科技场馆科普活动数量和种类快速增长，覆盖人群变广，社会影响逐步扩大，水平有所提升[4]。如在2014年的调查中，全国129座科技馆开展科普活动的比例达到85%，2013年科普活动接待总人数为300万人次[5]，其中大部分都面向青少年。青少年活动的类型已颇为多样，文献中提及的有亲子活动、野外活动、科普剧、夏令营、资源包、"科学日"活动等，一些研究对其进行了分类，分类维度有根据活动形态、平台和资源、科技场馆特色资源[6]、组织形式等。

一些研究从需求视角展开，最为相关的有两项调研，一项对三所学校的学生进行抽样问卷调查，一项则是对场馆3—6年级学生团体观众进行

---

[1] 中国科学技术馆.科技馆研究报告集（2006—2015）（上册）[M].北京：科学普及出版社，2017：266—291.

[2] 杨东平，等.科学教育蓝皮书（2015）[M].北京：社会科学文献出版社，2015：68—97.

[3] 鲍贤清，等.北极星报告[M].北京：社会科学文献出版社，2020.

[4] 中国科学技术馆.科技馆研究报告集（2006—2015）（上册）[M].北京：科学普及出版社，2017：268—270.

[5] 中国科学技术馆.科技馆发展研究报告[R].中国科协"全国科普基础设施'十三五'发展规划"前期研究课题，2014.

[6] 中国科学技术馆.科技馆研究报告集（2006—2015）（上册）[M].北京：科学普及出版社，2017：267.

问卷调查。这些研究揭示了青少年科技场馆参观情况,例如参观频度、伴随关系、参观时间①,以及青少年对科普活动的需求和偏好等②。除了量化数据之外,还有大量研究将对场馆参观动机作为探知观众需求的方式③,但未揭示青少年的动机是否有独特性。

总体而言,全国性的科技场馆青少年科普活动研究还较少,且已有研究的调研对象多为场馆教育人员,多以管理者本位从应然角度探讨科普活动的规划设计,针对青少年科普活动需求的调研结果也较少,而以学习者即青少年观众为本位,对其需求的关注将是未来研究的发展方向④。此外,近10年所反映的现实问题都比较集中,一些新的现象为科技场馆带来的新机遇和新挑战也亟待研究。因此,开展对青少年科普活动参与及需求现状的调查和研究,有助于深入探究青少年对科普活动的需求变化,探寻将科技场馆的科普活动供给与青少年需求间的对接点,从而找到提高科普活动水平的发展策略。

二、研究方法

本研究采用以问卷调查为主的量化研究方法对科技场馆的青少年观众进行调研,以期能够全面地揭示我国当前青少年科普活动参与和需求现状。

在问卷编制前先进行预研究,对全国 9 家典型科技场馆的 11 位科普

---

① 高瞻,等.植物园科普功能建设的青少年调查[J].黑龙江农业科学,2013(2):94—95.
② 范义娜,王益钢.杭州市青少年科普教育资源的调研及科普场馆建设的建议[J].科技通报,2013(7):236—237.
③ Raymond Powell etc. Motivations and Experiences of Museum Visitors//Cultural Tourism in a Digital Era [M]. Springer, 2015.
④ 李佳,等.国际比较视域下的科技博物馆教育活动知识图谱研究[J].自然科学博物馆研究,2019(6):51.

活动策划与实施人员进行半结构化访谈，了解作为供给侧的教育人员对青少年科普活动的参与和需求现状的认知。在教育人员视角中，目前低龄儿童是科技场馆的主要观众，从初中开始学生的参与意愿便开始下降。线下科普活动中，主题活动是最受欢迎的形式，而微信、B站等视频平台，以及微博是观众最常获取资源的线上平台。从动机来看，受访者认为，青少年观众参与活动的主要目的是学习知识、感兴趣，但不少家长为孩子报名活动是出于自己的兴趣或是提高孩子成绩的功利性目的。由于场馆科普活动往往供不应求，在已有的观众调研中，青少年科普活动的满意度都很高，但许多受访者认为现有活动尚未能满足青少年的需求。例如，研学旅行、线上教育等活动的效果不佳。一些受访者表示"双减"政策出台后，学校对该场馆的需求明显上升，场馆也在积极对接政府下达的要求，而一些受访者表示政策效果还不明显，自己也还没想好接下去要做些什么来应对。此外，教育人员对青少年特点的认知主要包括：青少年具有既不同于低龄儿童也不同于成年人的特点，如高年级的学生会产生叛逆行为，教育人员很难取得他们的信任。这些通过预研究获取的信息成为问卷编制的基础。

问卷以青少年等未成年人为主要调研对象，结合文献梳理、研究目标、预调研结果等编制，分为三个部分：一是观众的基本信息及场馆参与情况，二是观众对青少年科普活动的参与情况，三是观众对青少年科普活动的需求。

问卷在2022年1月以线上线下相结合的形式发放，包括问卷星和纸质问卷，通过请场馆内观众直接填写或扫码填写，以及在行业微信群、场馆活动微信群、学生家长微信群等渠道发放，预计完成时间约5分钟。考虑到青少年的行为与家长等成年人深度关联，参与青少年科普活动不仅是青少年自身的学习需求，也是家长的教育需求，家长往往能决定对科技场馆的参观及对科普活动的选择，青少年对问卷选项的理解及对偏好与需求的表达存在局限,较难参与线上问卷等因素,因此本次调研主要针对家长发放问卷,从家长等伴随人员视角反映青少年对现有科普活动的看法和需求。回收问卷后,将纸质问卷也转录至问卷星,运用 excel 软件对有效问卷进行数据统计与分析,进而揭示我国青少年科普活动参与和需求现状。最终共回收有效问卷 460 份,其中纸质版本 51 份。

三、研究结果

(一) 样本描述

回收的有效问卷中,填写者为父母的为 394 份,占总样本约 85.6%,基本能够体现家长的普遍看法。此外,有祖辈样本 10 份,其他亲戚 23 份,朋友 4 份,本人 20 份,未表明关系 9 份。填写者的孩子(即被调查者)中女孩与男孩数量接近,性别较为均衡。学龄段分布上,小学低年级占 32.1%,小学高年级占 28.9%,中学生占 23.3%,能够较为全面地反映各个学龄段的需求。孩子学校所在地的地域分布较多的是华北、东北和华东,华中、华南、西南和西北也都有一定占比,最大限度平衡了不同地区学校教育的差异对需求的影响(表1)。

表1 样本描述

类别		人数(占比)
被调查者性别	女	212(46.1%)
	男	248(53.9%)
填写者与被调查者关系	母亲	266(57.8%)
	父亲	128(27.8%)
	其他	66(14.3%)

(续表)

类别		人数（占比）
被调查者学龄段	小学生	281(61.1%)
	中学生	107(23.3%)
	其他	72(15.6%)
被调查者学校所在地域	华北	177(38.5%)
	东北	107(23.3%)
	华东	100(21.7%)
	华中	26(5.7%)
	华南	25(5.4%)
	西南	15(3.3%)
	西北	10(2.2%)

（二）科普活动参与情况

1. 科技场馆参观情况

此次发放问卷的范围大多涉及场馆的实际观众和潜在观众，从被调查者的参观频率来看，科技场馆的经常性观众占近三成，与偶尔参观的观众数叠加，共计占总参观人数的88.5%，可见大部分有过场馆参观经验的青少年观众对科技场馆的忠诚度尚可。

就参观目的而言，本次问卷调查设置了5个选项，结果表明主要的参观目的排序依次为学习知识、孩子感兴趣、休闲放松、家长感兴趣、提高成绩，其中持前3种目的人数占比超过半成，反映出家长希望让孩子在科技场馆中释放天性，但也同时能有所收获，而教育人员认为存在的功利性目的并不显著。

六成左右的青少年观众的参观时长为半天,无论是经常参观还是偶尔参观的观众,他们的参观时长并没有显著差异,这表明大部分青少年在场馆中不止于走马观花。参观时长为1—2个小时的被调查者约占24.7%,而全天参观的人数最少,这应与"博物馆疲劳"现象有关。详见表2。

表2 青少年科技场馆参观频率、时长和目的

类别		人数(占比)
参观频率	偶尔	245(53.3%)
	经常	162(35.2%)
	去过一两次	38(8.3%)
	没有去过	15(3.3%)
参观时长	1—2小时	110(24.7%)
	半天	284(63.8%)
	全天	51(11.5%)
参观目的	学习知识	351(78.9%)
	提高成绩	34(7.6%)
	孩子感兴趣	309(69.4%)
	家长感兴趣	133(29.9%)
	休闲放松	252(56.6%)

2. 科普活动参与度

约七成观众偶尔参加科普活动,两成经常参加,其中在参观过科技场馆的观众中,有87.2%的观众参加过科普活动,20.6%为经常参加,可见吸引观众走进场馆是促使其参与科普活动的基础。

参加过科普活动的观众中,主要的参与目的排序为学习知识、孩子感兴趣、休闲放松、家长感兴趣、提高成绩,各项占比与参观目的无显著差异,但选择娱乐的比例有所下降,提高成绩则有所上升。详见表3。

表3 青少年科普活动参加频率与目的

类别		人数(占比)
参加频率	没参加过	57(12.4%)
	偶尔参加	311(67.6%)
	经常参加	92(20.0%)
参加目的	学习知识	306(75.9%)
	提高成绩	42(10.4%)
	孩子感兴趣	283(70.2%)
	家长感兴趣	102(25.3%)
	休闲放松	191(47.4%)

3. 科普活动参加类型

本报告就线下参加类型、场所进行的调研,是根据文献和研究结果中提及的常见科普活动设置的选项。线下活动中,目前青少年参加最多的是讲座,其次是科学表演、特色讲解、单次课程、研学旅行和夏/冬令营,而创客空间、剧本杀参与度最低;参加活动的场所,除科普场馆外,最常见的是学校,然后是户外和商业机构。科技场馆和学校是青少年学习科学知识的最重要阵地,但商业机构也具有竞争力。详见表4。

在参加过科普活动的青少年中,仅有近半参加过线上活动,科普视频和讲座是主要类型,官方网站、微信是主要参与平台。详见表5。

表4 青少年线下科普活动参加类型

类别		人数(占比)
参加类型	讲座	201(49.9%)
	单次课程	143(35.5%)
	系列课程	100(24.9%)
	特色讲解	163(40.4%)
	科学表演	171(42.4%)
	研学旅行	135(33.5%)
	科创类课题	89(22.1%)
	夏或冬令营	127(31.5%)
	博物馆之夜	93(23.1%)
	创客空间	42(10.4%)
	剧本杀	26(6.5%)
	其他	32(7.9%)
参加场所	学校	221(54.8%)
	科普场馆	403(100%)
	户外	118(29.3%)
	商业机构	105(26.1%)
	家中	66(16.4%)
	其他	15(3.7%)

表5 青少年线上科普活动参加类型

类别		人数(占比)
曾经参加	是	195(48.4%)
	否	208(51.6%)

(续表)

类别		人数（占比）
参加类型	讲座	110(56.4%)
	单次课程	71(36.4%)
	系列课程	53(21.2%)
	场馆导览	51(26.2%)
	科学表演	45(23.1%)
	线上答题	62(31.8%)
	科普视频	119(61.0%)
	其他	15(7.7%)
参加平台	官方网站	139(71.3%)
	微信	108(55.4%)
	微博	24(12.3%)
	直播App	31(15.9%)
	视频App	64(32.8%)
	其他	30(15.4%)

4. 科普活动消费情况

在参加过科普活动的观众中，有53.8%曾为活动付费，消费金额在1—50元、50—100元和100—300元的人数比较近似，均在三成左右，这表现出当下为文化、知识产品消费已成为普遍现象。详见表6。

表6 青少年科普活动消费比例与金额

类别		人数（占比）
参加过收费活动	是	217(53.8%)
	否	186(46.2%)

(续表)

类别		人数（占比）
收费金额	￥1—50	75(34.6%)
	￥50—100	85(39.2%)
	￥100—300	79(36.4%)
	￥300 以上	18(8.3%)

5. 科普活动参与满意度

92.5%的观众认为其所参加的科普活动质量不错，且其中近半认为大部分都很优秀，认为大部分一般或不够好的占比小于10%，这表明观众对科普活动的总体满意度尚可。

对于现有科普活动的改进建议上，较少观众认为"已经足够好了"，其他各选项分布较为平均，这表明目前的科普活动在内容、形式上还应更为多样，对青少年的针对性还有待提高，尤其是提高趣味性，提升空间较大。详见表7。

表7 青少年科普活动总体满意度与提升建议

类别		人数（占比）
质量评价	大部分很优秀	181(44.9%)
	一部分还不错	192(47.6%)
	大部分一般	27(6.7%)
	都不够好	3(0.7%)
提升方面	更生动有趣	278(69.0%)
	内容更多样	217(53.8%)
	形式更多样	218(54.1%)

(续表)

类别		人数（占比）
提升方面	更适合孩子	218(54.1%)
	已经足够好	40(9.9%)

（三）科普活动需求情况

1. 科学知识需求情况

90.9%的青少年对科学知识比较感兴趣，且在非常感兴趣的青少年中有48.4%会经常参观科技场馆，33.1%会经常参加科普活动，这两项比例显著高于选择"感兴趣"（占比为28.5%、12.3%）和"一般"（占比为12.5%、5%）的青少年。从中可以看出，参观科技场馆、参与科普活动的意愿与青少年的兴趣显著相关。

关于青少年对哪些知识类型感兴趣的调查，问卷就目前几种主要类型的科技场馆（包括科技馆、自然博物馆、天文馆等）的各类主题与展示内容展开。结果显示，青少年中对大自然感兴趣的人数最多，对科学技术、科学原理、天文和古生物感兴趣的人数也占有较高比例，它们是青少年喜闻乐见的科普内容。选择"其他"的观众中，大多填写了自己感兴趣的内容为实验、机械、地质、历史和人体，其中实验可归为科学原理，机械可归为科学技术，人体可归为生理健康。这些偏好可以为不同主题、资源的科技场馆提供参考。

青少年平时学习科学知识的主要途径中，选择科普图书的最多（占57.0%），选择线下科普活动的人数紧随其后（占51.3%），而选择科普展览、电视节目、科普视频也为数不少，可见科普活动地位重要。详见表8。

表8 青少年科学知识兴趣及获取途径

类别		人数（占比）
孩子对科学知识的兴趣	非常感兴趣	190(41.3%)
	感兴趣	228(49.6%)
	一般	40(8.7%)
	不感兴趣	2(0.4%)
感兴趣的知识	科学原理	262(57.0%)
	科学技术	270(58.7%)
	大自然	357(77.6%)
	古生物	208(45.2%)
	天文	242(52.6%)
	生理健康	91(19.8%)
	其他	9(2.0%)
学习科学知识主要途径	线下科普活动	236(51.3%)
	线上科普活动	94(20.4%)
	科普展览	196(42.6%)
	电视节目	155(33.7%)
	科普图书	262(57.0%)
	科普文章	57(12.4%)
	科普视频	151(32.8%)
	科普大篷车	6(1.3%)
	其他	8(1.7%)

2. 科普活动需求基本情况

喜欢线下活动的人数约是喜欢线上活动的3倍，可见当前的线上科普活动无法满足青少年观众的需要。最受青少年欢迎的科普活动类型为科学表演，其次是研学旅行、夏或冬令营和特色讲解，选择剧本杀的青少年较少。与青少年线下科普活动参加类型对比可以发现，虽然讲座和单次课程的参与度较高，但喜爱度偏低，形成了明显的反差；科学表演、特色讲解、研学旅行和夏/冬令营是青少年最受欢迎的科普活动形式，其中前两者主要在场馆内进行，后两者则是长时间、综合性的科普活动。

喜欢的科普活动场所的排序依次为科普场馆、户外、学校、商业机构、家中，结合青少年参加科普活动场所排序，对比可知，科技场馆是科普活动的最佳场所，在青少年群体中具有较高的认可度；选择学校的人数比例下降、选择户外的人数比例上升，又可反映出学校科普活动的质量或许没有达到期望。

研学游是当下比较火热的科普活动形式，因此问卷将设置一题来探索青少年需求。结果有近半数的观众选择半天的场馆研学，其次是场馆一日深度研学，较少有人选择多场地一日研学和多日的综合性研学，这表明大部分青少年偏好短期、轻量化场馆研学形式。

关于青少年喜欢与谁一同参与科普活动，该题根据调研结果中常见伴随关系设置选项，结果是过半数喜欢和朋友或同学一起参加，42%喜欢与父母一同参加，表明这两类人群是青少年最重要的学习伙伴，而选择祖辈、老师的较少。也有观众表示孩子更在乎内容而非同伴。

微信公众号是绝大部分青少年获取科普活动信息的途径，其次是旅行 App 或旅行社平台，然后是微信群和官方网站、官方微博。还有观众提出通过书籍或短信了解科普活动。

此外，约五成观众倾向于在周末上午或下午参加科普活动，近两成选择上学时间、周末晚上或都可以，这类信息可供教育人员制定科普活动计划参考。具体参见表 9 和表 10。

表9 青少年科普活动类型、获取信息途径偏好

类别		人数(占比)
喜欢的形式	线上	103(22.4%)
	线下	299(65.0%)
喜欢的类型	讲座	87(18.9%)
	单次课程	68(14.8%)
	系列课程	72(15.7%)
	特色讲解	135(29.3%)
	科学表演	201(43.7%)
	研学旅行	161(35.0%)
	夏或冬令营	153(33.3%)
	科创类课题	89(19.3%)
	博物馆之夜	91(19.8%)
	剧本杀	44(9.6%)
	其他	6(1.3%)
喜欢的信息平台	微信公众号	360(78.3%)
	官方微博	95(20.7%)
	旅行软件或旅行社	22(47.8%)
	微信群	103(22.4%)
	官方网站	99(21.5%)
	视频App	91(19.8%)
	电话	2(0.4%)
	其他	14(3.0%)

(续表)

类别		人数(占比)
喜欢的研学形式	半天,场馆研学	214(46.5%)
	一天,场馆深度研学	126(27.4%)
	一天,综合性研学	63(13.7%)
	多日,综合性研学	57(12.4%)

表10　青少年科普活动场所、同伴及时间段

类别		人数(占比)
喜欢的场所	学校	32(7.0%)
	科普场馆	344(74.8%)
	户外	66(14.3%)
	商业机构	11(2.4%)
	家中	4(0.9%)
	其他	3(0.7%)
喜欢的同伴	父母	193(42.0%)
	祖辈	8(1.7%)
	老师	16(3.5%)
	朋友或同学	236(51.3%)
	其他	7(1.5%)
喜欢或可行的时间段	上学时间	87(18.9%)
	工作日晚上	26(5.7%)
	周末上午	226(49.1%)
	周末下午	237(51.5%)

(续表)

类别		人数（占比）
喜欢或可行的时间段	周末晚上	89(19.3%)
	都行	100(21.7%)

关于科普活动前后需要得到什么服务，大部分观众最希望能在参观前取得活动信息和参与指南，然后是活动物料和素材，有四成观众希望能够联系到相关人员咨询。一些观众描述了具体需求，如了解"活动背景""学习目标，知道能获得什么"等。

大部分观众希望在参观后可获得活动的拓展资料、活动物料和素材，也有近五成观众想得到文创产品，但成为会员的意愿并不高。也有观众提出，想得到纪念品或礼物。详见表11。

表11 青少年科普活动前后服务需求

类别		人数（占比）
参加前希望得到	活动信息和参与指南	396(86.1%)
	可供咨询人员的联系方式	186(40.4%)
	活动物料、素材	298(64.8%)
	其他	18(3.9%)
参加后希望得到	活动物料、素材	282(61.3%)
	活动拓展资源	356(77.4%)
	文创产品	212(46.1%)
	持续推送信息	145(31.5%)
	成为会员	42(9.1%)
	其他	8(1.7%)

3. 科普活动消费意愿

会员制和付费科普活动是国外场馆的普遍做法，也是国内场馆保持可持续运营的可能手段，因此问卷调查了观众的相关需求。

了解成为付费会员后希望得到的权益，结合国外场馆主要会员权益设置选项。有近八成观众希望能够得到收费场馆的免费入场资格，七成希望有专场的科普活动，四成左右想参加线下交流活动和获得免费的科普咨询，相对而言，人们对文创产品折扣、会员身份标志并不敏感。还有观众提出，希望免排队或是在场馆不开放时入馆。

同时了解能够接受的一场付费科普活动的价格区间，虽然活动的类型多样，一些长期的、综合性活动收费较高，无法一概而论，但对上限的调查仍有一定意义。近四成观众选择视情况而定，并未给出上限，而近三成观众选择了 50—100 元的区间，仅有二成观众选择 1—50 元和 100—300 元，选择 300 元以上消费金额的人最少。整体分布与已有消费状况无明显差异，表明当下能被广泛接受的消费金额区间在 300 元以下。详见表 12。

表 12 青少年会员权益偏好与消费意愿

类别		人数（占比）
希望得到的会员权益	免费入场	348(75.7%)
	专场科普活动	325(70.7%)
	线下交流活动	215(46.7%)
	免费科普咨询	181(39.3%)
	文创产品折扣	99(21.5%)
	会员身份标识	65(14.1%)
	其他	10(2.2%)

(续表)

类别		人数(占比)
愿意为一场活动消费的金额	1—50元	75(16.3%)
	50—100元	128(27.8%)
	100—300元	75(16.3%)
	300元以上	13(2.8%)
	视情况而定	169(36.7%)

4. 科普活动需求与"双减"

不论从青少年视角还是从家长视角，都有半数左右的人更倾向于与学校正式教育内容相关的科普活动，但也均有三成左右没有明显的倾向，且78%的家长与孩子的倾向一致，可见与学校的合作和与正式教育的对接是教育人员不可忽视的发展方向。

半数左右的人认为"双减"政策出台对参加科普活动的意愿没有显著影响，而另外近半数观众认为显著上升或有所上升，可见虽然政策出台不久，已经开始将影响力传导至科技场馆。详见表13。

表13 青少年科普活动偏好与学校教育、"双减"的关系

类别		人数(占比)
孩子倾向	是	224(48.7%)
	否	66(14.3%)
	没有倾向	170(37.0%)
家长倾向	是	258(56.1%)
	否	48(10.4%)
	没有倾向	154(33.5%)

(续表)

类别		人数(占比)
"双减"后意愿变化	显著上升	93(20.2%)
	有所上升	127(27.6%)
	没有显著变化	233(50.7%)
	有所下降	3(0.7%)
	显著下降	4(0.9%)

四、讨论与建议

(一) 青少年科普活动供给与需求对接现状分析

科技场馆科普活动的良性发展取决于场馆供给与青少年观众需求之间的动态平衡，而供给既能满足需求，也应推动需求。通过研究发现，科技场馆是青少年重要的科学知识来源，当前观众对我国科技场馆青少年科普活动供给总体较为满意，但场馆方还有许多可提高的空间。

从活动类型体系来看，观众的偏好较为分散，各类活动都有大量喜爱者，但许多场馆尚未形成完整的分层分类体系，无法开展如此多样化的活动。观众最受喜爱的几类活动中，科学表演、特色讲解是在场馆内进行的，尤其后者是与展览密切结合的活动，但场馆展览科普活动却不够丰富。此外，教育人员的直观感受与问卷结果都证明了观众已经受到"双减"政策影响，社会对科技场馆需求上升，但科技场馆还未探索出抓住这一机遇的方法和路径。

从实施体系来看，科普活动本身内容和形式还不够多样，娱乐性不够强,也不够适宜青少年。观众对科普活动的消费意愿较高,但实际收费活动却较少。场馆目前在观众参与科普活动前后所提供的与其所需要获得的有一定差距,观众的"获得感"还不够高。

从实施效果来看,第一,线下科普活动的质量差强人意。对参与线下科普活动的类型和喜欢的类型进行交叉分析可以近似得到对各类活动的满意度排名,其中夏或冬令营最高(64%),科学表演(58.5%)、剧本杀(53.8%)和研学旅行(51%)其次,特色讲解(38%)、系列课程(31%)、单次课程(28.7%)、讲座(28.4%)的满意度则较低,而这四类正是场馆开展频率较高的科普活动类型,因此可以看出,常规活动尚未获得大部分青少年参与者的喜爱。特色讲解虽然是观众较为喜欢的类型,但在参与过的观众中表示喜欢的占比并不高,这也反映了特色讲解总体质量并未满足观众预期。教育人员普遍认为研学旅行的效果并不好,但它却得到了较多参与者的喜爱,这或许可以说明场馆的教育目标与观众的需求间存在较大差异,场馆可以推动需求转型。

第二,线上科普活动作用尚未发挥。"互联网+"概念已深入人心,线上科普活动也成了场馆的发展方向。但调研事实却印证了教育人员的看法,在场馆难以常态化供给具有互动性、丰富性、趣味性的线上科普活动的情况下,仅有半数青少年观众参与过线上活动,其并未成为青少年学习科学知识的重要途径之一,与科普图书、展览、视频相比差距较大,并且喜欢线上的观众比例也不高。在虚拟世界似乎要取代场馆实体空间的当下,场馆无法在线上充分发挥其教育功能,线下科普活动依然无可替代。

第三,与学校合作开展的活动效果不如预期。虽然学校是青少年学习科学知识的最重要场所,但仅有9.1%在学校中学习科学知识的观众喜欢在学校参加科普活动,也仅有3.5%的青少年喜欢和老师一起参加科普活动,这代表过去研究中教育人员认为的馆校合作不够完善,老师引导不足、不能满足学生需求等问题确实存在①。

(二) 科技场馆开展青少年科普活动的建议

1. 构建更适宜青少年的科普活动体系

科技场馆可增加科普活动的多样性,包括内容多样化,不同场馆可开展与本馆主题并非密切相关但观众比较喜爱的科学原理、技术或大自然等主题相关的活动;形式多样化,尝试引入其他领域的新形态活动;对象多样化,开展面向不同类型的青少年及伴随关系的活动,如亲子活动、学校团体、朋友结伴;场所多样化,在展览、场馆公共空间、场馆教育空间、户外、其他机构等各种地点开展;时间多样化,可将亲子活动尽量安排在周末白天,其他时段也保留一定选择。可增加展览科普活动,提高拓展式、综合性科普活动的质量,在场馆的开发水平还不够高的时期,可尝试在一次性活动中重点"孵化"最受观众欢迎的活动,重点打造出常态化精品活动。

还可重点提高几类青少年科普活动水平,一是丰富馆校合作活动,既对接正式教育,又发掘正式教育之外的拓展内容,开发具有非正式教育特色的产品和服务,吸引希望对学校教育有所帮助的青少年及其家长加入,也能满足想得到学校中学不到的知识的人群的需求。二是调整研学产品结构,以短时间、高频的系列活动为主,可以让学生围绕一个小的主题进行深度探究,避免成为走马观花式的旅游活动。三是革新线上科普活动,改变仅将线下教育线上化、虚拟资源"云端化"的误区,提升线上线下结合能力与水平,探索新的学习方法、互动方式和教育模式,尤其是要区别于网课等正式教育,开发丰富的、独特的线上活动,并将官方网站、微信等青

---

① 李无言,章佳敏.科技类博物馆儿童教育活动实践现状与提升策略研究[J].中国校外教育, 2022(2):116—128.

少年的常用媒介作为进行线上活动的主要平台,将微信公众号和微信群作为主要宣传、推广平台,提升发布内容的质量,加强与观众的双向互动与联结,使科普活动突破场馆边界,惠及更多的观众。

2. 完善青少年科普活动策划与实施

首先,形成展教结合的科普活动策划和实施流程,形成青少年参加科普活动前、中、后一体化策划和实施。一方面增加参观前后的服务内容,如在参加前通过微信公众号、微信群等平台为青少年及其家长提供活动的基本信息,以及可能收获及所需准备的内容;在活动过程中赠送青少年喜欢的纪念品等实物以增加观众的获得感,加深其对活动的印象;活动结束后除让观众带走活动物料、素材等,还可为观众提供本次活动的拓展学习资料、其他科普活动的宣传材料等,促进其转化为经常性观众。另一方面加强对科普活动的评估和观众研究,构建前置性评估、形成性评估和总结性评估共同构成的评估体系,使活动策划、实施过程能够被不断评估、精进,同时充分识别青少年需求,可以采用新技术,如以眼动捕捉、面部识别等技术,判断青少年在科普活动中的情绪、态度等状况,一定程度上解决青少年处于青春期不愿意表达诉求的问题。

其次,升级科普活动的内容与手段。从调研结果中看出,兴趣是青少年进行场馆学习的原发动力,因此科普活动应以引发青少年兴趣为主要目标,在保证科学性的基础上,加强内容和形式上的多样性、知识性、趣味性,尤其结合当代青少年喜爱的表达方式,丰富青少年喜闻乐见的形式和手段。比如,在许多新兴技术的成本不断降低的当下,即便是利用相对低成本的RFID芯片感应让青少年参与互动,也能产生"刺激-反应",给予实时反馈,提升学习效果;平板电脑是大部分青少年较为习惯的学习、娱乐工具,若在科普活动中得到运用则能降低观众接收门槛、增加操作意愿、提高知识的接收效率;可穿戴设备也可加入科普活动中,它有利于提升青少年科普活动的体验感。此外,要充分考虑同伴的兴趣和可能产生的积极或负面影响,采取相应措施。例如,在亲子活动中穿插适合家长与孩子喜欢的内容,使双方的注意力得以长时间保持;针对青少年相对不喜欢和学校老师及祖辈一起参加活动、老师和祖辈无法发挥引导青少年学习的作用等情况,可以编制学习指南和辅助材料,帮助同行者了解这些青少年的兴趣所在和普遍性特点,以及如何在这场科普活动中提供协助。

再次,以市场化思维运作科普活动。可以以市场营销的方法开发、宣传、销售科普活动,如根据青少年的喜好包装科普活动,结合社会热点实施有关联的科普活动,或是以青少年喜爱的视觉化语言发布活动推送文章等,尤其是利用好官方网站、微信平台以提升点评、旅行应用软件中的相关内容,根据平台特点决定内容、形式等,结合其他新媒体平台形成宣传矩阵;开发青少年喜闻乐见的文创产品,如盲盒、个性化定制等,作为活动奖品或参与后的消费,同时逐步培养青少年在科技场馆理性消费的习惯,在培养阶段单次活动收费不宜过高,根据调研结果尽量在 300 元/场以下;探索会员制,将专场科普活动、线下科普交流活动作为会员权益之一,并可为核心会员提供收费较高但精品化的活动。

最后,面对社会环境的新机遇和新挑战,科技场馆应当不断开发、维持合作对象,扩充与利益相关者构成的共同体,根据合作对象的性质和水平选择相应的合作方式,尤其要紧扣使命和定位、争取资源互补,共同进行青少年科普活动体系的策划和实施。除此之外,还应充分顺应国家、地区、城市战略和政策法规导向,如"双减""双碳""双创"等,帮助推行的同时也求得生存;应对社会热点进行及时、科学、有趣的科普,保持探讨而非说教,营造积极、开放的科学氛围,取得公众的理解和认同,让青少年观众树立正确的科学思维、价值观,构建和谐的博物馆与观众关系。

人工智能生成内容技术对线上科普教育的促进与影响作用研究[①]

方师师　叶梓铭　贾梓晗[②]

摘要　近年来,人工智能技术的飞速发展给科普教育带来了巨大的机遇与挑战。本报告聚焦人工智能生成内容(AIGC)技术在科普教育领域的应用与发展,梳理其发展历史、技术特征、优势不足以及相关对策建议。科普教育作为科学、教育、设计、研发等学科与领域的汇聚点,对于AIGC技术的采用与普及是必然趋势。探索如何安全、高效、创新、创意地使用AIGC技术,并对其传播能力、传播效果进行评估,是未来AIGC技术+科普的应有主题。

关键词　人工智能内容生成;科普教育;影响;促进

一、引言

2022年11月ChatGPT的横空出世,激发了人工智能内容生成(artificial intelligence generated content,AIGC)技术的发展活力。层出不穷的AIGC应用,如ChatGPT4.0、Midjourney、文心一言等,不仅引起

[①] 本文为上海科技馆科普智库科研创新平台开放课题资助成果。
[②] 方师师,上海社会科学院新闻研究所互联网治理研究中心主任,副研究员;叶梓铭,上海社会科学院硕士研究生,互联网治理研究中心研究助理;贾梓晗,上海社会科学院硕士研究生,互联网治理研究中心研究助理。

了人们的好奇与追捧,还令其用户采纳和使用时长也呈现爆发式增长。根据Data.ai的数据显示,截至2023年第三季度,全球AIGC应用用户使用时长已从2022年第四季度的6300万小时激增至20.6亿小时。① QuestMobile研究院于2023年4月发布的《2023"AIGC兴趣用户"洞察报告》显示,AIGC早期市场中"AIGC兴趣用户"主要集中在抖音、快手、微博、Bilibili、小红书和微信等新媒体平台,且活跃用户的年龄层以"90后"和"00后"为主。② AIGC技术已不仅只是一种工具,它还被看成是团队协作和技术研发中的教练、创新者或开发者,正日益成为采纳和使用群体日常网络表达与人机交互的重要媒介。

技术乌托邦主义者将AI的发展分为三个阶段:第一个阶段是"狭窄AI"(artificial narrow intelligence),意指AI只是在某些工作上做得比人类好;第二个阶段是"通用AI"(artificial general intelligence),强调AI的能力跟人类完全一样,在任何工作上皆可与人类媲美;最后一个阶段是"超级AI"(artificial super intelligence),AI的能力已全方位超越人类。③虽然目前生成式人工智能尚处于"狭窄AI"阶段,但是AIGC技术的采纳和使用已从早期尝鲜者逐渐扩散到众多跟进者。根据调查机构GIR (Global Info Research)对国外企业的调研报告显示,虽然目前业界对于人工智能技术的使用尚处于初级阶段,但有近29%的企业表示已经开始尝试将其纳入生产流程,还有12%的企业表示将会在未来的6—12个月内采用相关的技术和应用。在国内,北京、上海、杭州、广东、重庆等10多

---

① Data.ai. 2023年AIGC移动市场洞察[R/OL]. [2024-01-29]. https://www.data.ai/cn/insights/reports/aigc-app-report-2023/.

② 36氪. 2023"AIGC兴趣用户"洞察:AI绘画应用用户超千万,大厂创业者争抢布局[EB/OL]. [2024-04-11]. https://www.36kr.com/p/2210311704442244.

③ Saghiri A. M., Vahidipour S. M., Jabbarpour M. R., Sookhak M, Forestiero A. A Survey of Artificial Intelligence Challenges: Analyzing the Definitions, Relationships, and Evolutions [J]. Applied Sciences, 2022, 12(8): 4054.

个省市已经发布相关政策,积极推动人工智能技术在各类场景中应用,涉及金融、医疗、教育、制造、交通、农业、城市治理与建设等多个领域。

科普教育传播属于"新技术敏感型传播",经典的关于新媒体技术在科普传播中的应用研究显示,新媒体技术能够提升科普内容的传播效果。[1] 相关研究发现,VR、AR等新技术的使用会使得科普内容的呈现与传播形式变得更加丰富,更有利于"好奇传播"[2]。以此类推,AIGC技术作为最先进的内容生产的工具性要素,与科普的结合将是必然趋势。在以往经年累月科学文化学习的过程中,文字传播常常使得科学信息与个人特色相剥离,造成内容与个体表达的断裂,这种"去个性化"的传播方式,加上科学知识内容本身的"晦涩",往往让科学传播显得枯燥无味,缺少个性的吸引力。而教科书般的视听内容也令知识传播显得呆板。AIGC技术与科普相结合具有广阔的实践场景与合作想象力,几乎所有的符号、文本、多媒体形式都可被唤起和利用,并适用于科普活动。[3] 而且以人工智能为新质生产力的技术驱动,不仅可以在内容供给层面产生效果,同时还会在传播动力、精准传播上降本增效。

2024年,政府工作报告明确提出要"深化大数据、人工智能等研发应用,开展'人工智能+'行动,打造具有国际竞争力的数字产业集群"。国家发改委也提出将推进"人工智能+"行动,推动人工智能技术与经济社会各领域深度融合,支撑各行业应用创新,赋能百业智能化转型升级,提高生产率,激发创新活力,重塑产业生态,培育经济发展新动能,形成更加广泛的以人工智能为创新要素的社会发展新形态。因此,科普教育对于人

---

[1] 史玥. 新媒体技术在科普传播中的应用[J]. 天津科技,2021(6):29—30+35.
[2] 丁育萍. 新媒体技术在科普传播中的应用研究[J]. 传媒论坛,2019(2):128+130.
[3] Zhang, M., Qamar, M., Kang, T., Jung, Y., Zhang, C., Bae, S. H., & Zhang, C. A Survey on Graph Diffusion Models: Generative AI in Science for Molecule, Protein and Material [J/OL]. arXiv e-prints, 2023,14(8):1—14.

工智能技术的采纳和普及，需要从创新链的视角出发，将科技资源贯穿科普化的全过程，包括机制设计、能力建设、转化路径和场景布局等环节，通过整合和再开发科技资源，促进知识流动和共享，提升全社会创新效率①。

二、人工智能生成内容（AIGC）技术概述与发展趋势

（一）人工智能生成内容技术概述

人工智能是计算机科学中的一个相对广泛的研究领域，人工智能生成内容技术是人工智能领域的一个重要分支，它涉及利用机器学习、深度学习等技术生成各种形式的数字内容，包括文本、图像、音频和视频等多模态②。

对于AIGC概念的界定，国内产学研各界对其的理解是继专业生成内容（professional generated content，PGC）和用户生成内容（user generated content，UGC）之后，利用人工智能技术自动生成内容的新型生产方式，在国际上对应的术语是人工智能合成媒体（AI-generated Media 或 Synthetic Media），定义是"通过人工智能算法对数据或媒体进行生产、操控和修改的统称"。中国信息通信研究院联合京东探索研究院2022年发布的《人工智能生成内容（AIGC）白皮书》认为，"AIGC既是从内容生产者视角进行分类的一类内容，又是一种内容生产方式，还是用于内容自动化生成的一类技术集合"③。

---

① 宋娴，朱雯文. 创新链视角下科技资源科普化的现实逻辑与实现路径[J]. 中国科学院院刊，2022(10)：1471—1481.
② UNCTAD. Information Economy Report：Digitalization，Trade and Development [R/OL]. [2017-10-23]. https://unctad.org/en/PublicationsLibrary/ier2017_en.pdf.
③ 中国信息通信研究院，京东探索研究院. 人工智能生成内容（AIGC）白皮书[R/OL]. [2022-09-25]. http://www.caict.ac.cn/kxyj/qwfb/bps/202209/P020220902534520798735.pdf.

AIGC 技术的萌芽可以追溯到 20 世纪 50 年代,当时基于马尔可夫链的作曲尝试标志着计算机创作的开始。随着自然语言处理(NLP)和计算机视觉等领域的发展,AIGC 技术逐渐成形。在 20 世纪 80 年代,IBM 的语音控制打字机 Tangora 和麻省理工学院的 Eliza 聊天机器人等都是早期尝试。进入 21 世纪,机器学习、深度学习的突破为 AIGC 的发展注入了新动力。2014 年,生成式对抗网络(GANs)的出现成为 AIGC 技术发展的重要里程碑。随后,诸如变分自编码器(VAEs)、循环神经网络(RNNs)等模型不断涌现,推动了 AIGC 技术的进步。AIGC 技术的应用经历了从实验性到实用性的转变,早期的应用主要集中在文本生成和简单图像创作上。随着技术的发展,AIGC 开始被应用于更广泛的领域,如广告、游戏、教育、金融等。目前,AIGC 技术的最新进展体现在多模态学习和模型的通用性上,其中包括 ChatGPT、Copilot、Gemini 和 LLaMA 等聊天机器人,Stable Diffusion、Midjourney 和 DALL-E 等文本转图像人工智能图像生成系统,以及 Sora 等文本转视频 AI 生成器等。此外,AIGC 技术也开始探索与增强现实(AR)、虚拟现实(VR)等技术的结合,以创造更加沉浸式的体验[1]。

在 AIGC 技术的发展过程中,一些关键人物和公司发挥了重要作用。例如,OpenAI 的创始人之一伊隆·马斯克(Elon Musk),虽然他后来离开了 OpenAI,但其对深度学习的贡献对 AIGC 领域产生了深远影响。Google 的 DeepMind 团队推出的 DVD-GAN 模型在视频生成方面取得了突破[2]。此外,IBM、Anthropic、微软、百度、腾讯等公司也在 AIGC 技术的研究和应用方面取得了显著成果(表1)。

---

[1] Cao, Y. et al. A Comprehensive Survey of AI-Generated Content (AIGC): A History of Generative AI from GAN to ChatGPT[J/OL]. arXiv preprint,2023,37(4):1—44.
[2] Zhang, C. et al. One Small Step for Generative AI, One Giant Leap for AGI: A Complete Survey on ChatGPT in AIGC Era[J/OL]. arXiv preprint,2023:1—29.

表 1　国际国内主流 AIGC 模型举例比较

模型名称	开发公司	生产模态	主要特点	是否支持 API 接口
OpenAI	OpenAI 公司	多模态	在自然语言处理领域具有高度声誉和技术实力,应用场景广泛	是
DALL-E	OpenAI 公司	图像	根据文本描述生成图像,推动文本到图像生成领域的发展	是
Stable Diffusion	Stability AI	图像	根据文字提示和风格类型生成高质量图像,可应用于艺术创作等领域	是
Synthesia	Synthesia 公司	视频	根据文字或音频输入生成逼真视频,可应用于商业演示等领域	未知
百度文心	百度	多模态	领先的中文语言大模型,处理中文能力强,有丰富的应用场景和生态	是
百川大模型	百川智能	多模态	模型规模大,具有高性能的自然语言处理和文本生成能力	是
阿里通义	阿里巴巴	多模态	强大的云计算基础设施,大模型定制化程度高,性能稳定	是
云雀大模型	字节跳动	多模态	优势集中在图像、视频领域,包括如何通过输入文本控制人物动作,如何增进视频的动态效果等	是
讯飞星火	科大讯飞	语音	语音识别与生成技术领先,语音大模型应用广泛	是

(二)人工智能生成内容技术的发展趋势

ourworldindata 网站数据显示,自 2020 年以来,人工智能的显著性使用经历了一系列变化:虽然涉及自然语言的部分依然是基础与主要部分,但音频、视频、多模态等相关的内容呈现出引人注目的变化。自 2023

年 11 月以来，随着美国 OpenAI 公司发布的 ChatGPT 大语言模型应用以及相关的系列多模态模型在世界范围内引发高度关注，AIGC 技术迅速发展并在多个领域展现出广泛的应用潜力（表 2）。

表 2　AIGC 技术自 2023 年以来发展情况

时间节点	技术特点	主要应用领域	代表性作品示例
2023 年初	基础模型的完善与应用探索	文本生成、图像编辑、虚拟助手	聊天机器人、内容推荐系统
2023 年中	多模态模型兴起	跨媒体内容生成	AI 绘画工具、AI 写作助手
2023 年末	深度学习与强化学习的融合	个性化内容推荐、自动化游戏设计	个性化内容生成系统
2024 年初	生成式对抗网络的发展	图像和视频生成	虚拟试衣、电影特效制作
2024 年至今	自然语言理解的深化、集成化与平台化	智能客服、情感分析、自动摘要、内容创作平台、社交媒体个性化内容	智能客服系统、一站式内容生成解决方案

随着技术的不断进步，未来 AIGC 有望在内容创作、个性化服务、智能交互等方面发挥更大作用，大模型将逐渐向行业倾斜，弥合通用技术与具体需求之间"最后一公里"的鸿沟，更为高性价比、专业精准地推动数字内容及相关产业的创新与发展。[①]

三、AIGC+ 科普：创新作品、专业机构与社交平台

依据罗杰斯在《创新的扩散》一书中从发展情况与市场渗透两个维度

---

① 腾讯研究院. 向 AI 前行 共筑新质生产力——行业大模型调研报告[R]. 2024.

对处于创新阶段的技术进行评估的理论,腾讯研究院发布的《行业大模型调研报告》显示,目前行业在大模型的采用上主要集中在两个阶段——探索孵化器和试验加速期,部分行业已经步入采纳成长期,但是尚未有行业达到成熟落地。其中,教育类的大部分行业均处于试验加速期,主要关注技术如何解决实际问题;而广告以及软件业则处于采纳成长期,文案生成、文生图、代码生成语数据分析等能力已经在被不少机构使用[①]。

由于科普教育处于科学、教育、设计、研发等学科与应用的交会之处,因此针对AIGC技术关于科普教育的问题解决能力以及如何在行业内进行创新式、普及性的使用成为当下最重要的主题。目前主流通过AIGC进行科普创作、创新的重要形式包括以下几个方面。(1)文本生成:AIGC技术可以根据给定的提示或问题自动生成解释性文本,比如使用ChatGPT进行的复杂对话和文本生成,可以使科普内容更加丰富、易于理解并且强于互动性。(2)图像生成:通过Midjourney、Stable Diffusion等模型和应用,可以根据描述生成与科普相关的多种形式的图像,并且可以一次性生成多种风格,增加科普视觉效果的吸引力和多样性。(3)音视频生成:AIGC技术可以根据文本描述、语音提示等生成逼真的音效和语音用于科普内容的配音或配乐,还可以生成情节连贯的科普视频用于教学视频、音乐视频等。(4)游戏设计:AIGC技术可以辅助设计教育性的互动游戏,增强游戏化学习知识的趣味性与科普效果。(5)虚拟人物:AIGC可以创建虚拟人讲师或游戏角色,通过虚拟人物进行科普教育和互动,甚至还可以"复活"历史上的科学家或重要人物,提升科普活动的逼真度、现场感与互动性。

(一)创新作品

经过半个多世纪的积累发展,随着数据快速增加、算力性能提升和算

---

① 腾讯研究院.向AI前行 共筑新质生产力——行业大模型调研报告[R].2024.

法效力增强,今天的人工智能不仅能够与人类进行互动,还可以写作、编曲、绘画、制作影音视频等。虽然通过AIGC进行的科普活动目前还处于创新摸索阶段,但已经诞生和形成了一批具有代表性的作品、机构和成果。

2017年,微软的人工智能少女"小冰"推出了世界上首部完全由AI写作的诗集《阳光失了玻璃窗》,展示了AI在文学创作方面的能力;2018年,人工智能生成的画作在佳士得拍出43.25万美元成交价,成为世界上首个出售的人工智能艺术品;2021年末,贝多芬管弦乐团在波恩首演贝多芬未完成之作《第十交响曲》,该乐谱即为AI基于对贝多芬过往作品的大量学习进行的自动续写;2022年,一幅由美国游戏设计师Jason Allen通过Midjourney软件生成的AI画作《太空歌剧院》在美国科罗拉多州的数字艺术比赛中获得一等奖,引发各界对AIGC技术的广泛关注;2024年3月,OpenAI一次放出7部由视觉艺术家、设计师、创意总监和电影制作人用Sora创作的视频作品,7部AI短片加上配音和旁白,效果非常惊艳。尤其当中有一部以"神奇动物"为主题的视频动画,呈现了包括狐狸鸟、猫咪鱼、火烈鸟长颈鹿、鲸鱼章鱼、蜜蜂蜘蛛、猪鸟、穿山甲兔子、鳞片鹿等令人脑洞大开的融合生物,视频处理保留了各个动物的运动特点,非常"逼真"。

在国内,喜马拉雅运用TTS技术重现了单田芳声音版本的《毛氏三兄弟》和历史类作品。光明网的科普事业部拥能够围绕社会热点及时生产形式丰富的科普内容,现在已为中国科学技术协会、中国科学院动物研究所、中国科学院软件研究所、国家天文台、生态环境部、农业农村部、中国数字科技馆、首都之窗、北京发布、中国农学会、中国营养学会等10余家机构提供专业的科普内容,讲述复杂的科学知识。例如,《AIGC科普视频|4月新规来了,带你一分钟看懂》[1]即光明网科普事业部生产发布的

---

[1] 光明网. AIGC科普视频|4月新规来了,带你一分钟看懂[N/OL]. [2024-04-01]. https://kepu.gmw.cn/2024/04/01/content_37240007.htm.

AIGC科普视频,该视频将2024年4月1日起一批将正式施行的新规,通过简洁易懂的语言向社会普及,其中涉及婴幼儿托育服务、食品过度包装、快递服务等多种标准和内容。这些形式和代表作品展示了AIGC技术在科普领域的多样化应用和巨大潜力。

(二)专业机构

博物馆是科普的专业机构,随着AIGC技术的进步,未来博物馆传播会有更多创新的科普形式和作品出现。故宫博物院的黄墨樵副研究馆员提到,人工智能是要让人更真切地感受博物馆之美,表明了博物馆对AIGC等新兴技术的关注和应用潜力[1]。国外一些博物馆和艺术机构已经开始探索使用AIGC技术来增强展览体验和教育活动。如巴塞罗那毕加索博物馆利用AIGC技术生成逼真的虚拟展品,为观众提供交互式装置和沉浸式体验,使艺术以全新的方式呈现;法国的巴黎圣母院在遭受火灾后,由于法国政府先期已经完成了对重大历史名胜建筑的数字化工作,并在现实中已经应用到游戏、机器人导览等方面,因此AI技术帮助实现了巴黎圣母院的精准修复;英国国家美术馆也与上海博物馆合作举办探索数字化技术在艺术展览中的应用。

一些展馆和科研单位已开始使用AIGC进行策展、展览与研究,探索由数字典藏、数字制造再到AIGC的角色转变[2]。如中国数字科技馆使用AIGC工具导航进行展览和科普活动,敦煌研究院尝试使用AI技术打破地理空间限制,通过激光扫描、照片重建等技术结合游戏引擎,以毫米级精度1∶1还原藏经洞内的壁画、文物细节,实现物理场景的数字化高保真复现;澄江化石地世界自然遗产博物馆利用AIGC技术让观众回到

---

[1] 何亮. AI赋能博物馆 数字化仍是主流方向[N/OL].[2018-11-26]. https://www.cac.gov.cn/2018-11/26/c_1123765646.htm.

[2] 施登腾. 从数位典藏到数位制造:AIGC的机遇与代价[J].台湾博物季刊,2023,42(4):16—23.

寒武纪世界,探索远古生命密码,展示地球生命演化的神奇;河南博物院融合 AI 技术打造"元宇宙"展厅,提供 AI 数字人讲解、多形式文物体验、3D 展厅游览等;大报恩寺遗址博物馆作为"揽博南京"云平台的一部分,利用 AI 技术推出博物智能馆长、知识图谱、"AI 换脸"元宇宙探秘等服务;北京工艺美术博物馆与北京时间合作,打造了"AI 数字人＋公共服务"的藏品互动讲解,以及结合 AIGC 技术制作的短片;中国动漫博物馆举办"时空博物馆"AIGC 数字艺术创作大赛获奖作品展;上海市青浦区科技馆邀请专家为学生解密人工智能和 AIGC 的概念、特点和应用领域,探讨未来面临的问题与挑战;北京广播电视台与北京工艺美术博物馆联合发布融合"8K 超高清视频、虚拟数字人和 AIGC 技术"的主题宣传片;中央美术学院举办"博物馆数字艺术与 AIGC 探索"高级训练营,探讨 AIGC 在博物馆展示和传播中的应用;海合安集团与 AITOP100 平台联合发起首届"为海发声"AIGC 创意挑战大赛,旨在通过人工智能与艺术的结合,激发全球创作者的潜能,呼吁社会关注海洋保护,这场比赛将成为全球创意人士及 AIGC 艺术家展示才华、传播环保理念的舞台。AIGC 技术在博物馆和艺术领域的应用正在逐步展开,为观众提供了更加丰富、互动和个性化的展览体验,同时也推动了科普教育和文化传播的创新。随着技术的发展,预计未来会有更多博物馆和艺术机构采用 AIGC 技术进行展览和教育活动。

一些媒体和专业研究机构也在探索采用和使用 AIGC 进行内容生产,甚至直接进行学术生产。澎湃新闻提供了 AIGC 在营销领域的应用案例,包括麦当劳、可口可乐等品牌如何利用 AIGC 技术进行创意营销[1];数英用 22 个概念讨论了 AIGC 在广告营销中的应用,包括互动营销升级和广告大片制作中的 AIGC 技术应用[2];亿欧发布了 AIGC 产业

---

[1] 金鑫 YOYO. 现实地讲讲 AIGC 在广告营销行业的场景应用[N/OL]. https://www.thepaper.cn/newsDetail_forward_27087061.

[2] 数英. 一次性搞懂什么是 AIGC! [EB/OL]. https://www.digitaling.com/articles/934226.html.

应用研究报告,探讨总结科普 AIGC 的商业落地场景和行业应用案例[1];清华大学新闻与传播学院元宇宙文化实验室于 2023 年发布了《AIGC 发展研究报告 1.0》,分为技术、产业、评测、职业、风险、哲理、未来 7 个篇章,对 AIGC 发展趋势进行预测与展望,而这份报告本身有 60%都是由 AI 自动生成的[2]。到了 2024 年 1 月,该实验室又发布了《AIGC 发展研究资料 2.0》,其中 80%都是 AI 自动生成的。

(三) 社交平台

社交媒体平台是科普活动与实践的重要载体。2024 年 5 月 27 日,抖音发布的《2024 抖音自然科学数据报告》显示,在过去的一年里,抖音平台上自然科学内容的点赞量超过了 77.3 亿人次,相关内容的投稿量相较于前一年增长 169%。其中,数学作为自然科学的重要研究工具受到最多关注,相关视频播放量超 725 亿次,相对"冷门"的天文学,在抖音的播放量也近 105 亿次。在最喜欢看自然科学相关内容的抖音用户中,广东、河南、江苏三个省份位居前三。年龄分布上,31—40 岁的用户是自然科学内容消费的主力军。目前,抖音平台上科学实验类短视频累计时长已近 2.3 亿小时,相当于 3 亿多节科学课的时长。在过去一年里,超过 346 亿人次观看了自然科学相关内容,这些内容累计获得点赞 4.63 亿人次,且有超过 8831 万人次选择将其分享[3]。

---

[1] 千际投行.2024 年中国 AIGC 产业研究报告[R/OL]. https://www.21jingji.com/article/20240328/herald/d8fd48604b08e4a76bb29af200310010.html.

[2] 搜狐网.2023 年 AIGC 发展研究报告 1.0 版[R/OL].「2024-07-14」. https://www.sohu.com/a/699503833_121740962.

[3] 中国日报网.抖音发布 2024 自然科学数据报告,过去一年 77 亿人次为相关内容点赞[N/OL].[2024-05-08]. https://cn.chinadaily.com.cn/a/202405/28/WS6655b4aba3109f7860ddfd6d.html.

在平台上抽象知识不断"去神秘化",科普不再遥不可及,科普短视频的价值也随之不断增长。一项基于 B 站 325 条科普视频样本的实证研究,通过构建一个科普互动视频传播效果的影响因素模型发现,启发式线索是导致科普互动视频的传播效果差异较大的重要因素,用户对视频的第一印象在很大程度上决定了视频的传播效果。其中,获取成本低、易于理解的科普内容传播效果更好,"成就型交互"动机是影响传播效果的关键因素。恰当的互动频次可以优化科普传播效果,创作者的粉丝量和视频交互动机对传播效果具有交互影响作用[①]。

随着 AIGC 技术在科普领域的应用日益广泛,社交媒体平台上的博主和作者也开始利用这项技术创作内容,提高科普效率和质量。如在 B 站上,以"科普""AIGC""人工智能"等关键词进行搜索,可以得到 1000＋条内容,分布在 99＋个频道上。在社交媒体上使用 AIGC 技术进行科普的博主与作者主要分成两大类型:一种是科技类博主,他们主要宣讲、科普关于 AIGC 的硬知识,普及人工智能的技术应用;另一种则是多种垂类内容的博主,AIGC 是他们降本增效、提升文化资本的"利器"。在国内,这些博主主要聚集在如微博、抖音、B 站、小红书等社交媒体平台,也有一些有自己单独开设账号的平台或网站。内容平台对该类型的博主、博文普遍非常支持,通过流量供给、支持计划等鼓励博主进行相关内容的创作和发布。

社交平台上,科普博主对 AIGC 技术的使用与生产,推动了相关的科普视频、文章、书籍等从"娱乐至死"走向"知识不朽"。在这个过程中,科学知识转化为易于理解的形式广泛传播,进而促进了尊重科学、追求知识、全民学习的社会风尚的形成。如"跟李沐学 AI"是由亚马逊资深首席

---

① 王妍.科普互动视频信息传播效果影响因素的实证研究——以 B 站为例[J].科普研究,2022(3):26—37＋106.

科学家在 B 站开设的专注于 AIGC 技术的硬核科普账号,它从多角度解读 AIGC 的背景、原理和社会影响;"花儿翟"在简书平台发布 AIGC 普适性科普课程,推出 10 讲系列内容,旨在揭开 AIGC 技术的神秘面纱,普及 AIGC 相关知识;用户 ai_dooo 在 B 站上发布制作机甲字体 Lora 视频,Lora 可用于生成机甲类立体字体或者 Logo,引发粉丝学习字体设计的热情;蒙胜宇作为 AI 创作者在科普创作中融合 AIGC 技术,探讨如何在 AIGC 技术浪潮中保持创作的独特性和深度;中央戏剧学院教授刘天池对 AIGC 在艺术创作中的作用进行了深入的科普解读;科幻作家陈楸帆在科幻创作中讨论了 AIGC 对科幻创作的影响及其在科幻领域的应用;杜雨、张孜铭合著的《AIGC——智能创作时代》一书,作为科普读物向读者介绍 AIGC 技术的源起、商业落地场景和对未来科技的影响;腾讯音乐娱乐集团 CEO 梁柱对 AIGC 在音乐科技中应用的前景进行了科普。他们的工作有助于公众更好地理解 AIGC 技术及其在各个领域的应用潜力,优质科普内容就像一个双向放大镜,既放大了用户对平台的兴趣与依赖,也放大了平台对用户需求的深入理解,促进知识传播。

四、AIGC+ 科普:助推发展与安全可靠间的平衡

将精英的、隐性的、抽象的知识内容转换为大众的、显性的、具象的知识内容,这不仅为科学"祛魅",同时还实现了科学普及的重要价值。传统的科普教育在向受众和用户传播基础科学、应用科学以及前沿科技等各类科学知识时,丰富多样的节目和互动形式可激发广大网友对科学的兴趣。但在互联网、社交媒体时代,注意力分散是常态,传统的科普形式也面临问题与挑战。首先,科普资源分配不均,内容更新缓慢:受资金和人力限制,高质量的科普资源往往集中在城市和发达地区,而农村和偏远地区的科普资源相对匮乏;传统科普材料的更新速度跟不上科学发展的步

伐,导致公众获取的信息可能已经过时,难以适应快速变化的社会和科技环境。其次,内容专业门槛较高,传统形式较为单一:一些科普内容本身存在一定的学科壁垒,传统的科普教育多采用书籍、讲座等形式,缺乏互动性和趣味性,内容往往一刀切,过于专业或晦涩,难以满足不同受众的个性化需求和兴趣点,不易吸引年轻一代的兴趣。再次,评估和反馈机制不足,受众参与度低:传统科普活动往往是单向传播,依赖于线下活动、出版物等渠道,覆盖面和传播效率有限,缺乏有效的互动和参与机制,降低了受众的参与度和学习动力。最后,文化和语言障碍也使得不同文化和语言背景下的科普活动难以跨越障碍,实现跨文化交流。

采用AIGC技术进行线上科普具有以下优势。(1)高效内容生成:AIGC技术能够快速生成大量科普内容,提高内容生产的效率。(2)个性化定制:可以根据用户的兴趣和需求定制个性化的科普内容,提高用户的阅读体验。(3)多模态呈现:多模态是人类世界的本来面貌,大模型技术正实现从文本、图像、音视频到分子、原子结构等各类模态的生成,使得科普更加生动和直观。(4)持续更新:AIGC可以持续追踪最新的科研成果,并及时更新科普内容,确保信息的时效性。(5)降低成本:自动化的内容生成减少了对专业科普作者的依赖,从而降低了内容生产的成本。(6)互动性:AIGC技术可以提供交互式的学习体验,例如通过智能问答系统回答用户问题,提高科普的互动性。(7)广泛覆盖:AIGC技术可以覆盖更广泛的主题和领域,不受传统内容创作者知识范围的限制。

但不容忽视的是,采用AIGC进行科普内容创作、科普活动时间也存在以下不足。(1)准确性问题:AIGC技术可能在内容准确性上存在偏差,特别是在处理复杂或专业领域的科普时。(2)缺乏深度性:自动生成的内容可能在深度和细节上不如专业作者撰写的文章丰富和深入。(3)创新性有限:AIGC技术依赖于现有数据和模式,在创新性和原创性方面具有较强的路径依赖,很难有革命性的创新。(4)需要额外核实:自动生成的内容需要人工审核和校对,以确保质量和准确性,这增加了额外的工作量。(5)用户信任度不足:用户可能对AIGC生成的内容持怀疑态度,尤其是当内容涉及权威性和专业性时,以B站的AIGC科普创作为例,虽然有上千条相关的视频条目,但是点赞量最多的只有11个赞。(6)版权与伦理问题:使用AIGC技术可能涉及训练数据和资料的版权以及科研伦理问题,例如内容的原创性和数据的隐私性。(7)导致技术依赖:过度依赖AIGC技术可能导致科普内容的同质化,缺乏多样性和个性化。

通过引入AIGC等新兴技术,有望解决传统科普教育中的部分问题,提升科普活动的效率、质量和普及度。同时,所有参与创新科普教育活动的主体也需要在创新和传统之间找到平衡,确保科普活动既有趣又准确①。在理想情况下,AIGC等新兴技术可以通过以下方式解决传统科普活动中存在的问题。(1)快速更新内容:AIGC能够根据最新的科研成果快速生成或更新科普内容,确保信息的时效性。(2)丰富内容形式:AIGC支持生成文本、图像、视频和音频等多种形式的内容,提高科普的趣味性和互动性。(3)提供个性化定制:AIGC技术可以根据用户的兴趣和需求定制个性化的科普内容,提升用户体验。(4)提高受众参与度:结合AIGC和其他交互技术,如AR和(或)VR,可以创建沉浸式科普体验,提高受众的参与度。(5)扩大传播渠道:通过互联网和社交媒体平台,AIGC生成的内容可以迅速传播,扩大科普的覆盖范围。(6)降低专业门槛:AIGC可以帮助将复杂的科学概念转化为易于理解的语言,降低科普的专业门槛。(7)创新科普形式:AIGC技术的应用为科普活动带来创新,如通过AI角色进行讲解,或生成互动式故事。(8)优化资源分

---

① 徐嘉,刘宇.科普视频信息传播效果的影响因素研究——以"二次元的中科院物理所"B站账号为例[J].图书馆杂志,2023(11):108—116.

配：AIGC可以帮助生成多语言和适应不同文化背景的科普内容，促进资源的均衡分配。(9)提供持续评估与反馈：结合数据分析技术，AIGC系统可以根据用户反馈进行持续优化。

此外，AIGC还可以同其他新兴技术相结合，共同提升科普效果。(1)增强现实(AR)：通过AR技术，用户可以在现实世界中与虚拟信息进行互动，增强科普的直观性和互动性。(2)虚拟现实(VR)：VR技术可以创建沉浸式环境，让用户在模拟环境"元宇宙"中体验科学现象。(3)区块链：区块链技术可以确保科普内容的来源可追溯，协助人工对科普信息和内容进行核查，提高内容的真实性和可靠性。(4)物联网(IoT)：IoT技术可以充分收集和分析环境数据和用户数据，为科普活动提供实时的、定制化的信息与反馈。(5)5G和(或)6G通信技术：5G和(或)6G网络的高速和低延迟特性可以支持更高质量的视频内容和实时交互体验，使得基于AIGC技术的多模态内容传输更加逼真、全息，减少延时。(6)机器学习与数据分析：通过机器学习分析用户行为数据，科普内容生产者可以更加了解用户和受众的喜好，预测其未来的需求，更精准地推送科普内容甚至建构用户的品位。(7)量子计算：虽然目前尚未普及，但量子计算的潜力可以在未来极大提高数据处理速度，量子计算机可以处理更为海量的数据与计算，为科普内容的生成和分析提供支持。(8)生物识别技术：在用户知情同意的基础上，面部识别、语音识别等可以提供更为个性化的科普体验，甚至可以检测和诊断用户的生理、心理健康情况。(9)机器人技术：机器人可以作为科普教育的辅助工具，进行现场讲解或互动，未来人形机器人将更为广泛深入地参与到各大科普场馆、场景中，实现更为和谐的人机互动。(10)无人机技术：无人机技术目前已经较为广泛地用于科学探索和数据收集，可以为科普活动提供独特的视角和信息。

未来，通过AIGC做科普的预计会呈现以下显著趋势，与以往相比显示出巨大进步：随着深度学习算法的不断优化和模型参数的增加，AIGC技术的准确性和生成质量将得到显著提升；AIGC 技术将能够生成更加丰富和互动的多模态内容，如结合文本、图像、视频和音频的科普材料，可以将更加个性化的内容根据用户的特定需求和兴趣生成定制化的科普内容，再决定推荐给哪些用户群体，并根据用户反馈进行动态学习和优化；通过 AIGC 技术，用户可以更深入地参与到科普内容的创作和交互中，提高科普的吸引力和教育效果；AIGC 技术可以帮助生成多种语言和形式的科普内容，实时更新最新的科研成果，使得科普知识更加普及和易于获取；随着对 AIGC 技术伦理和版权问题认识的深入，将有更明确的指导原则和法规来规范 AIGC 内容的生成和使用；开源 AIGC 模型和工具的普及将促进科研人员、教育工作者和爱好者之间的协作，共同推动科普内容的创新。AIGC 技术将在更多学科领域得到应用，如医学、环境科学、天文学等，推动跨学科的科普教育。当然，未来也可能会出现新的商业模式，如基于订阅的服务、按需生成内容的付费模式等，为科普内容的创作和分发提供可持续的支持，更加生动高效、更好地满足公众的科学知识需求的科普服务将被更多地研发推广。

五、 AIGC+ 科普创新建设的对策建议

为了促进 AIGC 在线上科普中的有效应用，并确保内容的准确性、深度、创新性，同时保护版权和用户隐私，《生成式人工智能服务管理暂行办法》作为国家层面针对 AIGC 产业出台的重要政策文件，奠定了我国对于 AIGC 产业包容审慎、分级分类监管的基本态度。该政策明确了生成式人工智能服务提供者应承担的网络信息安全和个人信息保护等社会责任，提出了进行安全评估与备案、对生成内容进行明确标识等服务规范的要求。与之相关的创新建设参考建议如下。

第一,鼓励创新机制,融合多模态内容,开发交互式的科普工具,提高用户的参与度和学习效果。充分利用 AIGC 技术生成图像、视频、音频等多模态内容,使科普更加生动和易于理解;提升模型的交互式学习体验,如模拟实验、问答系统等,促进跨学科的科普内容创新;鼓励 AIGC 模型开发创新性内容,如通过算法竞赛或奖励机制等激发模型生成新颖的科普内容。

第二,对数据源进行筛选,建立高质量的数据库,确保 AIGC 训练使用的数据源是权威和可靠的,从源头上保证内容的质量。对 AIGC 模型进行细化训练,使其能够理解并生成更深层次的科学概念和复杂的逻辑关系。定期更新 AIGC 模型,保持模型学习最新的科普知识和用户反馈,不断迭代优化内容生成算法。

第三,强化专业的审核机制,完善人机协作模式。在进行科普内容生产时,让 AIGC 作为辅助工具,提供创意和初稿,而由人类专家负责深化内容和提炼观点。通过建立专业的内容审核团队,由领域专家对 AIGC 生成的内容进行审核和校对,确保科普信息的科学性和准确性。

第四,遵循伦理标准和法律规定,保护版权和用户隐私:在使用 AIGC 生成内容时,应明确版权信息,尊重原创内容的版权,避免侵权行为;在收集和使用用户数据时,严格遵守隐私保护法规,对用户数据进行匿名化处理,特别是敏感话题和用户隐私数据,确保数据不被泄露。

第五,建立用户反馈机制,让用户能够评价和建议科普内容,以此作为改进 AIGC 模型的依据。对科普工作者定期进行专题性质的 AIGC 技术教育与培训,提高科普工作者使用该技术进行科普创作的能力。

希望通过这些措施可以最大化地提升 AIGC 技术在科普领域的潜力,同时确保科普内容的质量和用户的信任。

六、AIGC+ 科普创意应用的评估框架

腾讯集团副总裁蒋杰认为，应用场景是大模型的"磨刀石"。积极推动大模型与各类业务的结合，同时在文化消费、生产提效、科技普惠等多个领域探索落地场景，有助于探索和发掘大模型的真正应用价值[①]。为了进一步落实将 AIGC 技术充分、高效、最大潜能地应用在科普教育领域，参与创新科普教育活动的主体也需要一套评估标准来对 AIGC 的成效进行评估。在科普教育领域，AIGC 的应用评估框架应该包含多个维度、多元理论和多种方法。这将有助于客观评价 AIGC 科普活动的成效与能力、进行科学管理及正确指导，确保科普活动的有效性和影响，不断优化和提升科普教育的质量和效果。据此本报告设计了初步的 AIGC 科普教育评估框架，该框架分为三个主要部分，包括评估的理论与方法、综合评估框架，以及社交媒体平台传播效果评估，供相关专业和创新 AIGC 科普教育的主体参考借鉴。

（一）AIGC 科普教育评估的理念与方法

AIGC 科普能力评估理念：建立 AIGC 科普能力评估理念是构建评估体系的出发点，它包括对 AIGC 科普能力进行客观评价、科学管理、正确指导和提升功能四个方面。

AIGC 科普效果评估理论：结合传播学理论，可以评估 AIGC 科普信息的传播效果，包括信息的接收、理解和行为改变等。

AIGC 科普评估体系构建：需要构建一个全面的评估体系，包括基础设施、生成质量、公共服务、安全保障、管理服务等方面。

AIGC 科普评估标准制定：制定具体的 AIGC 科普评估标准，涵盖评

---

① 腾讯研究院：向 AI 前行 共筑新质生产力——行业大模型调研报告[R]，2024.

估对象的多个方面,包括内容质量、传播效果、用户互动、社会效益、信息安全等。

AIGC 科普案例库建设:通过分析国内外机构 AIGC 科普教育活动的经典与创新案例,深入理解 AIGC 科普教育的特点与理念,总结理论与实践经验。

AIGC 科普评估研究:开展 AIGC 科普评估研究,梳理 AIGC 科普的背景和发展历程,促进科普事业创新与高质量发展。

AIGC 科普经验交流:针对 AIGC 科普教育的理念、案例与实践,展开多种主题与方式的研讨会、展览、比赛、活动等,推动 AIGC 科普教育的先进理念与最佳案例得到业内与媒体上的传播交流,增进社会对 AIGC 科普的关注与支持。

(二) AIGC 科普教育的综合评估框架

AIGC 科普教育的综合评估框架需要结合教育效果、用户参与、内容质量、技术应用等方面的多种指标。

AIGC 科普教育的效果评估:

- 学习成果:评估 AIGC 科普内容对提升受众知识水平和理解能力的影响。
- 知识保持:测量受众在一段时间后对 AIGC 科普内容的记忆和应用情况。

AIGC 科普教育的用户参与度评估:

- 互动性:分析受众与 AIGC 科普内容的互动频率和深度。
- 受众反馈:通过调查问卷、评论和反馈收集受众对 AIGC 科普内容的满意度和建议。

AIGC 科普教育的内容质量评估:

- 准确性:确保 AIGC 生成内容的事实性和科学性。

• 可读性：评估 AIGC 生成内容是否易于理解和接受，适合目标受众。

AIGC 科普教育的技术应用评估：

• 技术创新性：评价 AIGC 技术在科普中的创新应用和创意表达。

• 技术可靠性：评估 AIGC 系统的稳定性和生成内容的一致性。

AIGC 科普教育的社会影响评估：

• 社会认知与态度：分析 AIGC 科普对公众科学认知和态度的影响。

• 政策和法规遵循：确保 AIGC 科普活动遵守相关法律法规和伦理标准。

AIGC 科普教育的可扩展性与可持续性评估：

• 可扩展性：评估 AIGC 科普解决方案的适应性和扩展到更广泛受众的潜力。

• 可持续性：考虑 AIGC 科普活动的长期运行和维护成本。

AIGC 科普教育的数据驱动评估：

• 利用数据分析工具来量化评估指标，如用户参与度和内容传播效果等。

AIGC 科普教育的多维度反馈循环：

• 建立一个包含用户、教育者和技术开发者在内的反馈机制。

• 持续优化 AIGC 科普教育的内容和方法。

AIGC 科普教育的风险管理：

• 评估与 AIGC 技术相关的潜在风险，如信息误导、数据隐私和伦理问题等。

• 制定相应的 AIGC 科普教育风险管理机制与应急策略。

AIGC 科普教育的合规性检查：

• 确保 AIGC 科普教育的内容和活动遵循教育、技术和版权方面的合规性要求。

(三) AIGC 科普教育在社交媒体平台传播的效果评估

对采用 AIGC 技术在社交媒体平台上进行科普教育的博主、网红、微名人的传播能力与传播效果进行评估,可采用以下多种相关理论与分析框架。

科普博主粉丝画像:评估科普博主的粉丝数量和质量,包括年龄、性别、地理位置和兴趣爱好等,形成粉丝画像。

社交媒体互动分析:通过点赞、评论和分享数据来量化评估科普博主的粉丝活跃度和对内容的兴趣度,同时考虑评论区、互动区的粉丝忠诚度与评论质量。

AIGC 内容质量评估:分析科普博主内容使用 AIGC 创作的创意性和形式新颖性,包括多模态内容生成、媒体融合技巧、内容生成增强等,以及内容是否具有独特的风格和创意。

AIGC 专业知识评估:考虑科普博主是否在特定的垂直领域具有专业知识和影响力,以及他们是否能够通过 AIGC 精准地传递内容信息。

品牌合作和口碑评估:了解科普博主过去的品牌合作和市场口碑,评估他们与知名品牌合作的效果和反馈,以及这些资源能否延续和融入当下通过 AIGC 进行的科普传播。

可信度与真实性评估:评估科普博主 AIGC 内容生成的可信度与真实性,包括他们是否确认使用了 AIGC 技术,相关生成的内容是否保持真实性和原创性,以及不从事虚假宣传或欺诈行为。

跨界传播能力评估:评估科普博主使用 AIGC 融合与跨界的能力,包括是否在多平台进行科普传播,是否有较为稳定的合作者,以及评估其 AIGC 联合内容生产、潜在市场拓展、创新技术支撑能力等。

从科普受众到科学桌游玩家：
转化路径的可能性
——对部分上海科技馆科普项目的初步调研分析[①]

方 方 黄昊天[②]

摘要 近年来，上海科技馆在科普影视科学桌游中进行探索与尝试，完成了一系列具备一定社会影响力的作品，通过使用问卷调查，对当前主流受众对科普类视频内容与科学桌游在受众和桌游玩家中的影响与偏好进行了调查分析，并结合当前科普影视与桌游行业发展的特点，对上海科技馆桌游与影视内容的进一步策划研发提供参考建议。

关键字 科普影视；科学桌游；桌面游戏；桌游玩法；科普场馆；受众调查；人口分层

一、引言

科学普及在现代社会中扮演着重要角色，不仅提升了公众的科学素养，也促进了科学知识的广泛传播。作为科普的重要载体，科学影视和科学桌游近年来受到了越来越多的关注和重视。上海科技馆作为国内知名的科普机构，自 2009 年以来在科学影视内容创作和科学游戏领域进行了

[①] 本文为上海科技馆科普智库科研创新平台开放课题资助成果。
[②] 方方，通讯作者，上海外国语大学贤达学院教授、艺术传媒学院院长，主要研究方向为艺术学、科普影视受众分析；黄昊天，上海戏剧学院媒介研究中心工程师，主要研究方向为受众样本分析。

积极的探索和尝试,积累了丰富的经验并取得了一定的成果。本研究旨在分析从科普受众到科学桌游玩家的转化路径,通过对部分上海科技馆科普项目的初步调研,探索其成功经验和改进空间。

上海科技馆自 2009 年开始致力于科学影视内容的创作,到 2023 年底,共完成了《中国珍稀物种》系列科普纪录片 14 部,其他纪录片 3 部,以及 11 部 4D 科普电影。这些影片不仅在上海科技馆内 4D 影院播放,还获得了国内外的诸多荣誉[①]。其中,《中国珍稀物种》系列科普纪录片在 2018 年荣获国家科技进步奖二等奖,展示了上海科技馆在科学影视制作领域的卓越成果。

自 2019 年起,上海科技馆进一步拓展了科学游戏领域。完成了一些试验性质的科学电子游戏之后,上海科技馆于 2022 年开始在实体桌面游戏方面发力。以《中国珍稀物种》系列纪录片的 IP 热度和科学创意内容为核心题材,合作国内专业桌游制作发行力量,创作并发行了《中国国家公园》系列桌游。2024 年 7 月,上海科技馆举办了"我们的国家公园"上海市首届青少年科学桌游挑战活动,进一步推动了科学桌游的普及与发展。

本研究的主要目的在于:

(1) 梳理当前具备科普功能的影视内容的类型特点,调查科学影视的传播特性,分析受众对不同作品形式的偏好与关注点。

(2) 梳理科学桌游对国内现有桌游玩家群体和非桌游玩家群体的影响因素,调研非玩家、普通玩家与核心玩家等不同玩家群体对科学桌游以及桌游类文创产品的接受度和参与游戏意愿。

(3) 比较科学视频受众和桌游玩家群体对科普场馆、科学视频和科

---

① 岳靓,王小龙.2018 年度国家科学技术奖励名单,国家自然科学基金委员会科学传播中心[EB/OL].[2018-01-08]. https://www.nsfc.gov.cn/csc_phone/kqkd29/kjyql/34383/index.html.

学桌游的参观、观看和游玩习惯,研究不同形式作品的联动,探索未来扩大科普受众的融合创新途径。

随着科技的发展和生活方式的改变,科普内容的传播形式也在不断创新。科学影视和科学桌游作为新兴的科普形式,具有直观、生动、互动性强等特点,能够更好地吸引公众的兴趣和参与。本研究对上海科技馆科学项目的调研分析,不仅有助于总结其成功经验,为其他科普机构提供借鉴,还能为科学内容的创作和推广提供新的思路和方法。此外,研究科普受众向科学桌游玩家的转化路径,有助于了解公众对科学内容的需求和偏好,从而更有效地设计和推广科学产品,提升公众科学素养,促进科普事业的发展。通过本研究,可以为上海科技馆未来在科学桌游和科学影视内容上的进一步创新和发展提供科学依据和参考建议。

二、研究方法

本研究采用问卷调查的方法,旨在分析科普受众向科学桌游玩家的转化路径。为此,我们设计了两份问卷,分别针对科普视频受众和科学桌游玩家进行调查。科普视频调查问卷旨在了解受众对不同类型科普视频的观看习惯和偏好。该问卷包括几个关键部分:受访者的基本人口信息(如性别、年龄等),近年来参观科普场馆和展览的情况,以及他们对不同类型科普视频(如网络科普短视频、自然类个人播客视频、国产自然类专题片、进口自然专题片、讲座和课程类视频、手绘或卡通科普视频)的兴趣程度及具体偏好。科学桌游调查问卷则聚焦于科学桌游玩家的游戏经历、偏好和购买意愿,内容包括受访者的基本人口信息,是否参与过科学桌游及其频率,以及他们对不同类型科学桌游的兴趣程度和具体偏好。

为了确保样本的代表性,本研究对目标样本进行了合理的人口分层,样本主要基于年龄、性别、地域、职业和教育水平等维度进行分层。其中,年龄维度将样本分为70岁以下的5个年龄组;性别维度确保男女比例的均衡;地域维度主要集中在一二线城市或大城市圈附近,以考虑这些地区科普场馆参观的便利性;职业和教育水平维度则涵盖不同职业和教育背景的受众,以反映多样化的人群特征。

问卷通过腾讯问卷平台以电子形式发放,以确保数据收集的便捷性和有效性。为适应不同受众的使用习惯,问卷同时通过浏览器端和移动端进行发放。在浏览器端,受访者可通过兼容谷歌 Chrome、微软 Edge 等浏览器的个人电脑端访问并填写问卷;而在移动端,问卷则通过微信、腾讯 QQ 等社交软件分享,受访者可以使用智能手机和平板设备进行填写。为了确保数据的真实性,部分题目设计了视频观看环节[①],要求受访者在回答相关问题时先观看一段视频内容,并提示他们佩戴耳机或确保有音源输出设备,以保证观看效果。

本研究在问卷逻辑设计上也做了精心安排。第一,采用分层提问的方式,根据受访者的选择,显示符合其个人偏好的问题。例如,选择了"网络科普短视频"与"讲座和课程类视频"的受访者只要回答与这两类视频相关的问题。第二,设计了动态跳转机制。如果受访者选择未曾参与桌游游戏,问卷将直接跳转至桌游介绍视频及其后续相关问题,从而避免无关问题,确保数据的有效性。

数据收集通过腾讯问卷平台完成,最终分别回收有效问卷1002份和1107份。数据分析主要采用描述统计和交叉分析的方法,对不同变量之间的关系进行探讨。通过这些分析,本研究力求揭示科普受众向科学桌游玩家的转化路径及其影响因素,并为上海科技馆及其他科普机构在科学内容的创作和推广方面提供科学依据和参考建议。

---

① Fend1118.[开箱、教程、评价]动物保护主题的拼图桌游——《大熊猫国家公园》[Z/OL].[2023-11-12]. https://www.bilibili.com/video/BV1bw411W7HK/?spm_id_from=333.999.0.0&vd_source=f4df1eefd9b52ddabad4271242468900.

三、科普视频受众调查结果

(一)样本概况

本次调查显示,大多数受访者对科普视频有较高的观看兴趣,特别是在网络视频平台上。问卷浏览次数为3452次,参与答题人数为1156人,完成有效答题的样本总数为1002人。在这些样本中,女性样本为526人,男性为476人(图1)。

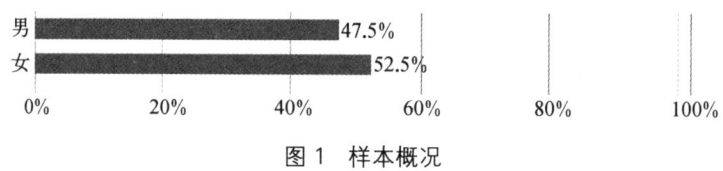

图 1 样本概况

调查显示,只有4.8%的受访者不看自然类科普视频,这说明大部分受访者(95.2%)有观看这类视频的习惯。其中,"偶尔看看,每个月少于3次"的受访者占比最高,达到60.1%(图2)。

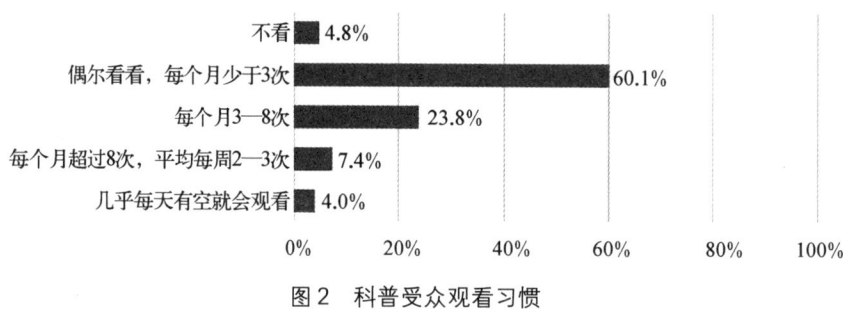

图 2 科普受众观看习惯

调查团队对"几乎每天有空就会看"的受访者进行了回访,发现他们同时关注了多名知名的网络科普视频作者,并热烈地参与相关视频内容的评论,对部分感兴趣的题材,他们会搜索寻找不同视频创作团队的内容进行比较观看。

(二) 视频内容偏好

本次调查还揭示了受访者对不同类型科普视频的偏好及其影响因素。

1. 网络科普短视频

网络科普短视频因其灵活性和互动性受到广泛欢迎。55.3%的受访者经常观看此类视频,使其在所有视频类型中排在首位。相对而言,在视频平台上有一定点击量的二次元科普视频,在受访人群中观看过的比例并不算高,可见其受众群体相对不够普遍的同时,对特定内容的黏度却更高(图3)。

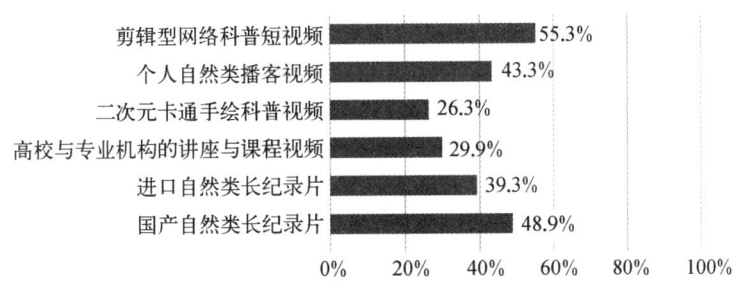

图3 对科普短视频类型偏好

2. 自然类个人播客视频

对于观看自然类个人播客视频的受访者而言,拍摄镜头中的"自然风光、住家景色"和"动物与博主的互动"这两个因素最为重要。对于这部分受众而言,自然风光、住家景色及动物等让他们有愉悦感(图4)。

3. 国产自然类专题片

从数据中可以看出,受访者对于"高质量的画面"(平均分4.56)和"现场录音"(平均分4.42)的评分较高,表明这两个因素对受访者来说更为重要(图5)。

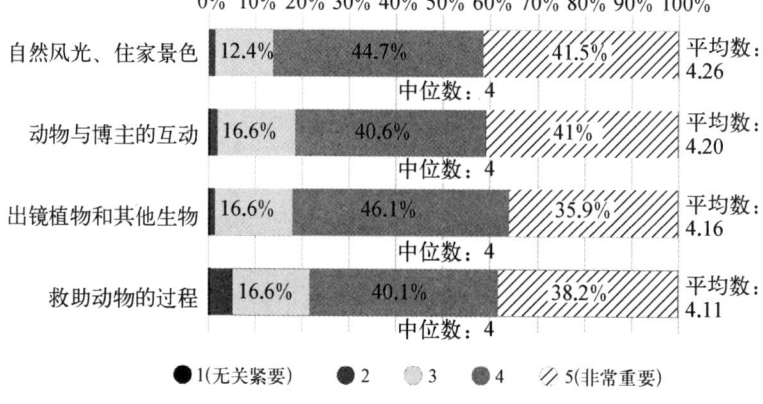

图 4 对个人播客视频的关注重点

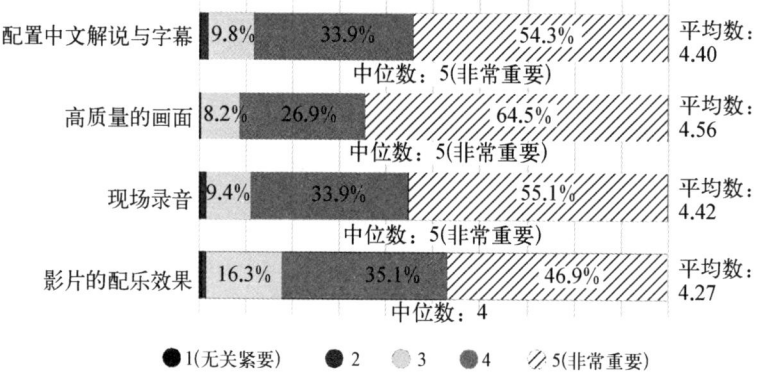

图 5 影响国产自然类专题片观感的因素

4. 进口自然专题片

受访者对于"中文字幕配原版解说"、"高质量的拍摄与特效"以及"现场环境的录音"三个因素的评分平均数分别为 4.50、4.54、4.53,表示受访者认为这三个因素非常重要。而对"影片的配乐效果"这一因素的评分平均数为 4.24,虽然它也比较重要,但相较于前三个因素,其重要性略逊一筹(图 6)。

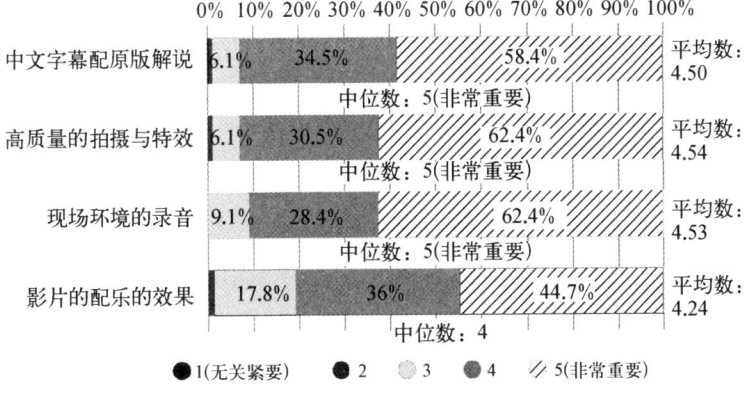

图 6　影响进口自然专题片观感的因素

5. 讲座和课程类视频

讲座和课程类视频的观看者,更看重专家讲解的易懂性。在四个因素中,"讲解的深入浅出与案例的互动性"、"录音效果是否清晰",以及"现场 ppt 的清晰度"的评分较高,平均数分别为 4.19、4.21、4.14,而"提问和互动环节的参与性"的评分平均数为 3.75。前三个因素的评分显著高于第四个因素,说明受访者在选择科普媒体内容时,更看重讲解的易懂性(图 7)。

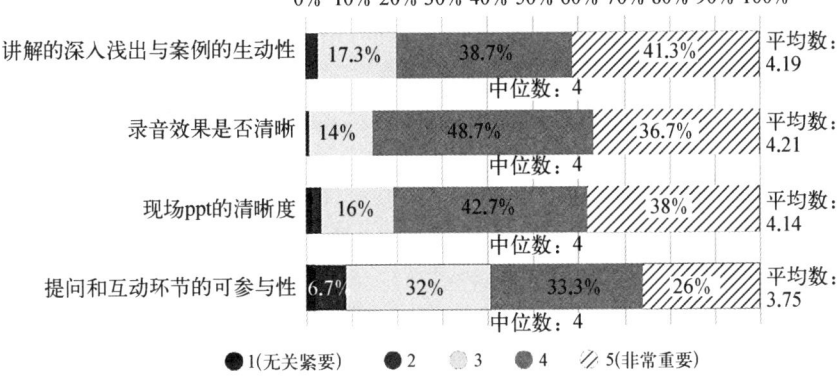

图 7　选择观看讲座的原因

6. 手绘/卡通科普视频

对观看手绘/卡通科普视频的受访者来说，他们更看重科普视频内容的准确性和严谨性。从各个子问题的评分平均数来看，第 4 个子问题（科普知识内容的严谨性）的评分平均数最高，为 4.27 分，表明受访者对科普视频内容的准确性和严谨性最为看重（图 8）。

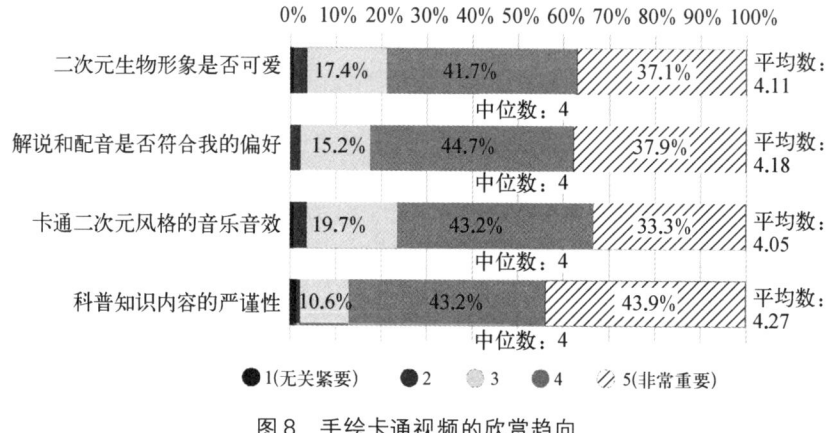

图 8　手绘卡通视频的欣赏趋向

7. 备受期待的 4D 电影

从数据中可以看出，对于 4D 影院（座位震动），选择"很感兴趣"的人数最多，达到 251 人，表明受访者对这种能结合视觉和触觉的沉浸式体验有较高的兴趣。调查团队对这部分受访者抽取了 10 人进行了回访，对他们是否有过 4D 影院体验经历进行了询问，结果是其中 8 人进行过体验，在这 8 人中有 2 人是主题乐园型旅游景点的常客，多次体验过 4D 电影，对这类观影方式有较强的偏好（图 9）。

因此，可以得出以下结论。

通过此次调研，我们了解到在普通人群中，参观自然、科普类展馆频次低，对短期科普活动参与度不高，但如果他们偶尔造访科普场馆进行参观时，购买科普产品的需求较强，并且对部分受访者而言，科普场馆提供的科普文化产品尚未满足他们的需求。虽然观看的整体频次不高，但人

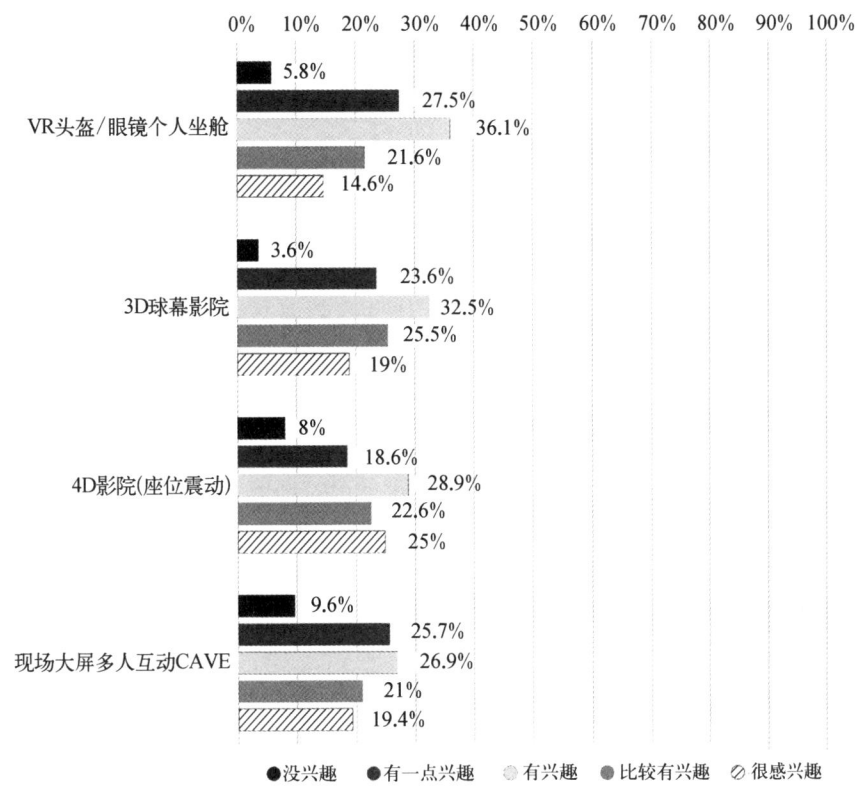

图 9　科普观影方式的选择

们普遍有观看自然类科普视频的经历,对不同类型的科普视频,观众有不同的优先需求。

对个人和小团队制作的科普短视频,人们更加注重视频内容的科学性,以及与视频制作博主的互动。对自然类个人播客视频,受访者最看重动植物互动及自然风光的展示,在这个类别中,知识内容的严谨性让位于对自然风光和对动物植物互动的体验感,这与这次样本选取的人群大多来自网络环境较为便利、远离乡村和山野自然环境的城市有一定关联。

对制作团队更加专业的国产和进口自然类专题片,受访者对视频内容制作的精良程度有更高的期待,同时也希望外语的内容得到更为妥善的翻译处理。

卡通二次元科普视频的观众,则更关注视频内容的准确性和严谨性。通过对这类受访者抽样回访,我们得知,这部分观众之所以持有这样的观点,是因为他们认为此类视频的受众可能存在较低龄群体,希望青少年能够得到更准确和专业的科学知识信息。

此外,受访者对4D影院等沉浸式体验有较高兴趣,这从侧面体现出科普场馆的独特优势,受众可以在科普场馆内体验到普通网络环境中视频内容所无法体验到的感受,再次印证了上海科技馆对其4D影视内容的价值判断,是受到广大人民群众和兄弟场馆欢迎的[1]。

四、科学桌游玩家调查结果

(一)样本概况

在本次调查中,共有3342人浏览问卷,1247人参与答题,最终有效答题的样本总数为1107人。其中,男性占48.1%,女性占51.9%。年龄分布显示,25—34岁年龄段的占比最高,达54.7%,表明该年龄段是科学桌游的主要潜在玩家群体。此外,调查显示,47.3%的参与者尚未育有子女,这与前述25—34岁年龄层的分布相符。在已婚已育的玩家中,孩子年龄在0—3岁的占比最高,为41.6%;其次是4—6岁的,占比25.6%。这表明即使育有子女,玩家们仍然积极参与桌游活动。

(二)玩家的游戏经历

调查数据显示,87.8%的受访者表示曾玩过具有故事背景和角色设

---

[1] 季民卿,张光斌,费翔.科学博物馆区域集群要素分析——以长三角科普场馆联盟为例[J].自然科学博物馆研究,2022(2):58—65.

定的桌面游戏,如《大富翁》和《狼人杀》,此类游戏在目标用户群体中具有较高的普及度。基于这些玩家的桌游经历,我们筛选出核心玩家,其中45.6%的玩家经历过2人及3人以上的多人桌游,34.6%的玩家体验过单人、2人和多人玩法,而19.9%的玩家为临时参与型玩家,主要参与较多人游戏。

在选择单人玩的336名受访者中,52.1%(175人)不仅遵循说明书进行官方的单人玩,还会一个人扮演2人或多人进行游戏。对这175人中的10人随机抽样回访发现,这些玩家大多接触过多款桌面游戏。75.0%的玩家选择将研究桌游玩法、优化策略计算和提升技巧作为扮演多个不同玩家的主要原因,然后才是进行不同角色的测试,以及为了向其他玩家演示并教会他们。10人中有7人曾组织过多人桌游活动,显示出他们有组织其他玩家参与游戏的积极性。

(三) 玩家最熟悉与最陌生的玩法

本次调查结合上海科技馆发行的两款桌游《雪山之巅·三江源》与《大熊猫国家公园》中出现的游戏机制,并查阅世界桌游爱好者论坛BoardGameGeek,选取了10个与2款调研对象玩法相关且较为常见的桌游核心玩法,询问175位玩家对这些玩法机制的熟悉程度。

数据显示,在"合作(Co-operative Play)"玩法机制中,"比较熟悉"和"非常熟练"的总人数最多,达到106人。而在"控股机制(Stock Holding)"玩法机制中,"不知道"的人数最多,达到23人,表明玩家对该机制较为陌生(图10)。随机抽样反馈显示,10人中仅有2人接触过与"控股机制"相关的经验模拟类桌面游戏,并且这2人均未多次尝试此类游戏。由此可以看出,仿真近代和现代工商业与金融业运作细节的模拟经营类桌游在我国尚未形成足够的玩家群体。

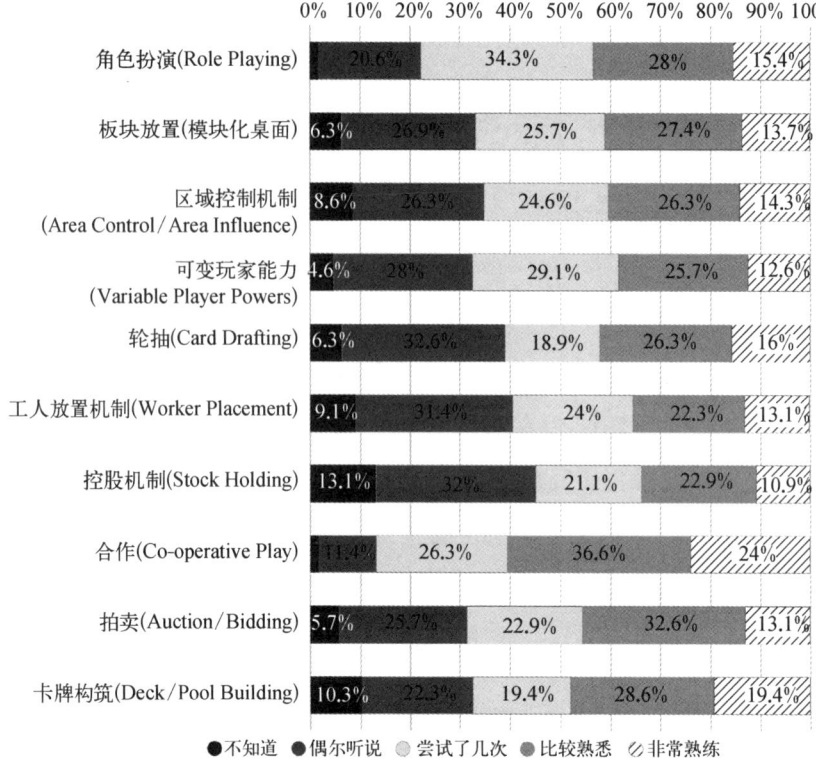

图 10　对不同游戏机制的熟悉程度差异

（四）桌游玩家的直观感受

结束针对核心玩家的专属问题后，所有确认参与过桌游的玩家（占总样本的 87.8%，即 972 人）接受了对桌游直观感受的调查。此部分问题设计得较为浅显，较少次数接触或观察的玩家也能较为准确地回答，从而达到了在最大范围内调查玩家对影响桌游观感因素的目的。

1. 玩家眼中的桌游题材

数据表明，科幻题材（太空歌剧、赛博朋克）和自然地理题材（生态保护、物种进化）的桌游在"比较有兴趣"和"很感兴趣"的选项中获得了较高选择次数（图 11）。此外，模拟经营策略类桌游也获得了最高程度的追捧。回访显示，大多数玩家通过电子游戏《大富翁》系列和经典桌游《强手

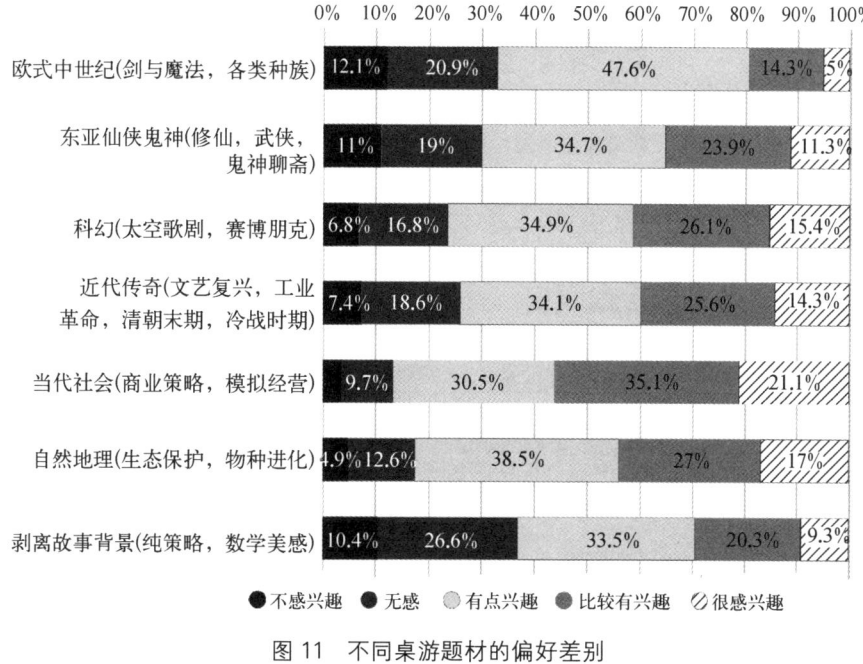

图 11　不同桌游题材的偏好差别

棋》进行游戏,对这类题材非常熟悉,且有再次玩的意愿。

2. 桌游给你的第一印象

数据显示,在"卡牌"选项中,"比较关注"和"非常关注"的总人数达452人,占比最高。同样,对于"规则说明书","比较关注"和"非常关注"的总人数达530人,位居各选项前列(图12)。这表明玩家在初次接触并判断桌游品质时,最看重的部分是卡牌和规则说明书。

3. 地图设计带我走入游戏情境

对于地图设计,43.6%的玩家(424人)希望界面清晰合理。在"美术设计契合主题氛围有代入感"这一选项中,选择"比较重要"和"非常重要"的人数分别为349人和363人,总计712人,占比超过70%。这表明玩家普遍认为美术设计对于提升桌游体验至关重要(图13)。回访显示,7人提到他们玩桌游时最影响体验的是地图使用错误,4人强调地图元素要有与桌游题材相关的设计。

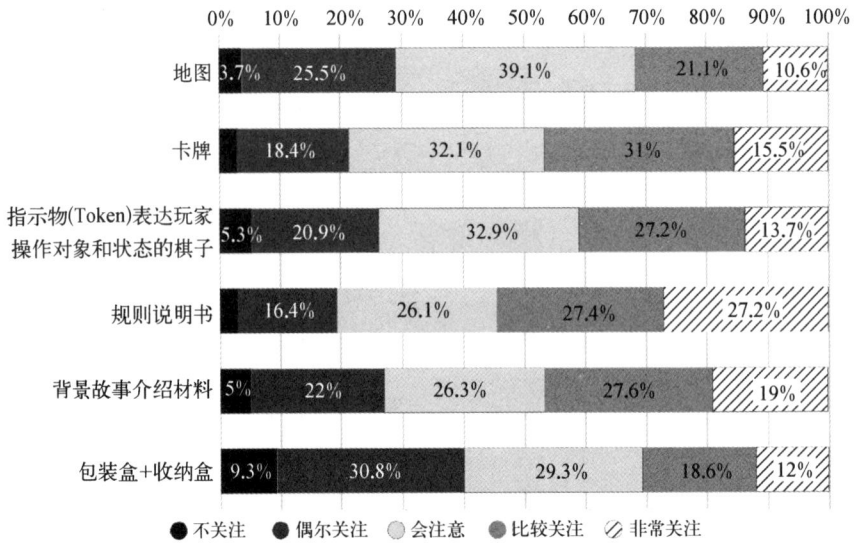

图 12　初次接触对桌游的品质判断

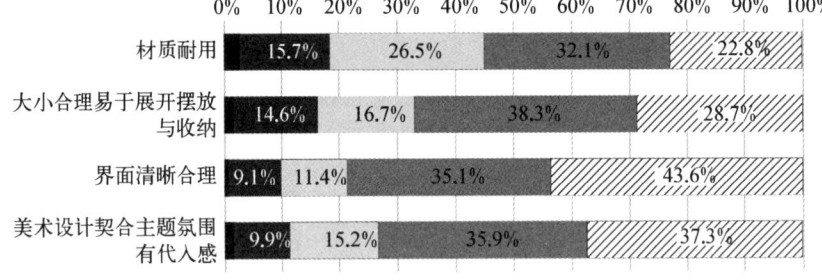

图 13　地图的使用功能与美术设计

4. 卡牌的美术设计与易辨识性

在卡牌美术设计方面,选择"比较重要"和"非常重要"的玩家合计占比达 70.1%。在卡牌正反两面清晰度方面,该比例为 72.9%,均高于其他因素,与之前地图设计强调功能性的可靠性一致(图 14)。

5. 棋子(Token)的易操作、辨识度和代入感

在"地图上清晰易辨、不同种类不易混淆"这一选项中,选择"比较重要"和"非常重要"的人数最多(共 721 人),其次为"造型设计契合主

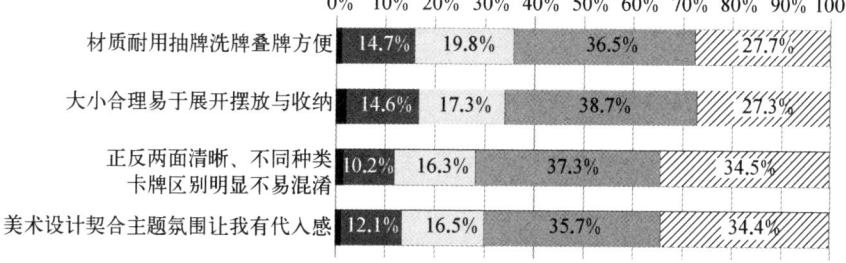

图 14　卡牌的美术设计与易辨识性

题氛围让我有代入感"(共 662 人),这说明玩家在追求棋子的操作便利性和视觉辨识度的同时,对有主题代入感的棋子重视程度甚至超过对卡牌和地图的设置要求(图 15)。回访显示,一位玩过《强手棋》的受访者强调了这一点,他表示带有人物形象暗示的棋子设计让其记忆犹新。

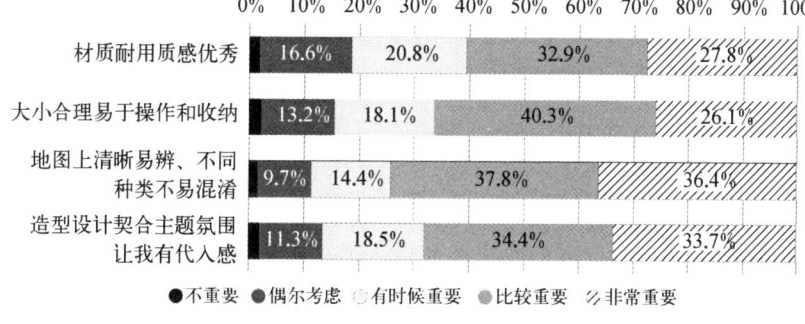

图 15　棋子的易操作、辨识度和代入感

6. 桌游的故事背景设定能增强沉浸感和学习新知识

数据显示,各个子问题的"经常会有"选项均获得较高选择次数。这表明大部分玩家认为,桌游中的故事背景设定(如角色、人物、世界观等)能够赢得他们的喜爱(225 次),增强他们对角色的沉浸感(257 次),让他们有身临其境的感觉(259 次),并成为他们学到新知识的契机(250 次)(图 16)。回访显示,10 名受访者中有 6 名仍能有效回忆和描述游戏过程

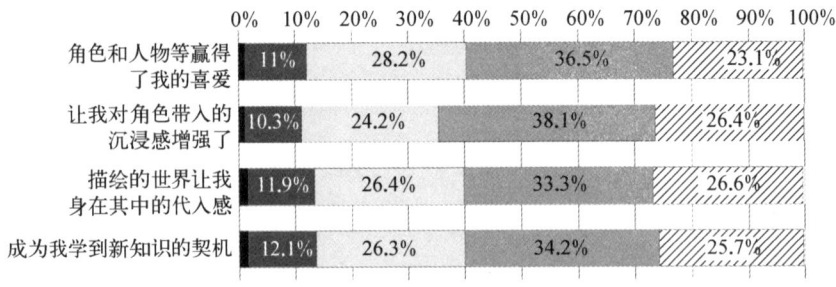

图 16 桌游故事背景的代入感

中涉及的时代背景和故事背景。

7. 科学桌游调研总结

通过此次调研,我们了解到桌游玩家人群在科普场馆的参观习惯上和其他人群基本一致,具体表现为参观自然、科普类展馆频次低,对短期科普活动参与度不高。

桌游在我国铺开的历史节点相对欧美国家要晚,因此偶尔参与型的玩家在人群中占据了绝对多数,在我国经济发展水平相对较高的一线城市中,仍有部分人群没有接触过桌面游戏这一娱乐休闲方式。

部分35岁以下群体,对桌游的参与热情较高,对桌游的尝试探索到了足够深入的地步,会以提升自己和他人的桌游体验为目的,单人扮演多个玩家。

桌游在地图、卡牌、棋子和背景故事等方面,给予了玩家较多的故事叙述代入感,让玩家在游戏过程中置身于背景故事所设定的场景。玩家在要求桌游达成基本的可靠、可玩的基础之上,已经对游玩中使用的道具和说明材料的工艺美术设计提出了要求,以期提升对相关题材内容的代入感和体验感。这就对后续的科学桌游设计制作提出了更高要求,无论是棋子、卡牌还是地图等基本要素的美术设计,都要在后续的开发工作中寻找持续改进的方法。

五、对科技馆后续工作的建议

(一) 探索科普视频与科学桌游的联动可能性

在完成两份问卷调查并获得初步分析结果后,我们还对主要调研对象的两款科学桌游相关的网络科普视频内容进行了摸排和观察。

对于已经成片的大型自然类专题片而言,重新修改内容,做科学桌游的推广宣传的技术门槛相对较高,需要同时得到影片出品方、制片方和放映方等多方同意之后,才能够推进,对应的所需协调时间成本可能会比较大。这对于需要准时发行出品、不能拖沓太长时间的科学桌游而言,难度会更大。

对于一些制作较为灵活、上传更新较快的网络科普短视频制作方来说,这方面的困难和风险相对较小。多数具备一定流量基础的科普视频博主,与其他知识类博主类似,植入的广告还是以保健类产品及耐用消费品型的电子数码产品为主,与科学视频内容的主题关联度不高。在后续调研工作中,我们需要进一步调查分析,这类博主是否存在与科学桌游进行联动的可能性,其受众群体的流量,以及如何能够促使他们向科学桌游玩家的方向做转化。

对这个方向的建议,源于笔者在 2020 年进行的一项科学视频专项调查。通过对美国知名科学视频博主 TierZoo[①] 的作品《鹦鹉是不是很强》(*Are Parrots Op?*)中 FC 游戏画风与内容设定特点的受众喜好程度进行调查,已经得知,当视频内容如果能够按照常见的角色扮演游戏(RPG,Role-playing game)来进行游戏化叙事时,不仅能够有效地吸引具备游戏

---

① 真名为帕特里克(Patrick),美国威斯康星大学在校学生,2017 年以来以动物等级(Tierlist)为主题,制作了多个游戏化的动物科普短视频,现已签约美国知名在线科普传播企业 CuriosityStream。
——作者注

经验的受众,也能吸引对游戏设定模式不太熟悉,但是对这样的设定感到新奇的新受众群体①。《鹦鹉是不是很强》在境外播放之后,购买其作品引流广告的美国在线收费科学视频服务网站 CuriosityStream 推出的鹦鹉科普专题片《鹦鹉星球》(Planet Parrot)获得了较为显著的引流效果,不仅在其视频发布日带动了相关优惠套餐的销售,也取得了后续网络视频特有的长尾效应,让《鹦鹉星球》的订阅数持续保持一定量的增加。该视频博主在 2024 年 7 月制作的视频《猫打穿了游戏法则》(How Cats Broke the Game)则更进一步,用游戏化的叙事手法科普了猫的驯化过程,并且该视频也成功地成为多平台科学网友引流视频,作为其猫科动物玩法更新的关键推广方式。在此案例中,视频内容的游戏化叙事,有效打通了游戏和科学视频之间的联系,实现了流量的转化。未来,上海科技馆在进行科学桌游的发行宣传时,可以借鉴此例,与那些受众细分度较高、内容制作与桌游内容贴合度较好的视频博主合作,以提高桌游发行的有效玩家触达率,让更多玩家能够了解科学桌游,提升他们参与游戏的热情。

此外,我们应当注意到,虚拟现实(VR)技术对桌游体验的改变已经构成当代桌游发展的新业态形式。它正在克服桌游作为线下实体游戏所存在的物理限制,解决不同空间地点的玩家可以通过互联网连接共同游玩的问题②。从科学桌游自身发展的多媒体化角度来看,已经成片的科普自然类专题内容,以及在本次调查中列出的其他 5 类不同的科普视频内容,都有可能成为科学桌游 VR 化的潜在多媒体素材,为科学桌游的规则说明、玩法解释提供多媒体说明内容的可能性。

---

① 方方,黄昊天.后游戏时代的科普视频内容传播[R].首届中国先进影像与科学传播学术会议,2020.

② 傅朱,林姊.次世代桌游产品视觉设计方向可行性研究[J].丝网印,2023(20):107—109.

(二) 科学桌游美术设计的提升途径

通过此次调研,我们已经确认了桌游中几乎所有主要游玩道具和指示说明材料对玩家感官有着较为深刻的影响力。

由于科学桌游在开发周期、定价策略上的限制,棋子、地图、卡牌等的设计做工都会在确定的周期内完成,并且要充分考虑成本。后期游戏的可收纳特性,会对材质与设计样式带来一定的限制。除让设计策划与生产团队进行更好的沟通协调之外,对一些具备玩家影响力和基础的桌游,可以考虑采用增强现实(AR)技术,对一部分棋子、地图进行虚拟升级和再创作,以提升游戏玩家对桌游的代入感和新鲜感。与传统的实体设计内容不同,这类使用 AR 载入的内容,具有虚拟物品的优势特性,在体积、形状,以及动画效果上具备一定的灵活性和可变特性,并且能够产生更生动丰富的表达效果。通过 AR 进行游戏,具备更强的社交媒体传播素材特性,有利于科学桌游关键内容的二次创作,也有利于社交媒体短视频传播相关科学桌游内容,从而对推广科学桌游,扩大和吸纳新玩家群体起到推动作用。

(三) 进一步拓展科学桌游的叙事内容丰富性

《纽约客》(New Yorker)的撰稿人内玛·加罗米(Neima Jahromi)曾引述几位游戏开发工程师的话来描述他们玩桌游《龙与地下城》(Dungeons & Dragons,DND)的感受:"青铜时代的人们常围坐在篝火边传诵着诗歌,而桌游使我们玩家像那个时代的人们一样,互相不停地讲述和聆听着故事,这一体验无法用当代数字化的手段完全复制出来[1]。"这形象地说明了桌游在叙事方面的特殊性。

---

[1] Neima Jahromi. The Uncanny Resurrection of Dungeons and Dragons [J]. New Yorker. [2017-10-24]. https://www.newyorker.com/culture/cultural-comment/the-uncanny-resurrection-of-dungeons-and-dragons.

本调查得出的玩家对故事背景的执着，也印证了这个特点。与本文调查样本中的两款科学桌游不同，在《龙与地下城》的游戏中，玩家要按照该款桌游的规则，根据所扮演的角色及故事发生的背景等，对叙事内容即兴发挥，这种"二次创作"能够导致一部分较为成功的创作内容成为新的衍生内容，并在玩家中快速传播，还产生了小说、电影、电子游戏等诸多衍生品。如今，只要稍稍留意身边的流行文化元素，就很可能发现《龙与地下城》的影子①。以《龙与地下城》为代表的叙事类桌游，或多或少地都采用了"聆听-讲述-创造"的机制②。这一趋势在桌游的发展中愈发明显，形成了给予玩家更大创作自由度的故事生成与创作玩法，以及按照设计者预先设置好的游戏机制，让玩家进入不同的故事发展路径进行游戏等玩法③。无论是哪种类型的玩法，都能让玩家更加深入地融入故事内容，提升游玩体验。

因此，在后续的内容开发中，可以根据具体的题材，适当增加科普故事内容，或在部分环节把科普故事内容作为游玩的核心，使科学桌游除在游戏机制上能够向玩家提供较为结构化、直观的科普知识内容外，也能够通过相应故事内容、人物形象给玩家带来深刻的感性体验，激发具备二次创作能力的核心玩家对故事内容进行再创作与加工，使玩家甚至普通科普受众传播的文化IP内容吸引更多玩家加入科学桌游游戏。

---

① 索何夫. 从"博德之门"谈战棋桌游 DND[J]. 科学 Fans，2020.
② 王玮旭. 讲故事的人：当代桌游中的叙事与文本[M]. 上海：复旦大学出版社，2023：26—33.
③ Ross Berger. Storytelling for New Technologies and Platforms A Writer's Guide to Theme Parks，Virtual Reality，Board Games，Virtual Assistants，and More [M]. Boca Raton：CRC Press，2022，69.

第三部分

科学教育

新新 范式、探索

国内外非正式科学教育多元主体的创新实践及模式研究[①]

符国鹏 姜炜 谢雅群 陈明儿 龚俊燕[②]

摘要 当全球科学教育从强调人力资本和经济发展的"宏大系统"向培养个体学生持续的学习兴趣、创造多元化学习体验、促进教育公平转变时,需要建设非正式科学教育的多元主体生态模式,即从生产力、持久力和恢复力三个方面构建促进学习者终身兴趣的学习环境。本文收集了美国、英国、日本、新加坡、爱沙尼亚和我国的6个典型案例,为非正式科学教育多元主体协同提供实践创新参考。

关键词 多元主体协同;科学教育;非正式环境

一、STEM 教育的多元主体生态

STEM 教育[STEM 是科学(science)、技术(technology)、工程(engineering)和数学(mathematics)四个学科英文首字母缩写]自 2007 年兴起以来,在过去 15 年的教育领域里呈现了爆炸式增长。尽管全球对

[①] 本文为上海科技馆科普智库科研创新平台开放课题资助成果。
[②] 符国鹏,华东师范大学教育学部国际与比较教育研究所,副教授,主要研究方向为科学教育;姜炜,浙江省杭州市余杭区杜甫中学,教师,主要研究方向为科学教育;谢雅群,华东师范大学教育学部国际与比较教育研究所,硕士研究生,主要研究方向为科学教育;陈明儿,华东师范大学教育学部国际与比较教育研究所,硕士研究生,主要研究方向为科学教育;龚俊燕,上海市浦东新区青少年活动中心,教师,主要研究方向为科学教育。

青少年 STEM 教育的投入在不断加大,青少年学习 STEM 的兴趣却持续下降,导致选择 STEM 专业作为未来职业的学生比例在不断减少。究其原因,有学者认为 STEM 教育诞生于美国培养大量人力资本以保证其国家安全和经济优势的需求之下,过分强调人才的经济属性而忽略了人文属性,即个人的好奇心、探索欲和对美的追求[1]。在全球范围内,STEM 教育都与经济增长、科技创新等宏大语境紧密相连,而忽视了对个体学习者 STEM 学科兴趣的培养和维系。自 2020 年以来,国际上对 STEM 教育的关注开始逐步从"宏大语境"转向从政策、课程、学习环境上塑造学习者独特的学习体验,以多元化的教学手段,促进教育公平,培养 STEM 学习的终身兴趣。

研究显示[2],传统数据(如学生是否选修 STEM 课程及其考试成绩是否优秀)不再能够准确预测青少年未来是否会参与 STEM 相关事业;兴趣、身份认同(认为自己适合学习 STEM 学科)、参与校外科技活动、常参观科技场馆,以及其社会文化资本(如家庭收入、家庭受教育程度、居住地区文化和相关学习资源的丰富性)等因素综合起来,共同成为预测青少年能否在未来参与到 STEM 相关行业的最准确指标。换言之,青少年未来的职业选择不再仅由校内因素决定,而是由校内和校外的因素共同决定的。基于这样的研究结果,科学教育研究者和决策者把 STEM 的生态构建作为促进青少年 STEM 兴趣和参与的主要手段,通过促进多元主体(包括学校、科技场馆、科研院所、科普机构、公司企业等)的参与和合作,把对青少年 STEM 学习的

---

[1] Takeuchi, M. A., Sengupta, P., Shanahan, M. C., et al. Transdisciplinarity in STEM Education: A Critical Review [J]. Studies in Science Education, 2020, 56(2): 213—253.

[2] Maltese, A. V., Melki, C. S., & Wiebke, H. L. The Nature of Experiences Responsible for the Generation and Maintenance of Interest in STEM [J]. Science Education, 2014, 98(6): 937—962.

支持渗透在校园内外。

(一) 学习生态系统

布朗芬布伦纳(Bronfenbrenner)在 1977 年首次使用生态系统理论来描述儿童与周围环境的多层级生态互动[①]——从由父母组成的家庭学习生态到由教师、朋友、同学等组成的学校生态,再到最广阔的文化、社会生态。教育生态系统能够为来自各类背景、各个年龄段的人群提供个性化的学习机会。生态系统中的教育机会由学习活动、学习资源、人际关系(包括学习者之间和教师与学生之间)共同组成。在学习生态系统中,学习者根据个人的兴趣和目标构建独一无二的学习路径。学习活动、学习资源和人际关系为实现个人学习目标提供支持。因此,学习的过程不再局限于某一个时间段(如每日的在校时间或是初中学段)和某一处环境(如学校),而成为一个跨时间、跨空间的过程。

然而,并不是简单地把学习者放在一个或多个学习环境中就能产生有意义的学习。学习者在学习环境中的地位与态度、教师和家长对学习的支持、学习资源的分布和获取方式、学习环境的组织架构,都可能促进或阻碍有效学习的发生。换言之,厘清学生在 STEM 教育生态中的学习路径,尤其是从学习兴趣发展为职业选择的长久效应,对由多元主体组成的教育生态建设尤为重要。一项由美国国家科学基金会(National Science Foundation)资助的长达 6 年的关于青少年 STEM 学习路径的研究表明,如果青少年能够得到家庭对他们 STEM 兴趣(而不是家长的意愿)的支持并持续参与校外 STEM 活动,他们便能够保持对 STEM 的兴

[①] Bronfenbrenner, U. Toward an Experimental Ecology of Human Development [J]. American Psychologist, 1977, 32(7): 513.

趣并在职业选择中从事 STEM 相关工作①。那么作为老师、家长、学校和社会,应当如何建立或改进一个健康且有活力的学习生态来激发学生对 STEM 长久的兴趣和参与呢?研究指出,这样的学习生态需要从生产力、持久性和恢复力三个方面着手②。

(二) 生产力

在生物学里,一个生态系统的生产力通常指该系统所能产生的能量。在学习生态系统中,生产力指该系统能够为学习者提供的学习"能量",即学习资源的丰富程度和对学习者的可见度、可利用性和获取通道。具体地说,如果青少年在初中和高中阶段接触到的校内与校外 STEM 学习资源和他们的兴趣相关,并且这些资源具备多样性和易得性,那么这些学习资源会有效地影响青少年的学习路径。对于校内资源,初中阶段的数学与科学课程,由于其基础性和全面性,较难激发和保持学生对 STEM 学科的兴趣;相较之下,高中的课程资源与学习机会(如竞赛等)更加具体且多样化,让青少年有更多的学习选择来发展自身的兴趣。

对于校外资源,一方面课后兴趣班、科技场馆和夏令营等学习活动能够有效激励青少年参与 STEM 学习;另一方面,这些活动通常时间较短或是缺乏很好的校内外衔接或学段衔接。例如,在美国的诸多地区,暑假时间仍然是"STEM 学习的荒漠"。因此,在学习生态的生产力上,校内外学习资源都面对着组织结构的问题,校内资源(尤其是在初中阶段)需提供更加精准、多样的 STEM 课程,校外资源则需要为青少年提供长时间

---

① Shaby, N., Staus, N., Dierking, L. D., & Falk, J. H. Pathways of Interest and Participation: How STEM-Interested Youth Navigate a Learning Ecosystem [J]. Science Education, 2021, 105(4): 628—652.

② Dierking, L. D., Falk, J. H., Shaby, N., & Staus, N. L. Thriving STEM Learning Ecosystems—for All [J]. Connected Science Learning, 2021, 3(6).

跨度的学习支持。

(三) 持久性

如果说生产力保证了学习资源的产生,那么持久性则保证了学习资源能够得到有效利用。当一个学习生态系统能够为学习者提供长时间、跨场景的支持时,这个系统便具备了持久性。例如,一名对天文学感兴趣的青少年如果可以从校内课程、课后服务、兴趣小组、在线资源、场馆资源等不同场景,从不同角度接触到天文学,那么这个系统便可以持久地支持这名学习者对天文学的兴趣。因此,保持学习资源的丰富性,建立学习资源之间的联系,就显得尤为重要。

另外,社会文化资本(如家庭收入、家长文化程度、师资、所在地区的资源)也是保证学习生态系统持久性的重要因素。社会文化资本能够帮助学习者分辨并正确地使用优质的学习资源。家长和学校不仅要把青少年当下需要的优质学习资源呈现在他们面前,还要能够让他们知道"下一步"在哪里。学习者所在家庭和学校的社会文化资本是保证青少年能够持续探索 STEM 内容的重要因素。例如,家长如果了解所在社区、城市有哪些开放实验室,就可以为青少年创造接触科学家、参与真实探究活动的机会;学校如果持续性参加各类科技竞赛,与科技场馆、企业、社区联动,就可以接触到不同年龄、不同背景的学习者,多元化学生的学习体验。这一过程不仅需要家长和学校具备基础的学科知识,对城市资源充分了解,与校外机构保持合作关系,还需要他们有资金、人力、时间和交通工具帮助青少年进行地区内和跨地区通勤、研讨、探究等活动。

值得注意的是,家庭在主观情感上对青少年的学习兴趣给予支持,或许会产生更深远的影响。对贫困家庭、弱势群体的青少年来说,家庭的情感支持对他们在 STEM 领域取得成就尤为重要。

（四）恢复力

一个健康的学习生态系统除需要具备资源，能够帮助学习者利用资源外，还需要能从破坏中恢复、重组，面对变化进行自我调节和自我更新，即需要具备恢复力。一个生态系统中的物种越复杂，相互关系越紧密，其恢复力就越强。类似的，一个学习生态系统的恢复力源自校内外教育机构的多样性以及机构之间合作的紧密程度。校内外教育机构的多样性体现在对具体STEM科目的精专和细化程度，突破传统物理、化学和生物学这样的大学科，为学习者提供如昆虫、地质、天体物理、法医、编程等更加细分的兴趣支持。这样的精细化分类可以保证学习者在某一个领域学习受挫时，仍然能够有丰富的其他选择去延续他们对STEM的兴趣。机构合作的紧密程度体现在面对变化时各个机构之间的协调和自我更新能力。在面对疫情冲击时，线下教学大范围地转为线上，线下实体资源转为线上数字资源。面对这一转变，学校和政府在提供线上课堂的同时，也需要其他教育机构与学校合作，转换教育模式，维系青少年的学习体验。例如，加拿大不列颠哥伦比亚省的中小学就与当地社区（如渔民、牧场、酒庄）合作，尝试了疫情防控期间的自主户外课堂，让学生以家庭为单位，利用当地户外资源（如溪流、湖泊、草场、葡萄园等）开展科学探究。

然而，在全球范围内，科学教育机构间的合作都不尽如人意，学校、科技场馆和兴趣俱乐部之间的合作缺乏协同组织，应对变化不够及时，让青少年难以根据自己的兴趣找到学校之外的STEM资源。同时教育政策大多关注学校改革，较少关注整个学习生态构建以及其中的多元主体合作，导致建设健康、有活力的STEM学习生态困难重重。

（五）建设多元主体生态

当全球STEM教育从强调人力资本和经济发展的"宏大系统"向培

养个体学生持续的学习兴趣、创造多元化学习体验、促进教育公平转变时,构建STEM学习生态系统就成了培养STEM人才体系的基石。我国校内外的STEM资源已初具规模,但家长、教师和学生往往不了解身边有哪些资源和如何利用这些资源;多元主体合作的过程中,学校在各类考试的重压下,往往缺乏合作的主动性和内驱力;家长在指导青少年时,常把就业前景、考试成绩放在个人兴趣之上,使青少年长期缺乏情感支持;校内外科学教育机构之间缺乏统一的话语体系,在支持青少年STEM兴趣时常出现时间上和内容上的断层。因此,构建一个健康的STEM学习生态,激励青少年持续地参与到STEM学习活动中,探索个人在STEM中的兴趣,形成独特的学习路径,最终把对STEM的兴趣转变为STEM的职业选择和终身学习,就显得尤为重要。建设这样的学习生态,需要家庭、教师、校内外教育机构、社区等多元主体共同合作,提高学习生态的生产力、持久性和恢复力。

在提高生产力上,科学教育工作者可以在以下方向着力:

• 在提供丰富的校内和校外STEM资源的基础上加大宣传力度,让青少年意识到这些资源的存在,并且知晓相关资源的获取渠道。

• 通过校内外多元主体合作,为青少年建立个性化的从兴趣产生到兴趣加深再到兴趣持续的学习路径,不仅实现跨环境,而且实现跨时间、跨学段的衔接。

• 避免同质化的STEM项目,为青少年提供个性化、多路径、进阶性的学习机会。

在提高持久性上,科学教育工作者可以在以下方向着力:

• 校内外教育机构需要帮助家长、学校教师和其他教育工作者意识到青少年学习兴趣的重要性,帮助家长和教师认识到鼓励和重视青少年参与STEM学习活动是一种很重要的文化资本,帮助家长和教师为青少年提供专业选择咨询和职业咨询。

- 把帮助家长和教师了解社区中现有的 STEM 教育资源、功能和使用方式放在与建设 STEM 资源同等重要的位置，这一行为对于贫困家庭、弱势群体来说尤为重要。

在提高恢复力上，科学教育工作者可以在以下方面着力：

- 现有 STEM 教育机构内的合作已日臻完善，需加强机构间合作，进一步建设校内与校外的合作机制、合作通道，为青少年在 STEM 的学习兴趣、内容和活动上提供无缝衔接。

- 整合社区内的 STEM 教育资源，教育机构之间应当持续沟通与更新，保证青少年参与当前学习活动的同时，还能明确下一阶段的学习目标。

- 将对 STEM 教育的宣传和校内外教育机构之间的合作纳入教育机构评价系统中，精细化、多样化地培养青少年对 STEM 的兴趣。

- 教育政策应为校外教育机构，如科技场馆、科学中心、科普场所、科研院所，提供与学校合作的政策支持，把校内外科学教育机构作为一个整体生态进行建设。

STEM 教育的目的从最初的促进经济发展、提高国家安全转向到现今的强调学习兴趣、多元化学习路径和教育公平是经济需求与人文需求的平衡，是教育高质量发展的需求。一个健康有活力的 STEM 学习生态能够统一兴趣培养与人才发展，系统中的多元主体通过协调设计，相互连接，成为一个整体。这个整体能够为青少年提供丰富的校内外学习机会，创造个性化、跨环境、跨学段的学习路径，持续支撑青少年的学习兴趣。这样理想的学习生态在全球范围内虽鲜有实现，却是众多科学教育者为之努力的目标。

二、国内外非正式科学教育多元主体实践案例及其启示

纵观国内外非正式科学教育的实施体系，由多元主体共同合作、开展

的形式已成为当下非正式科学教育实践的重要路径之一。全社会中的各类主体都是科学教育发展与进步不可或缺的中坚力量。然而,如何行之有效地将多元主体联动下的非正式科学教育实践建构起来,则需要兼顾和平衡多方面的因素。

基于对国内外非正式科学教育相关政策的分析和多元主体实践案例的探讨,结合我国国情,本研究认为在以下几个方面为我国非正式科学教育多元主体创新实践和模式研究提供了一些启示:(1)非正式科学教育多元主体实践应当基于国情、政策和组织历史,构建有指引性且可行的发展框架;(2)打造多元筹资途径,保障非正式科学教育经费充足;(3)构建科学教育多元主体的协同合作机制;(4)凝聚一支高质量的非正式科学教育人员团队;(5)打造富含生产力、持久性和恢复力的科学教育生态系统。

(一)基于国情、政策和组织历史构建有指引性且可行的发展框架

科学教育机构的发展框架是其进行科学实践的指导性纲领,发展框架的构建需要和国情、科学政策相契合,并和组织的历史发展相承接。

在美国,旧金山探索馆诞生于20世纪五六十年代国内科学人才缺乏和国际科技竞争失利的国情之下,以"建立一个全新的、借以促进公众理解科学和艺术的科技馆"为初衷。美国的《新一代科学教育标准》(Next Generation Science Standards,NGSS)发布后,其倡导将学校科学与学生在家庭和社区环境中的校外经验联系起来的理念,促进了旧金山探索馆继往开来,以"打造一个通过科学、艺术、人类感知探索世界的公共学习实验室"为目标追求,秉承"公平、包容、多元"的时代理念,基于NGSS开展社区科学教育项目、教师专业发展项目、科学教育研究项目等科学教育实践。这些项目都积极指向NGSS"建立和利用网络、伙伴关系和协作"的

实施原则,力求将科学教育实施的主体跨越学校、地区和州的传统界限,分享信息和专业知识,并确定潜在的合作伙伴①。

在爱沙尼亚,由于"小国寡民"、资源有限等现实问题,以 AHHAA 科学中心为代表的科学教育组织则格外注重多元组织间的合作和资源共享。另外,与"重视学校教育的欧洲传统"相适应,以"AHHAA 科学中心"为代表的北欧地区的非正式科学教育机构,除发挥自身的非正式教育功能外,更多的是担任"协调员"的作用,积极参加促进和改进学校科学教育的欧洲共同项目,即以非正式科学教育机构的身份和力量促进正式科学教育的发展。

为应对急剧变化的世界,推动"社会5.0"的建设,日本十分重视科学技术的发展。为培养具有科技创新力的人才,日本基本计划强调应推广 STEAM 教育,加强公民等各类参与者的参与,联动多方公共机构承担学校正式教育以外的科学创新教育活动。为充分培育适应未来的儿童,切实提升社会力量对学校教育质量的反哺,文部科学省开展"区域学校合作项目",广泛吸纳非营利组织、企业、高校、各类文化体育等组织团体以及地区内的各层次居民等对象,共同支持儿童的成长与培养。合作项目的广泛主体构成,铺设了一张巨大、复杂的合作网络,黏合了大量零散的社会教育资源,将其转化为紧密联系的协作生态链。此外,日本一直以来大力推行"产学官合作"策略,促进地方科技发展与人才培养。在此策略下,京阪奈科学城以行之有效、系统合理的促进政策为指引,因地制宜地对当地科学资源进行了统整,并不断利用自身优势,同科学城及周围的企业、研究所、学校共同打造密切合作的非正式科学教育网络;以京阪奈科学交流促进网为桥梁,贯通各类主体资源,把科学城原本散落的科学资源通过

---

① National Research Council. Guide to Implementing the Next Generation Science Standards [M]. Washington (DC): The National Academies Press. https://doi.org/10.17226/18802.

"产学官合作"的协同方式深度聚拢,为"5.0"社会培育和输送科学技术人才。

新加坡科学中心不仅是新加坡的重要科普场所,同样也是新加坡的科普管理机构。因此,新加坡科学中心的发展模式不仅仅局限于开展场馆自身的展览及科普活动,更主动与各类不同的主体开展合作,和高校合作开展"数字制造空间",与企业、研究所打造"工业伙伴计划",为学校打造专属课程并举办各类竞赛是它的使命与责任。新加坡科学中心"为国家人力资源的发展作出贡献"的使命使其为了新加坡学生能够获得"触手可及"的科学而不断发展,其管理职能也帮助它能够有较大的机会与平台,将新加坡的前沿资源聚拢到一起,共同促进非正式科学教育的进步。

2022年我国发布了《义务教育科学课程标准》,它在2017版科学课程标准的基础上,对课程资源开发和利用建议作出进一步说明,即"要发挥各类科技馆、博物馆、天文馆等科普场馆和高等院校、科研院所、科技园、高新技术企业等机构的作用,把校外学习与校内学习结合起来,因地制宜设立科学教育基地,补充校内资源的不足",强调了非正式科学教育机构的功能以及和校内科学教育结合的重要性。为响应我国对发展非正式科学教育、提升科学素养的号召,中国福利会通过会内、会外两类机构,充分发挥了非正式科学教育的阵地作用,并持续搭建跨区域的平台,加强各区域的联动交流。一方面依托中国福利会少年宫、宋庆龄幼儿园、上海宋庆龄学校、中国福利会发展研究中心等机构开展科教、科研工作;另一方面加强与会外各类机构的联系,深入促进非正式科学教育机构和校内科学教育的有机结合。

(二) 打造多元筹资途径,保障非正式科学教育经费充足

资金是推动项目合作的关键资源,也是维持博物馆运营和发展的重要前提。在英国,包括政府和非政府组织在内的各种机构都格外重视科

学教育的发展和多元化的教育体验,鼓励采取多种方式为博物馆、科学中心等非正式教育机构提供资金支持。政府机构通过制定政策和计划,为这些机构提供经费和补助金,以支持它们的活动和项目。此外,非政府组织和慈善机构也积极参与,通过提供赞助、捐赠和资助等方式为这些机构筹集资金。

高地博物馆的资金来源主要是苏格兰银行集团,该博物馆还通过社会捐赠、与企业合作和纪念品售卖等方式获取资金。这种多元筹资途径确保了博物馆的经济稳定性,并为促进多元主体合作创造了良好的条件。换言之,正是在充足资金支持的情况下,高地博物馆才能开展更多的合作项目和活动,吸引到更多的参与者和利益相关者,从而维持博物馆的长期运营和发展。比如,该博物馆以较高的时薪吸引到从事博物馆课程教学的教师,以免费的方式吸引世界各地的中小学生参与课程。

日本的"星期六教育活动促进计划"为"周六课堂推广项"投入1亿日元(1日元=0.0475元人民币)以支持在学校推广优质周六课程的措施。该项目利用特别兼职讲师、外部人员和私营公司来推广高质量的周六课堂,在全国范围内指定了35个示范地区。同时,投入13亿日元用以与当地社区和企业合作,加强周六教育活动,建立星期六教育支持团体等项目。该项目由各企业人士、公务员、研究人员和具有海外经验的人士等担任星期六教育协调员和星期六教育宣传员,资助了小学3000个学区、初中1500个学区以及高中350个学区。

(三) 构建科学教育多元主体的协同合作机制

在促进多元主体合作的过程中,构建科学教育多元主体的协同合作机制是至关重要的。这种合作机制为学校、博物馆和其他机构之间的合作搭建了平台,促进了知识共享、跨学科交流和综合发展,推动了多元主体合作的蓬勃发展。

改革开放以来,中国福利会继承和发扬宋庆龄全心全意为儿童服务的精神,在科学教育领域作出实验性和示范性的贡献。为了更好地提供科学教育服务,为国家培养战略性、创新型人才,会内机构一方面不断加强彼此间的联结和合作,如上海宋庆龄学校借助中福会少年宫的科教资源开设多元的科学课程;另一方面会内相关机构还和国内基金会、科技馆、科教协会、教育中心、少年宫、各级学校以及国际学校等会外机构建立了相应的伙伴合作关系,不断在资源共享、项目实施、课程开发、理论研究等方面进行深入的合作,如2023年5月5日宋庆龄幼儿园开展的"儿童科创教育交流活动"。在参观宋庆龄幼儿园STEM馆和学生的"水火箭"比赛活动后,中福会党组织、中福会事业部、中福会儿童艺术剧院、中福会少年宫、中福会幼儿园、中福会托儿所、上海宋庆龄学校、中福会发展研究中心、中福会出版社等会内机构的相关人员和中国科技辅导员协会、上海市青少年科普促进常务会、上海市世界外国语学校、华东师范大学教师教育学院等会外机构的相关人员就儿童科创教育进行了实践经验分享、科教理论研讨等。在本次儿童科创教育交流活动中,与会各方表示将进一步探索和推进相互的合作关系,加强科学教育的理论研究、指导和转化,探索构建一体化的科创实践项目。

以英国为例,苏格兰政府通过制定相关政策,鼓励学校与博物馆开展合作,将博物馆的丰富资源和独特体验融入学生学习过程中,提倡开展跨学科交流活动。这一举措为多元主体合作创造了有利条件。而高地博物馆在这一合作机制中扮演着核心角色。该博物馆设计并开发了"金钱"系列课程并与中小学校达成合作关系,通过学习工作坊、展品展览等形式,丰富中小学生的课外体验,弥补学校课程的单一性,培养学生正确的金钱观和消费观,促进跨学科交流和合作。在这一过程中,苏格兰银行集团的资金保障也起到了重要的作用。作为博物馆的重要资金来源,苏格兰银行集团的支持为高地博物馆提供了可持续的经济支持,使其能够稳定运营和发展。这种资金不仅可以用于博物馆的日常运营,还可以用于开发创新课程、扩充教育资源和推动合作项目。资金的保障为博物馆提供了强大的后盾,使其能够更好地发挥作为主体的作用,并与学校和其他机构形成更紧密的合作关系。

日本的京阪奈科学交流促进网为科学教育的多元主体协同合作提供了值得参考借鉴的思路。京阪奈交流促进网是依托于京阪奈科学城搭建的促进科学教育与传播的公益机构。它以京阪奈科学城为基点,以自身为载体,将学校、企业、博物馆、高校等主体均纳入广大的科学教育实践协同网络当中,开展丰富多样的、系统完整的科学活动,形成有效的中心辐射作用。京阪奈科学城在2007年就开始了"科学城的孩子们"项目。为推动该项目的实施,京阪奈科学城及周边地区的利益相关者于2014年成立"京阪奈科学交流促进网"组织,借助京阪奈科学城的城市资源与特点,为儿童提供各类以科学为中心的学习机会,以推动日本未来社会的建设。例如,京阪奈科学交流促进网组织举办的京阪奈科学体验节。京阪奈科学体验节聚合了京阪奈及周边地区的研究机构、企业、教育组织和教育工作者,为儿童提供个性化、沉浸式的科学体验。该活动每年度举办一次,在"体验"的主题下不限制各个参与主体的活动创设内容,以生动有趣的基调和学玩统一的形式吸引大量儿童参与。京阪奈科学体验节通过主办单位的坚实保障、参与单位的多元构成、科学活动的自由打造,形成了一场成果可视化的、极具特色的多元主体协同实践,为京阪奈及周边地区的儿童提供了有效的非正式科学教育机会。此外,京阪奈科学交流促进网还积极促进科学资源走进校园,组织初、高中学生前往科学城内的各类企业及研发中心进行参观;邀请京阪奈科学城中各组织机构或企业的研究人员,为学生带来有关科学与技术的知识讲解、实验演示,讲述实际经验故事,定期为教师提供科学实验培训以及设施参观以促进新手教师的科学教育素养。

在新加坡,资优教育处面向小学五年级及中学二三年级开展了"创新计划"学习项目,其合作项目来自企业、高校和组织机构,包括 3M 公司、创新者和企业家协会、南洋理工学院、南洋理工大学、新加坡国立大学、新加坡理工学院、新加坡科技设计大学等十余家单位在内。除政府部门外,各类组织机构也为非正式科学教育的多元化开辟了更丰富的发展路径。例如,新加坡国家公园委员会与学校共同开发了生物多样周、公民科学计划、科学传播大使计划等,还参与了由教育部和新加坡拓展训练合作的教育部户外挑战计划,以促进学生对自然科学教育与生物多样性知识的学习,并参与对环境问题的思考。

以"打造一个通过科学、艺术、人类感知探索世界的公共学习实验室"为目标的旧金山探索馆为建设和支持一个公平、包容和多元化的社区,开展了多种社区科学教育项目,包括高中解说员项目(High School Explainer Program)、XTech 项目、社区教育参与项目(Community Educational Engagement)和加州课后修补网络(California Tinkering Afterschool Network)等。其中,社区教育参与项目是旧金山探索馆和以社区为基础的组织之间的合作纽带,这些组织共同为服务不足的儿童、青少年及其家庭服务。社区教育参与项目目前已与旧金山公共图书馆、旧金山联合学区、加州大学旧金山分校贝尼奥夫儿童医院、旧金山福利公益组织等建立了良好的、持续的合作伙伴关系。该项目为服务不足的儿童、青少年及其家庭提供基于探索馆展览的教育活动,例如,项目的工作人员会定期访问建立伙伴合作关系的社区组织,并邀请目标服务对象到旧金山探索馆进行特殊的实地探索活动。同时,社区教育参与项目的工作人员会向合作组织提供各种资源,包括免费的科学教育材料,举办专业的在职研讨会,帮助获取探索馆的其他资源等。此外,旧金山探索馆也会和合作的社区组织共同开展社区科学工程日等社区科学普及活动。该项目通过多方合作为当地儿童创建了一个更加公平的学习环境,以实现旧金山探索馆对公平和正义的承诺。

爱沙尼亚的AHHAA科学中心也为多元主体合作开展科学教育提供了良好的示范,其实施情况整理如表1。

表1 AHHAA科学中心的多元合作主体

主体类型	具体主体	主要合作内容
高校	塔尔图大学	科研成果展览、理论成果支撑
科研机构	爱沙尼亚研究理事会	科学教育基础研究、开展科学活动
学校	Muraste小学、Tamme Gymnasium高中等	开展科学活动、共享科学教育资源、教师培训、合作开发课程
家庭	学生家长或其他监护人	共同设计和实施"学校作为生活实验室"的科学课程
政府机构	爱沙尼亚教育和研究部	开展科学教育项目;制定科技创新政策和法规
其他场馆	中国宋庆龄青少年科技文化交流中心;罗马尼亚、意大利、希腊等国家的科技馆等	开展科学传播交流、项目合作
国际组织	北欧科学中心协会、欧洲科学中心和博物馆网络、欧洲科学参与协会、国际天文馆协会等	通过年度会议、展览、研讨会、出版物等形式参与欧洲项目和分享知识

(四)凝聚一支高质量的非正式科学教育人员团队

教师是教育教学的核心,非正式环境下的教育机构也不例外,吸引优质的教师人才对于提升课程质量和促进多元主体合作至关重要。爱沙尼亚科学中心的科学教师均是受过高等教育的研究型大学硕士学位教师;高地博物馆的教师队伍主要由4位全职人员和8位高学历兼职人员组成。这些科学教育人员团队均为非正式环境下的科学教育发展提供了强有力的支持。

高地博物馆中,包括馆长在内的全职人员主要负责博物馆的日常运营和课程开发。他们专业背景丰富,教育理想坚定,拥有丰富的知识和经验,能够设计出系统化且互动性强的博物馆课程,满足不同受众的学习需求。除此之外,他们还具备教学技巧和组织能力,能够有效引导学生进行学习与合作。

高地博物馆还依靠兼职教师团队来进行课程的实施。这些兼职教师可能是教育界的专业人士、学生或者来自银行集团的志愿者。他们对于博物馆的工作充满热情,愿意与学生分享知识和经验。兼职教师的加入为博物馆增添了多样性和丰富性,他们可以提供不同的视角和经历,丰富课程的内容和教学方式,进一步激发学生的学习兴趣和创造力。

通过吸引优质人才,高地博物馆形成了一个教师共同体。通过带教、听评课等方式,教师间相互交流、合作和学习,分享教学经验和教育资源,不断提升自身的专业水平。这个教师共同体为博物馆提供了一个持续学习和创新的平台,并为多元主体合作提供了更有价值的教育环境。

除吸引优质师资加入各类科学教育组织机构中外,与更多的科学教育潜在人才,如高校教师、科研人员等开展互动交流,拓宽非正式科学教育的师资渠道也是提升非正式科学教育质量的重要举措。

京阪奈科学交流促进网举办的京阪奈科学体验项目由大学教职员工、研究机构的研究人员等各个领域的专家提供支持,旨在通过为儿童提供多样化科学活动,促进儿童对基本的科学思维与方法的掌握。为贯穿儿童"引领未来"的科学教育目标,京阪奈科学体验项目大力渗透STEM、STEAM教育活动,邀请了如奈良教育大学、大阪成蹊大学、京都精华大学等高校,京阪奈纪念公园、京阪奈儿童天文俱乐部、京阪奈少年机器人俱乐部等组织机构,以及与活动主题相关的各类企业。例如,奈良教育大学教授片冈幸子讲解了一项"编程创作留言板"活动,儿童能够通过创建编程程序并学习电路来制作不同字母与形状的能够亮灯与发声的留言板①,在传达 STEAM 理念的同时,激发儿童对科学制作的参与感与主体性。京阪奈科学体验项目还在企业资助下邀请了 3D 数字雕刻家开展了数字黏土的 3D 制作和 AR 制造②,儿童能够利用数字黏土创作自己的数码化作品,并将完成的作品发送至 AR 钥匙扣,从而在智能手机中进行显示。这些高精尖人才或具有丰富实践经验的专门人员能够为儿童带来丰富多元的科学教育视角,使其科学体验从单向道走向多路径,从"浅尝辄止"走向深度参与。

在新加坡,"科学师友计划"同样配备了十分优质的科学教育师资队伍。作为一项连接科学前沿、深入各类领域的学习活动,"科学师友计划"由新加坡科技研究局、教育部与各类科研机构、科研中心等联合开展。在"科学师友计划"中,学生将有机会接触到来自学校之外各类机构的专业人士,与导师进行密切互动,合作开展科学研究。此外,"科学师友计划"也通过邀请来自新加坡国立大学等研究中心的科学家与工程师,为那些对 STEM 有兴趣与能力的学生提供指导,进一步提升他们的科学理解力、实践力,使其在科学探究与真实的科技世界间建立联系,从而深入理解科学精神、科学文化,培养起道德责任意识。

(五) 打造富含生产力、持久性和恢复力的科学教育生态系统

通过设计系统化且互动性强的博物馆课程,非正式教育机构可以为不同受众提供更丰富且有吸引力的学习体验,从而促进更深入的合作及合作伙伴关系的建立。以苏格兰的高地博物馆为例,其"金钱"系列课程已经过 10 余年的开发和设计,形成了操作性强的课程指南,并通过实施

---

① https://kscan.jp/programs/microbit2023/.
② https://kscan.jp/programs/onedo2022_nov/.

过程中的反馈不断修缮,形成了系统化、品牌化的特色课程,在苏格兰当地广受好评。这些课程通过深入研究和展示与金钱相关的历史文化,探讨金钱货币在社会生活中的作用,为参与者提供了与博物馆展品互动的机会,激发学生的学习兴趣和参与热情,提高了科学教育生态系统的生产力。在此基础之上,高地博物馆还积极开发在线课程和在线资源库,旨在依托互联网手段扩展合作范围和对象,提高自身合作价值。通过在线课程,博物馆可以将知识和学习体验推广到更广泛的地域和受众中。在线资源库则提供了丰富的教育资料和互动工具,使参与者可以随时随地获取博物馆的教育资源,并与其他参与者进行交流和合作。这样的扩展手段不仅可以增加博物馆与不同机构和个人之间的合作机会,还能够提高博物馆的可及性和影响力,形成更具持久性和恢复力的科学教育生态系统。

教育内容的持续更新迭代、充分渗透进学生的课余时间,以及不同类型主体的广泛参与,能够为学生带来更加健康的非正式科学教育生态。

以日本为例,为吸纳广泛的非正式教育资源,进一步深化地区企业、组织的资源合力,带动科普活动深度聚拢,文部科学省创设了基于"周六教育活动推进项目"的"周六学习支持团体"。在文部科学省的鼓励与支持下,各类企业、组织、高校等主体注册加入"周六学习支持团体"。因此,"周六学习支持团体"中实施的教育计划名目一直是处于动态更新之中的,所有期望参与的企业都可以进行申请,并提供具有自身特色的非正式科学教育活动与课程。同时,教育活动不只在周末进行,在学生的寒暑假及其他课余时间也同样进行,学生或学校可以通过实施的地区、面向的年级、开展的时间及感兴趣的主题等,来查找相关的教育计划并进行报名。"周六学习支持团体"所开展的教育活动均为公益性质,不会向学生收取高额费用,其中有全部免费的项目,也有只收取教材费用的项目等。此外,由于参与"周六学习支持团体"的主体涉及各类企业、组织、高校等800余家,其不同的职能特点与教育活动的内容形式能够适应各种不同的学习需要,并实现相互之间的补足与延伸。

中国福利会的会内机构组成完善,中国福利会少年宫、上海宋庆龄学校、中国福利会发展研究中心、宋庆龄幼儿园等机构在正式科学教育、非正式科学教育及科研等方面广泛涉猎并紧密相连,跨越了时间、空间的限制,为建构一个富有生产力、持久性、恢复力的健康科学教育生态系统起到了积极的示范作用。

中国福利会少年宫一方面发挥非正式科学教育的阵地作用,服务于上海市青少年的科学教育;另一方面持续搭建跨区域的平台,加强各区域的联动与交流。为此,中国福利会少年宫成立了小伙伴科技中心,并在该中心设立环保、生命科学、电子、模型、摄影、机器人、综合理科、思维训练等科学小组。该中心通过教学活动和学生社团活动等多种形式,开展科技教育和科技活动,以培养上海市青少年的科学兴趣和科学精神。近年来,小伙伴科技中心策划并组织的科技活动有"全国沿海开放城市青少年环境保护与可持续发展"科学论坛、"我爱苏州河——苏州河的今天与明天"系列活动、"城市,让生活更美好"青少年环保系列活动、上海市青少年磁悬浮列车模型比赛、上海市青少年机器人比赛、家庭机器人擂台赛、少儿摄影大赛等[①]。中国福利会少年宫还携手上海市儿童基金会、上海科普教育发展基金会、上海市慈善基金会、上海东方证券心得益彰公益基金,共同举办了上海市"未来科技之星"项目。

此外,作为全国科普教育基地和青少年校外科技教育的重要阵地,中福会少年宫携手苏州市青少年科技馆、上海科技馆,以"流动少年宫""流动科技馆"的传播形式,共同开展了面向吴江少年儿童的公益科普文化传播活动,加强了长三角地区少年儿童科技文化教育事业的协调与发展[②]。

[①] http://www.cwikids.org/News Contents.aspx?id=4560&pic=no.
[②] 郑思晨."双减"政策下校外教育的使命与担当——以中国福利会少年宫为例[J].科学教育与博物馆,2021,7(6):556—561.

中福会少年宫还积极面向全国各地,以扩大科普活动辐射范围,让更多少年儿童受益,组建志愿服务团,前往贵州遵义、重庆彭水县等地支教,以实现科普资源的共享。

宋庆龄幼儿园和上海宋庆龄学校都在教育过程中遵循"尊重与要求的和谐统一"理念,注重学生探索发现的实践精神的培养。宋庆龄学校在小学、初中、高中各个阶段都设置了丰富的科学课程(表2),高度实现了科学教育生态的持久力,并与国内外各级学校建立友好合作关系,以实现资源的有机交换与整合,促进该体系内科学教育运行的恢复力。

表2 宋校小学到高中的科学课程设置

学段	科学课程
小学	(1) 拓展型课程:注重激发兴趣、综合素质发展,做足拓展型课程。每年从孩子需求出发,以选修的形式,开设30多门包含了运动、艺术、科技、手工类别的拓展课 (2) 探究型课程:培养发现问题、解决问题和动手实践的能力发展,做深探究型课程。跨文化、科技、山水、工坊课程都从不同维度给予孩子基于问题进行可持续的探究实践 (3) 个性化课程:珍惜每一个孩子的天赋,面对学生的多元智能、优势潜能和个性化的需求,做满特需课程。借助中国福利会少年宫的资源优势,聘请科学特级教师作为特聘教师资源,与学校教师团队合作,为有天赋特长的孩子提供宽阔平台,帮助学生深入探索兴趣所在,让每一个天赋得到充分的发展
初中	(1) 基础型课程:在高质量实施国家课程的基础上,遵循"尊重天性,发展个性,培育创造性"的课程理念,对基础型课程从"学科+学科""学科+学段""学科+生活""学科+技能"方面对进行统整,激发学生真实学习、探究学习和深度学习 (2) 拓展型课程:包括主题教育、校园节日、学术讲座、学科选修、社团活动、社会实践六个系列,覆盖艺术人文、科技创新、体育竞技、实践动手四大方面 (3) 荣誉型课程:加强跨学科综合课程建设,努力打造特色鲜明、五育并举的荣誉型课程体系。学校荣誉型课程包括"STEM+"课程、理科思维课程、人文素养课程等

(续表)

学段	科学课程
高中	(1) 融合高中课程：自然科学课程包括数学、物理、化学、生物学等。课程设置考量不同学生学情、兴趣及未来专业发展需求等因素，采用整合中国和国际相关课程的校本教材，实行分层教学 (2) 大学预修课程：学校已开设10多门大学预修课程，包括微积分、物理、化学、生物学、计算机等。其设置和标准严格遵循美国大学理事会(College Board)的相关要求，采用AP原版英文教材，由宋校教师双语或全英文授课 (3) 加州大学洛杉矶分校(University of California Los Angeles，UCLA)学分课程：高中部引入UCLA基础学分课程，设置建立"全球课堂"。目前，高中部开设了包含统计学、自然地理、地理信息系统等在内的10多门UCLA学分课程。这些课程全部由UCLA全球课堂教授亲自授课，学生在完成课程后将会收到UCLA海外拓展部门的学习成绩单，该成绩单受到98%的美国大学认可，其学分可以转入日后就读的美国大学

校外科普资源支撑"双新"课程教学改革的路径探索

——以"科普场馆"资源为例①

辛琳华②

摘要 随着教育改革的不断深化,新课程、新教材的推出对校内外教育的教学方法创新和教学资源整合提出了新的更高的要求。本文系统梳理了校外科普资源的现状、特点及其在教育改革中的作用,明确了校外科普资源支撑"双新"课程教学改革的9个关键维度,并构建了"三方合和"协同育人机制,提出了一套科普资源教育性转化的策略。以上海印刷博物馆的"雕版印刷探秘"项目为例,展示了科普资源教育性转化的具体实施路径和成效。通过整合校内外资源,构建协同育人模式,能够有效促进学生的科学素养和创新能力的提升,为"双新"课程教学改革提供有力支撑。

关键词 校外科普资源;"双新"课程教学改革;协同育人;教育性转化;科普场馆;实践探究活动;科学素养;创新能力

随着教育改革的不断深化,新课程、新教材(以下简称"双新")的推出对校内外教育的教学方法创新和教学资源整合提出了新的更高的要

---

① 本文为上海科技馆科普智库科研创新平台开放课题资助成果。
② 辛琳华,上海市校外教育协会教师(上海市科技艺术教育中心师训研究部教师),一级教师,长期从事青少年校外教育实践与研究工作。

求。2023年,教育部等18个部门联合颁发的《关于加强新时代中小学科学教育工作的意见》明确指出,各地要按照课程标准,"'请进来''走出去'双向互动,积极开展实验和实践活动,统筹利用社会优质科学教育资源"[①]。同时,中共中央办公厅、国务院办公厅印发的《关于进一步减轻义务教育阶段学生作业负担和校外培训负担的意见》也强调,要充分利用社会资源,发挥好少年宫、青少年活动中心等校外活动场所在课后服务中的作用[②]。2024年,《上海市中小学校外实践教育促进规定》要求,本市青少年活动中心、少年宫、少科站、青少年活动营地等,应当承担起校外实践教育职责,发挥示范作用,同时,各类场馆等也应当积极参与校外实践教育,为学校开展校外实践教育提供支持和帮助[③]。随着校外科普资源的日益丰富,仅以科普场馆为例,近年来,上海科普教育基地200余个,为广大青少年提供了丰富的科普教育资源。因此,在"双新"背景下,公办校外教育单位,特别是教育系统的少年宫、少科站、青少年活动中心等,应主动承担起协助校外科普资源单位进行有效的教育性转化重任,支撑课程教学改革,将经过开发整合的校外科普资源推荐给学校,用于课后服务,从而为青少年提供更多提升科学素养和创新能力的空间和机会,以更好地适应时代的发展和学生的需求。

[①] 教育部 中央宣传部 中央网信办 中央精神文明建设办公室 国家发展改革委 科技部 工业和信息化部 财政部 自然资源部 生态环境部 农业农村部 中国科学院 中国工程院 自然科学基金委 共青团中央 全国妇联 中国科协 全国少工委关于加强新时代中小学科学教育工作的意见[J].中华人民共和国国务院公报,2023(21):44—48.

[②] 中共中央办公厅 国务院办公厅印发《关于进一步减轻义务教育阶段学生作业负担和校外培训负担的意见》[J].中华人民共和国国务院公报,2021(22):14—19.

[③] 上海市中小学校外实践教育促进规定[N].解放日报,[2024-08-30].DOI:10.28410/n.cnki.njfrb.2024.003973.

一、校外科普资源支撑"双新"课程教学改革的意义

"双新"教育改革背景下,丰富多元的校外科普资源的有效利用与公办校外教育单位的功能发挥,对于课程教学改革、学生科学素养和创新能力的培养具有至关重要的推动作用。

首先,发挥优质资源的教育功能,加强校外科普资源的有效利用。通过探索"校外科普资源+公办校外教育单位+科学课程教学改革"的深度融合模式,可以打破传统教育的局限性,实现教育资源的优化配置和高效利用,推动形成开放、多元、协同育人的教育生态,促进教育教学模式的变革与创新,为培养具有创新精神和实践能力的人才提供有力支撑。同时,该模式还能提供校外科普资源教育性转化的路径,为学校课后服务提供可实施的参考案例。

其次,为学生提供更多的发展空间和机会,实现科学素养和创新能力的多维培育。通过充分利用校外科普资源,可以为学生提供更加广阔的发展空间和丰富的实践机会,使他们能够在实践中发现和解决真实问题,培养他们的科学探究能力和创新精神。同时,公办校外教育单位充分发挥其作用,能够为学生提供更加专业且系统的科学教育,有效提升学生科学素养。

最后,创新合力育人的实践模式,推动校内外科学教育的协同发展。通过加强公办校外教育单位与科学课程教学的深度融合,积极利用校外科普资源,组织学生前往科学教育场所进行场景式、体验式科学实践活动,实现校外科普资源的教育转化,提升教育教学质量。同时,该模式可为学生提供更加全面、均衡的教育服务,满足其多样化的学习需求。

二、校外科普资源支撑"双新"课程教学改革的理论基础

"双新"课程教学改革的深化要求教育必须与时俱进,适应快速变化

的社会环境。李德元等学者主张教育改革应超越传统框架,致力于学生核心素养的全方位提升,而非单纯的知识灌输[1]。此外,教育改革理论还着重于德育的强化、课程内容的革新以及教学方法的创新,如倡导大单元教学模式和基于学科实践的育人路径,以促进学生深度学习和高阶思维的发展[2-3]。

(一)"双新"课程教学改革的核心理念

"双新"课程教学改革聚焦"立德树人"的根本教育使命,旨在培育德智体美劳全面发展的社会主义建设者和接班人[4]。同时,改革强调从知识传授向核心素养培育的转型,涵盖批判性思维、创新能力、团队协作及社会责任感等多维度素养的培育。科学素养的提升被置于重要位置,主张以培养学生的科学素养与实践能力适应智能时代的发展需求;提出协同育人机制的构建,主张"学校、家庭、社会"三方紧密合作,形成教育合力,为学生提供更加丰富多元的学习资源与成长环境,激发学生的创新精神与实践能力,培养符合新时代要求的时代新人。

1. 基于课程标准的教学

新一轮课程方案和课程标准的修订强调了"基于课程标准的教学",要求教师在教学中严格按照课程标准进行教学设计和实施,确保教学内容、方法与课程标准相一致。

2. 核心素养导向

新课程改革明确提出,学校要以培育核心素养为导向,开展情境化教

---

[1] 李德元,等."双新"教育改革的能力导向[J].[2021-08-15].文汇报.
[2] 高国君,蔡友芬."双新"课堂实践中的情境化、大单元与高阶思维融合策略[J].教育家,2023,8(2).
[3] 崔允漷.新课程背景下的"新"教学范式探索[J].[2023-02-15].光明日报教育家杂志社.
[4] 国务院办公厅关于新时代推进普通高中育人方式改革的指导意见[J].中华人民共和国教育部公报,2019(6):7—11.

学,关注应用性、综合性、探究性和开放性问题,以培养学生关注现实世界、解决实际问题的能力,解决实践中三维目标相互割裂的问题。

3. 学为中心

"学为中心"的观念得到了普遍认同,并在一定程度上推动了课堂样态的变化。这些转变促使教师关注到学生及其学习,即学生的参与和自主学习的机会,而非成绩本身。

4. 大单元教学

大单元教学是新课程改革的重要策略之一,要求教师设计并让学生经历"完整的学习事件",确保学生形成结构化的学习经验,并建立起知识与经验的关联。

5. 情境化教学

情境化教学是"双新"背景下教学的重要理念,强调创设与生活关联的、任务导向的真实情境,使学生在一定的情境中学习,化解知识本身带来的"疏离感"。教师需要为学生的实践性学习提供支架,确保教学内容与学生的实际生活、经验相结合。

6. 学科实践

强化学科实践是育人方式变革的核心方向,要求学生在真实的情境中,带着问题、任务、项目,运用已有的知识经验,开展探究活动,建构起具有个人意义的认识。

7. 优化作业设计

在"双减"背景下,优化作业设计成为重要策略。教师需要将课外作业与课堂上的学习统筹考虑,将二者统一到一个整体的、接续的学习进程之中。

(二) 校外科普资源的研究理论

科普资源的相关研究为我们揭示了非正式教育环境在科学素养培养

中的独特价值。校外科普资源,诸如科技馆与博物馆,不仅是知识的宝库,还是激发学生科学兴趣、培养其探究能力的沃土[1]—[2]。张彩霞等学者指出,将科技馆教育活动与STEM教育理念深度融合,能够为学生提供丰富的互动体验和动态学习机会,成为STEM教育的实践前沿[3]。同时,叶兆宁等学者强调了探究式学习在博物馆等非正式学习空间中的核心地位,这种学习方式鼓励学生主动建构知识,探索新技术应用,从而深化对科学的理解[4]。

校外资源范畴广泛,涵盖科技馆、博物馆、图书馆及在线教育平台等,它们凭借丰富的教育资源与灵活的教学手法,为教育创新提供了广阔空间。据研究,校外科普资源在科学素养与创新能力培育中扮演着至关重要的角色。通过构建实践平台、深化探究式学习、促进课程整合以及提供创新实践机会,这些资源显著提升了学生的科学理解、实践技能和创新思维,为培养未来的科技创新人才奠定了坚实的基础。

(三) 校外科普资源与"双新"课程整合的研究概论

校外资源在辅助校内课程教学上的作用日益凸显,国内外学术界对此展开了广泛而深入的探讨,并聚焦于资源的多样性、特性及其在教育实践中的应用成效与现存挑战。在课程教学实践中,校外资源被创造性地融入校内课程,不仅丰富了教学内容,还为学生提供了宝贵的实践探索机会,促进了其综合素养的全面发展。校外科普资源与学校课程内容的结

---

[1] 张彩霞. STEM教育核心理念与科技馆教育活动的结合和启示[J]. 自然科学博物馆研究,2017,2(1).

[2] Chin C. Museum Experience—a Resource for Science Teacher Education [J]. International Journal of Science and Mathematics Education, 2004, 2(1): 63—90.

[3] 刘雅竹,顾洁燕. 博物馆展览资源与学校基础课程内容相结合——上海自然博物馆基于课程标准的教育活动开发思路[J]. 自然科学博物馆研究,2017,2(3).

[4] 叶兆宁. 博物馆中的探究式学习[J]. 自然科学博物馆研究,2022,7(3):4.

合,有助于增强学生对课程内容的理解,同时也促进了博物馆教育功能的实现。这种整合策略有助于学生将理论知识与实际情境相结合,从而提高学习成效和科学理解的深度。

1. STEM教育理念的实践平台

张彩霞指出,科技馆通过互动体验和动态演示型展品,有效地将STEM教育理念融入教育活动中,为学生提供了实践的平台①。这种教育模式不仅促进了学生对科学知识的掌握,而且通过实际操作和体验,增强了学生的实践技能和科学探究能力。

2. 探究式学习模式的发展

叶兆宁提到,博物馆等非正式学习环境通过探究式学习模式,结合新技术和教育需求的变化,深化了学生的知识建构过程②。这种学习模式激发了学生的求知欲和探索精神,促进其创新思维的培养。

3. 科技创新人才培养的场域

周丹华和王晶莹提出,科技馆作为非正式教育的重要场所,具有独特的教育潜力和优势,能够为青少年提供实践探究学习的场域③。这为培养青少年的科技创新能力和后备人才提供了重要支持。

4. 科技馆科普作用的增效

佟贺丰和黄东流指出,科技馆作为重要的科普基础设施,在科普教育中发挥着关键作用④。通过与学校的紧密合作和充分利用场馆资源,可以有效提升场馆课程的质量和学生的学习效果。

---

① 张彩霞.STEM教育核心理念与科技馆教育活动的结合和启示[J].自然科学博物馆研究,2017,2(1).

② 叶兆宁.博物馆中的探究式学习[J].自然科学博物馆研究,2022,7(3):4.

③ 周丹华,王晶莹.依托科技馆平台培育科技创新后备人才:特质演化、国际经验与实践路径[J].自然科学博物馆研究,2022,7(5):18—28.

④ 佟贺丰,黄东流.国内科技馆科普工作现状分析[J].自然科学博物馆研究,2018,3(3):5—10.

三、校外科普资源支撑"双新"课程教学改革的现实挑战

（一）教学模式的革新

科普资源的融入要求教学模式从传统的讲授式向更加灵活、互动的模式转变。教师亟须采用探究式学习、项目式学习等教学模式，鼓励学生主动探索、实践操作，以提高学生的参与度和学习效果。同时，亟须充分利用场馆资源，设计情景式教学活动，让学生在真实或模拟的环境中学习，增强学习的实践性和体验性。

（二）课程设计的创新

科普资源的引入为课程设计提供了新的思路。教师在设计课程时，亟须将科普资源与学科课程紧密结合，开发跨学科的综合课程。例如，结合科技馆的展览资源，设计科学、技术、工程和数学（STEM）领域的综合课程，以培养学生的综合素质和创新能力。

（三）教学资源的整合

科普资源的有效整合是实现教育转化的关键。教师亟须对各类科普资源进行筛选、整合，形成与教学目标相匹配的教学资源库。同时，亟须利用数字技术，如建立在线教育资源平台，将科普资源数字化，方便学生与教师的获取和使用。

（四）学习方式的多样化

科普资源的融入要求学习方式的多样化。教师亟须突破传统的课堂教学，通过实地考察、在线学习、互动讨论等多种方式进行学习。教师亟

须根据学生的不同需求和兴趣,设计多样化的学习路径,为学生提供个性化的学习支持。

(五) 评价机制的完善

科普资源的有效利用需要完善的评价机制。教师亟须建立全面、多元的评价体系,不仅评价学生的知识掌握情况,还要评价学生的实践能力、创新精神和团队合作能力等核心素养培育的成效。同时,教师亟须引入自我评价和同伴评价,让学生参与到评价过程中,提高评价的公正性和有效性。

(六) 教师角色的转变

科普资源的融入要求教师角色的转变。教师不仅是知识的传授者,还应成为学习的引导者、促进者和支持者。教师亟须不断更新自己的专业知识,提高资源整合和教学设计的能力,以更好地指导学生利用科普资源进行学习。

(七) 学习环境的优化

科普资源的有效利用需要良好的学习环境。学校和科普场馆亟须协力,共同营造有利于学生探究和实践的学习环境,提供必要的设施和条件。

(八) 多维度的持续融合

为探讨校外科普资源支撑"双新"课程教学改革的路径提供必要的数据支持和实证依据,我们对上海市校外科普资源支撑"双新"课程教学改革的现状进行了调研。数据表明,科普资源支撑"双新"课程教学改革的价值得到了广泛认同,以场馆教育为代表的资源教育转化方式,资源丰富多样,与学校教育的融合初见成效;但在馆校协作、教师专业成长、资源转化策略、支撑课改模式及资源教育转化的教学实践等方面亟须持续探索。

四、校外科普资源支撑"双新"课程教学改革的路径探索

针对以上现实挑战,在推动校外科普资源与"双新"教育深度融合的进程中,我们围绕以下内容开展重点实践与研究,寻找校外科普资源支撑"双新"课程教学改革的有效实践路径。

(一)馆校合作机制的深化

尽管当前已有部分学校与科普机构建立了初步的合作框架,但合作模式的精细化与高效性仍有待加强。为提升教育成效,亟须构建一种更为紧密且协同的校内外教育合作模式,以充分利用双方资源,实现教育效益的最大化。

为了深化馆校合作,我们建立"校外科普资源(馆)+公办校外教育单位+校内教师"三方协同育人模式,定期的交流与评估机制,确保双方在教育目标、内容安排及实施方式上的高度一致。同时,鼓励科普场馆根据学校"双新"课程教学改革需求分析资源适用方案,校内教师结合学情及"双新"课程教学改革要求提出核心素养培育的具体目标,公办校外教育单位发挥活动育人作用,有效衔接校内课程与校外科普资源的融合方式,定制特色科普活动,形成"三向促进"的良性循环。

(二)师资强化与专业能力拓展

在整合校外科普资源的过程中,我们引入校外科普资源(馆)馆员、公办校外教育单位、校内学科教师的师资力量,实施"双师型"或"多师共育"

机制,通过跨学科教学团队的组建,丰富教学内容,提升教学质量,从而拓宽师生的知识视野与专业能力。

在教师资源的专业成长方面,进行场馆资源教育转化的专项师资培训,提升多师整合利用场馆资源支撑"双新"课程教学改革的基本能力,让学校教师有机会在科普场馆进行实践与学习。

(三)资源教育转化与课程整合的强化

我们围绕学生核心素养的培育与跨学科学习的需求,重新审视校外科普资源,并重构课程体系。通过对场馆资源转化为教育活动的精心设计,确保校外实践活动与课堂教学内容的有效对接,促进知识的内化与迁移,提升学生的综合素养。

在资源教育转化方面,我们建立一系列有效的转化策略,确保资源能够有效满足校内"双新"课程教改的需求,鼓励教师根据课程内容与学生兴趣,基于"双新"课程改革的培养目标,利用场馆资源设计富有创意的实践活动与项目研究,让学生在实践中学习、在探索中成长。在课程整合方面,通过设置跨学科主题单元、开展项目式学习等方式,将校外资源与校内课程紧密结合起来,形成有机整体,促进学生综合素养的全面提升。

五、 实践探索的主要成果

(一)明确校外科普资源支撑"双新"课程教学改革的维度

经研究,我们将校外科普资源支撑"双新"教学改革的"支撑维度"和"支撑路径"进行提炼、归纳与总结,这些内容反映了校外科普资源如何支撑"双新"课程教学改革的不同方面,主要包括内容支撑、方法支撑、能力支撑、环境支撑、评价与反馈支撑、培育学生核心素养、重构教学资源、知行合一、专业支撑等。详见表1。

表1 "双新"课程教改的支撑维度与路径

支撑维度	支撑路径
内容支撑	拓展教学素材：丰富教材和课程内容；增强学科交叉性：促进多学科融合与联系
方法支撑	创新教学方式：启发项目式、探究式教学；增强实践教学：设计实践性教学活动
能力支撑	提升科学素养：培养科学思维、探究能力及伦理意识；促进综合能力发展：锻炼合作、沟通、创新能力
环境支撑	创建良好学习氛围：激发学习兴趣和主动性；拓展学习空间：打破教室限制，提供广阔平台
评价与反馈支撑	完善评价体系：丰富评价方式（过程性、表现性等）；提供反馈机制：及时获取学习反馈，支持教学调整
培育学生核心素养	提供实践探究机会：充分利用科技馆等资源；拓展跨学科学习：建立跨学科知识联系
重构教学资源	丰富教学资源库：筛选符合"双新"要求的资源；促进知识连贯性：联系课堂与现实生活
知行合一	实施真实情境深化实践教学：通过校外科普资源开展实践活动；加强任务驱动和（或）项目化学习：注重学以致用，用以致学
专业支撑	实施多师制教学：提供多元化的学习体验；强化各自的专业、项目、学科领域的实力：发挥专业指导作用，有效提升教学质量

（二）建立校外科普资源支撑"双新"课程教学改革的路径模式

在"双新"课程教育变革的背景下，强化协同育人的理念与机制架构显得尤为迫切且关键。为此，我们创新性地提出了由场馆方、公办校外单位方与学校构成的"三方合和""多师共育"的协同育人机制，其核心在于精准界定各参与方的角色与职能,以促进科普资源向教育价值的深度转化,并确保校外科普资源在教育转化的过程中充分发挥三方各自专业维度的积极作用,更高效地支撑"双新"课程教学改革的要求。详见图1。

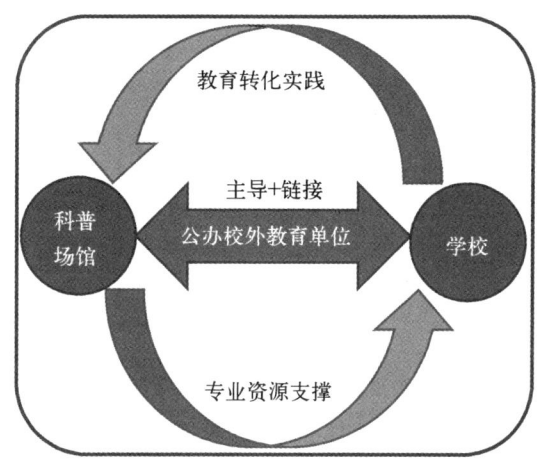

图1 "校外科普资源＋公办校外教育单位＋科学课程教学改革"深度融合的基本机制

该模式中,课题组明确了科普资源所在的场馆、公办校外教育单位、学校、教师、学生在校外科普资源教育性转化及实践中的职责和功能定位。公办校外教育单位将负责设计项目化、主题式、综合性的教育实践活动方案;科普资源所在的场馆将提供适合"双新"课程教学改革的科普资源、实践场地以及专业性指导;学校将配合提供必要的"双新"课程内容支持,确保科普资源能够顺利融入课程教学;教师将作为实施者,负责具体实践活动的实施;学生将通过参与实践活动,提升自身科学素养和创新能力。详见图2。

通过"三方合和"协同育人的联动,不仅打破传统教育资源的界限,还促进教育资源的共享与互补,为构建开放、多元、包容的教育体系提供有力支撑。这种协同模式鼓励学生走出校园,走进科普场馆,亲身感受科学的魅力,将理论知识与实践操作紧密结合,从而培养学生的探究精神、创新思维和解决实际问题的能力。

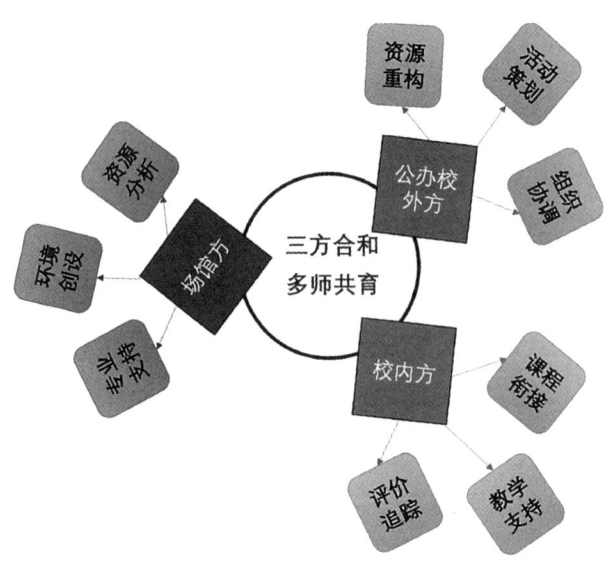

图 2 "三方合和""多师共育"模式

（三）形成科普资源支撑"双新"课程教学改革的范式

1. 科普资源教育性转化及实践的范式

我们构建"多师备课坊"+"多师教学场"科普资源教育性转化及实践的基本运行机制。"多师备课坊"包括资源筛选、重构等环节，"多师教学场"包括资源的具体应用与活动实施环节。同时，通过分层分类进阶挑战任务建立有效的评价和反馈机制，确保科普资源在教育实践中的持续有效性。详见图 3。

该范式旨在将丰富的科普资源转化为契合"双新"课程教学改革要求的实践活动体系，确保资源精准对接"双新"教学目标。

教育转化与资源筹备阶段，聚焦于将筛选出的科普资源创造性地转化为生动的教育场景与活动，包括但不限于互动体验区、探究式实验室的构建，以及配套教育资源的全面筹备，以保障实践活动的无缝衔接与高效执行。

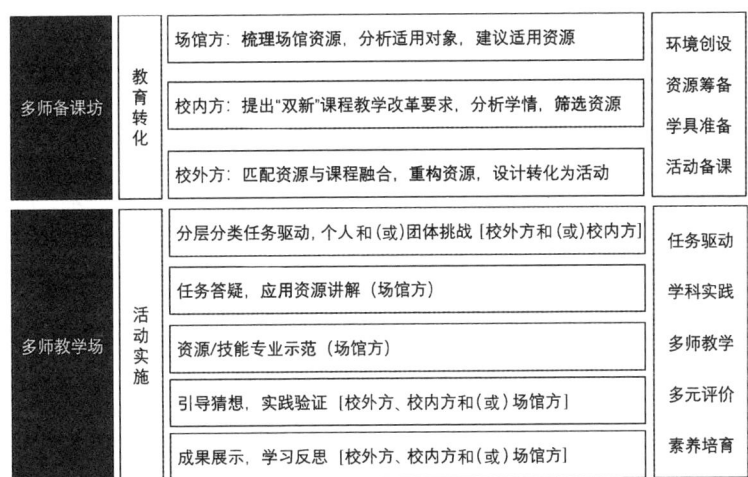

图 3　科普资源教育性转化及实践的范式

公办校外教育单位在此模式框架中扮演了融合创新的角色,致力于将科普资源深度融合至"双新"课程体系之中,通过精心设计的活动方案,不仅实现资源的再创造,还激发学生的学习热情与探索欲。

实践活动以任务为导向,层层递进的挑战任务促使学生从被动接受转为主动探索,通过小组合作或个人挑战,培养其批判性思维、问题解决能力及创新精神。在此过程中,场馆专家提供专业指导,校外与校内教师携手,共同引导学生经历猜想、实验、验证的完整学习循环。

该范式中,"多师协同教学模式"汇聚多方智慧,构建起一个跨学科、综合性的教学网络,为学生提供多元视角的学习体验。同时,构建多元化评价体系,综合考量学生的实践成果、过程表现及自我反思,以全面促进学生的个性化成长与持续发展。

通过上述运行机制的建立和实施,可以确保科普资源在教育实践中的有效转化和应用,从而促进学生科学素养和实践能力的全面提升。这一范式需要科普资源所在单位、公办校外教育单位、学校等多方的共同努力和协作。

2. 校内外协同研修坊的组建与运作

在上述运行范式中,"多师备课坊"+"多师教学场"的运行基于校内外协同研修坊的组建与运作。在校内外协同研修共同体的构建与运营实践中,我们旨在跨越领域界限,实现资源的深度整合与优势互补,从而高效推进"双新"课程教育革新,全面提升学生的综合素养与创新潜能。

(四)试点科普资源支撑"双新"课程教学改革的实施

遵照以上支撑维度、运行模式及实施范式,我们以上海印刷博物馆这一校外科普资源为试点,以"雕版印刷探秘"为主题,将科普资源转化为场馆实践探究活动,精心策划与实施一系列以学生为中心、实践为导向的学习活动,以期拓宽教学内容边界,强化跨学科融合,革新教学方法,进而提升学生的科学素养与综合能力,促进其全面发展。

1. 依支撑维度转化资源

活动设计围绕"双新"课程教学改革的9个支撑维度:内容支撑、方法支撑、能力支撑、环境支撑、核心素养培育支撑、资源重构知行合一、评价与反馈、专业支撑。以学生为中心,以任务为驱动,以场馆为依托,对场馆资源围绕教育教学所需进行重构,设计成项目化学习方式的场馆实践探究活动。通过设计3个子任务——雕版印刷知识图谱制作、雕版印刷操作体验、流动展宣讲,形成完整的学习路径。

以上海印刷博物馆为试点开展的"雕版印刷探秘"活动旨在通过丰富的场馆资源和互动式教学,引领大家深入探索中华古代智慧的瑰宝——雕版印刷术。通过构建"知识构建—技能实践—成果展示",形成闭环式学习路径,确保学生全程参与、深度体验。

2. 资源转化成效显著

(1)学生参与度与学习成效较好。实施结果显示,学生对"雕版印刷探秘"场馆实践探究活动表现出高度的参与热情,参与度达90%以上。

学生在知识图谱制作、技能体验与验证、成果展示与反思等环节中,均展现出较强的主动探索和团队合作能力。

(2) 知识与技能的掌握有效果。通过前后测试对比分析,学生在雕版印刷相关知识的掌握上有显著提升。他们不仅对雕版印刷的历史背景、技术细节、文化价值有了深入了解,而且在实践操作中展现出良好的技能,包括制版、上墨、铺纸、印刷等各个环节。通过参观展品和学生之间、师生之间交流,学生进一步了解了雕版印刷的知识,提高了自身人文素养。同时,通过观察、体验雕版印刷传统技艺,学生思考并归纳出雕版印刷的技术流程和动作要领,从而提升动手实践能力,培养劳动意识。

(3) 科学素养与创新能力有提升。活动通过"合理猜想-实践验证"有效促进了学生科学素养的提升,特别是在批判性思维、问题解决能力、创新思维等方面。学生在探究过程中展现出独立思考和创新能力,能够结合实际情境提出解决方案,并通过实践活动加以验证。

(4) 情感态度与价值观有塑造。通过实践活动,学生对中华传统文化的认识和尊重得到加强,文化自信和民族自豪感得到提升。同时,在团队合作中,学生学会了相互尊重、协作共赢,培养了积极的人际交往能力。此外,通过为场馆设计雕版印刷术的知识图谱,学生进一步培养创新实践意识和文化自信。

(五) 提炼出校外科普资源教育转化的策略

1. 资源系统化整合与主题化课程构建

转化须对校外广泛的科普资源进行系统性整合,深入剖析其教育潜能与受众适应性。基于K12分析科普场馆资源分层适用性,紧密围绕"双新"课程的核心目标,实施主题化课程设计,将资源巧妙融入教学实践活动,确保内容的针对性与实效性。

2. 跨学科整合与项目导向学习

转化须通过跨学科的知识整合,重构科普资源,构建项目和(或)任务导向的学习模式,强化理论与实践的深度融合,培育学生综合思维与创新能力,使其在解决实际问题的过程中,形成跨领域的知识体系与技能结构。

3. 任务引领与探究式学习路径

转化须设计富有挑战性的学习任务,激发学生的内在学习动机与探索欲。学生在完成任务的过程中,经历从问题识别到解决方案设计的全过程,有效提升其科学素养与问题解决策略。

4. "多师协同"教学与专业指导强化

转化须实施"多师协同"教学策略,多轮深度"备课",整合场馆专家与学校教师的专业优势,形成互补的教学合力,丰富教学内容,为学生提供更加多元、专业的学习视角与指导。

5. 情境化学习环境营造

转化须充分利用科普场馆的独特资源与环境,创设沉浸式学习情境。学生在接近真实的场景中学习,能够更深刻地理解知识内涵,增强学习的互动性与实效性。

6. 多元化评价体系构建

转化须建立涵盖知识掌握、实践能力、创新思维及核心素养等多维度的评价体系。通过过程评价与结果评价相结合的方式,全面评估学生的学习成效,为教学改进提供科学依据。

7. 持续评估与迭代优化

转化须对实践活动进行长期跟踪评估,基于反馈数据不断优化活动设计与实施策略。这一过程确保了教学活动的时效性与针对性,为"双新"课程教学改革提供有力支撑。

回顾近年来校外科普资源对教育教学改革的支撑探索历程,我们深刻认识到优质资源与校内外协同育人的重要性和向心力,这仍需我们在实践中不断探索和完善。本研究提出了校外科普资源支撑"双新"课程教学改革的整合路径,突破了传统教育模式的局限,为科普资源的有效利用提供了新思路;构建了"三方合和"协同育人机制,明确了各参与方的职责和功能定位,为科普资源教育性转化提供了清晰的实施框架;创新性地提出了"多师备课坊"与"多师教学场"的概念,通过多师协作,实现科普资源与学校课程的深度融合。本研究还以实际案例展示了科普资源教育性转化的具体实施路径和成效,验证了理论模型的可行性和有效性。未来,我们还将增加案例研究的种类和数量,以提高研究的代表性和广泛性;建立长效的评价和反馈机制,对科普资源教育性转化的持续影响进行跟踪研究;探索科普资源与"双新"课程教学改革整合路径在不同学科和教育阶段的适用性,为教育实践提供更加精准的指导。同时,我们还要加强对教师专业发展和跨学科教学能力的研究,为教师提供更多的培训和支持,以促进科普资源的有效利用和"双新"课程教学改革的深入发展。

"双新"背景下场馆教育的变革路向[1]

张琰梅[2]

摘要 "新课程与新教材"的落地对青少年教育发展提出了新的要求和挑战。场馆教育作为教育体系中的重要组成部分,亟须抓住"双新"引领下的教育改革发展契机,探索变革路径与方向。本研究围绕"双新"的核心目标与焦点,审视场馆教育发展现状,发现当今场馆教育价值认同提升但理念尚须革新、实践成果丰富但理论研究薄弱、教育成效显著但短板障碍尚存;应在教育学视角下,坚持素养导向,探索以学习者为中心的资源重构、技术融合支持的学习与评价,并加强多方协同的师资队伍建设,深化基于学生核心素养发展的馆校合作。

关键词 "双新";场馆教育;非正式教育;馆校合作

新课程、新教材(以下简称"双新")对我国教育发展和人才培养提出了新的要求与挑战,要求教育对人的培养从知识技能升级为对核心素养的培养。在发展终身教育、建设学习型社会的新时代,培养具有核心素养的时代新人有赖于校内外协同视角下学校教育与社会教育的紧密配合。场馆教育作为教育体系中的重要组成部分,是连接学校教育与社会教育

---

[1] 本文为上海科技馆科普智库科研创新平台开放课题资助成果。
[2] 张琰梅,上海市科技艺术教育中心师训研究部教师,主要研究方向为校外教育、教师发展、课程开发。

的桥梁①,其角色与功能亦面临新的定位与要求。在新课程与新教材改革背景下,亟须探索场馆教育如何顺应时代趋势,更好地服务于学生综合素质和核心素养培育,以实现自身深层次变革,构建协同育人的教育生态。本文立足"双新"课程改革背景,对场馆教育发展现状进行调研与分析,审视当今场馆教育面临的挑战和变革需求,探讨"双新"背景下场馆教育变革的内容、路径与策略。

一、"双新"理念呼唤场馆教育的变革

"场馆"是一个广域概念,场馆教育在学习、教育、正规教育与非正规教育、非正式教育等主题交织的概念网络中表现出较大的模糊性②,关于场馆教育的属性与范畴、内涵与功能等界定尚存在一些争议。本研究所讨论的"场馆教育"是指通过开发与利用场馆资源发挥育人功能的教育活动。

场馆的教育功能与价值已获得普遍认可和关注。英、美、日等国在场馆教育(博物馆教育)、非正式学习等方面进行了长期探索,已取得较为成熟的理论和实践成果,以场馆教育为代表的非正式教育和以学校教育为代表的正式教育相融合的价值已获得较大认可,其探索与研究正处在发展阶段③—④。我国场馆教育的研究同样日渐丰富,但从已有研究来看,多聚焦于各类主题场馆与学习的研究,尤其是以学习为结果的场馆活动

---

① 王乐,涂艳国.场馆教育引论[J].教育研究,2015,36(4):26—32.
② 王乐,涂艳国.场馆教育引论[J].教育研究,2015,36(4):26—32.
③ Evaluation of Find Your Talent Programme [J]. SQW Consulting, 2009(12):2.
④ Evi Bckerman, Nicholas C, Burgules, Diana Keller. Learning in Places: The Informal Education Reader [M]. New York: Peter Lang, 2006:26—37.

设计①。

20世纪末以来,馆校合作观逐渐进入政策与学术视野。以我国为例,《基础教育课程改革纲要(试行)》《中小学综合实践活动课程指导纲要》《关于推进博物馆改革发展的指导意见》等一系列教育政策文件,都强调学校要充分利用博物馆、科技馆等社会资源。在馆校合作的课程开发、实践探索等方面,理论与实践均取得了一定成果②-③。尽管场馆教育价值已获得较高认可,馆校合作的研究也已受到教育界关注,但在研究的广度和深度上仍显薄弱,尚未建立起科学有序的馆校合作制度体系,也缺乏有推广价值的实践案例④。

"双新"为场馆教育带来了新的发展契机。随着教育改革的不断深化,促进学生全面而有个性的发展、培养核心素养已成为我国教育发展的共识。"双新"的落地,更加强调了素养导向的育人目标,推动了人才培养体系的深度变革,引领起教育领域的不断革新。以场馆教育为代表的非正式教育是国民教育体系的重要组成部分,在培养学生科学精神、实践能力和综合素质方面有独特价值,与"双新"课程改革的核心理念相符合。如何抓住"双新"引领下的教育改革发展契机,探索场馆教育与学校教育的有机结合,已成为当今场馆教育变革与创新的着力点。

不过,就我国场馆教育发展现状而言,场馆与学校、社区结合度尚不够紧密,仍未真正融入国民教育体系⑤。为了更好地将"双新"课改理念

---

① 王乐. 馆校合作研究[D]. 华中师范大学,2015.
② 随杰,常素霞. 走出庭院 服务社会 不断加强博物馆的教育功能——河北省民俗博物馆"传统文化进校园、进社区"活动的实践与思考[J]. 文物春秋,2008(4):44—47+63.
③ 王牧华,付积. 论基于馆校合作的场馆课程资源开发策略[J]. 全球教育展望,2018,47(4):42—53.
④ 李睿,刘颖芳. 我国场馆教育近十五年研究热点和现状——基于CiteSpace的可视化分析[J]. 自然科学博物馆研究,2023,8(5):50—58.
⑤ 郑奕. 博物馆教育活动研究[D]. 复旦大学,2012.

注入场馆教育研究,使场馆教育改革建立起更加深刻的教育学思考,我们有必要探清我国场馆教育的发展现状,从而为明晰场馆教育与学校教育结合点提供必要的实证依据。

二、场馆教育发展现状的现实审视

为深入探讨场馆教育在"双新"背景下的变革与发展,本研究对场馆教育已有研究成果进行梳理,并以上海市为例、以场馆教育受众(学生、家长及教师等群体)为调查对象,围绕当前我国场馆教育发展情况进行调研,获取场馆教育发展现状的真实样貌,系统分析我国场馆教育还需要哪些改革与创新、外部资源与力量助力等,从而为探讨场馆教育变革路向提供分析方向和实证依据。

(一) 调研设计

1. 调研对象与内容

在场馆教育场域内,学生、教师、家长、资源提供方是最主要的关系主体。因此,本研究选择中小学学生及家长、教师(包括学校教师和校外教育教师)、场馆方四类群体作为调研对象。为使调研结果更具深度和有效性,课题组以上海市为调研样本,围绕场馆资源等非正式教育资源的使用情况、场馆教育评价情况、馆校合作情况三个方面,在全市范围内展开调研。

2. 资料收集与分析

文献检索与分析贯穿整个研究过程,体现在资料收集、资料整理与分析、报告撰写等每一研究环节。通过对已有研究成果进行分析,本研究编制了调研方案(包括确定调查内容、设计调查问卷与访谈提纲等),文献分析也为调研结束后的资料分析环节提供了指导和理论依据。本研究通过问卷调查、线上访谈、线下座谈、实地观摩等线上与线下相结合的形式进行数据收集,共收集有效问卷 1612 份(学生卷 645 份、家长卷 604 份、教师卷 343 份、馆方卷 20 份;馆方卷数量较少,不适宜进行量化统计分析,因此对场馆方的数据分析以访谈文本和其他问卷相关题目为主要数据来源);对 12 位在场馆教育、馆校合作等方面有一定理论或实践经验的一线教师及相关工作人员,8 位中小学生,以及 5 位学生家长,展开了半结构化访谈,并召开 1 次场馆教育座谈会(访谈时长共计 139 分钟),观摩了 2 课时场馆学习活动。

本次调研采用自编调研工具,内容涵盖场馆资源等非正式教育资源的使用情况、场馆教育评价情况、馆校合作情况等方面。调研以问卷调查作为主要数据来源,并辅以非正式交流、访谈文本等作为补充数据。数据分析以定量分析为主,问卷调查数据是数据分析的重点,访谈文本等资料分析为问卷分析提供补充和参考。

(二) 现状分析

通过分析调研结果和梳理场馆教育已有研究成果,本研究发现当前场馆教育的价值得到了广泛认同,场馆教育资源丰富多样,馆校合作初见成效;但场馆教育发展还需要继续革新教育理念,深化理论研究,在馆校合作机制、师资与评价体系、资源推广与普及等方面还有很大提升空间。

1. 价值认同提升但理念尚需革新

随着终身学习理念日益深入人心,场馆教育的教育价值得到了社会各界广泛认同。新一轮课程改革以来颁布的一系列教育政策文件提及并逐渐重视终身学习、场馆教育、社会资源整合利用等非正式教育相关内容。"双减"政策的落地实施,以及科教融汇、文教结合、体教融合、医教协同等工作推进,场馆教育等非正式教育得到极大发展,社会对以场馆教育为代表的非正式教育的认可度明显提升。学界研究关注活动设计、馆校合作、资源开发与整合等方面,在育人内涵、教育定位、发展路径等方面为场馆教育发展提供了一定理论支撑和实践指导。调研结果也表明,学生、家长及教育工作者大都肯定了场馆教育在激发学生兴趣、拓宽视野和见识、培养实践能力和综合素质等方面的重要作用。

尽管如此,场馆教育发展仍需要在理念上加以革新。一方面,学生、家长等群体对场馆教育等非正式教育的认识还存在一定局限性,部分人群或将非正式教育归属于学校教育范畴,或对场馆教育存在如占用学习时间、不利于学科成绩提升、不够正规等错误认识,在如何正确认识场馆教育、如何有效发挥场馆教育的价值等方面,亟须干预性指导。另一方面,如何发挥场馆教育功能,如何开发和利用场馆教育资源以应对时代发展和人才培养的要求,如何获取和整合优质场馆教育资源……这些问题依旧是困扰一线教育工作者的难题。要革新对场馆教育的认识、解决场馆教育发展难题,首先需要在理念上加以转变和革新,对场馆教育变革与发展进行深刻的教育学思考。

更需要注意的是,在关于场馆类资源利用情况的问卷题目(多选题)中,学生参与场馆类活动的主要活动方式是参观活动(如各类展览、展演等,占比100%)和非实践性交流体验活动(如阅读、讲座等,占比53.18%),而实践性的、互动体验类的活动在学生参与的场馆类活动中仍然占少数(占比27.29%)。基于这一问卷调查结果,本研究就场馆活动方式这一主题分别对受访学生、家长进行了访谈。

> 就只是看展呀,不然还有什么?……好像是见过有这样的宣传牌挂出来,就是海报或者易拉宝,应该是见到过有活动,比如你说的这种(访谈者举例"小小讲解员"活动),但我不太会留意到。因为我也只是在休息的时候带孩子去逛,不会特意提前了解哪个馆有什么活动,再说这些信息去哪里看啊?公众号有吗?我不太清楚。(个别访谈-家长访谈文本3)

有时候会玩得比较开心，之前有参加过陶艺制作这种非遗体验活动。还有VR眼镜的体验，但我就玩过一次，很开心，会让我觉得科技真的很厉害，比看电影戴的3D眼镜炫酷。（个别访谈-学生访谈文本2）

从个别访谈数据中来看，多位学生和家长虽然知道有多种场馆活动方式，但实际参与场馆活动依旧以看展等参观为主，较少参与实践类体验活动。尽管参观活动和非实践性交流体验活动为学生提供了丰富的知识输入和思考空间，但实践性互动体验活动在培养学生的动手能力、创新思维和解决实际问题能力方面具有不可替代的作用，这一点需要引起广大场馆教育工作者的重视。

2. 实践成果丰富但理论研究薄弱

在实践层面，我国场馆教育在内容和形式上日益丰富。各类场馆在政策支持、需求增长、技术助力等推动下，在场馆教育资源开发与利用、教育项目创新等方面进行了诸多尝试，内容涵盖科学、艺术、历史、自然等多个领域，数字技术的发展也使得学习体验提升、资源普及程度扩大。当前我国场馆教育相关研究也大都围绕课程开发、活动设计、馆校合作等方面展开探索，积累了较为丰富的实践案例。

与多元化拓展进程中的实践成果相比，场馆教育的理论研究稍显不足。一方面，在文献检索与分析过程中可以看到，尽管有诸多研究关注场馆教育实践应用，但较少有文献从理论层面深入剖析场馆教育的本质、规律等，关于场馆教育的研究多集中在现象描述和经验总结上，缺乏深入的理论探讨和体系构建，当前尚未建立起系统、成熟、独立的场馆教育理论体系，现有研究的广度与深度都有较大提升空间。另一方面，在调研过程中，部分被调查教师及相关教育工作者表示，实践中遇到的问题、曾产生的困惑往往难以从现有理论中找到答案，呼吁加强理论研究以指导实践。

3. 教育成效显著但短板障碍尚存

在学习型社会建设中,场馆教育等非正式教育发挥了重要作用。关于场馆教育的研究肯定了其教育价值,灵活多样、开放共享的教育内容与形式为学习者提供了广泛学习的机会,它打破了学校教育的界限,促进教育公平,在培养学生科学精神、实践能力和综合素质,乃至全民素质提升和社会文化繁荣方面都体现了独特性和重要性。对场馆教育发展现状的调研也表明,场馆教育价值赢得了学生、家长及教师群体的广泛认可,"场馆教育对学生成长有重要作用"几乎是一种共识,存在于学生、家长、教师及相关教育工作者的认知中,对于优化场馆教育质量、扩大场馆教育服务能级等的迫切需求也从侧面验证了社会对场馆教育成效的认可。

当然,学生、家长及教育工作者对场馆教育发展情况的建议也表明,近年来场馆教育尽管取得了显著成效并发挥了重要价值,但依然存在一些短板和不足。对相关文献和调研结果进行分析,梳理出以下我国场馆教育发展存在的主要障碍。

一是馆校合作现实障碍。馆校合作作为场馆教育与学校教育融合的重要途径,近年来取得了显著进展。越来越多的学校开始与各类场馆建立合作关系,共同开发课程资源、组织实践活动。这种合作模式不仅丰富了学校的教学内容和方法,还为学生提供了更多接触社会、了解实际的机会,但其合作推进过程中面临诸多现实挑战。本次调研发现,缺乏共研共建的合作机制、课程活动缺乏教育视角与课程思维、经费不足、安全管理难度大等是最主要的问题。

二是评价体系不够完善。场馆教育评价体系建设相对滞后,表现在当前关于场馆教育的研究中鲜少有关于"评价"的研究。本次调研发现,场馆课程、馆校合作项目等开发与实施过程中评价环节薄弱,缺乏科学、合理的评估标准和方法,难以全面、客观地反映教育效果。

三是师资力量尚须加强。场馆教育、馆校合作的发展离不开高素质的教育工作者队伍。本次调查发现,场馆、学校等单位重视专业人才的作用,注重吸纳优秀人才,组建专门部门或专业团队进行教育资源开发和实施;但与快速发展的场馆教育相比,师资力量建设仍显不足:第一,教师专业素养需要继续提升,需要在课程思维、资源开发、资源整合等方面得到进一步专业支持;第二,教师精力有限,无论是馆方相关工作人员还是一线教育工作者,工作量已近饱和甚至超负荷,要着力减轻他们不必要的工作负担,并建立健全激励机制和评价体系,激发教师的工作积极性和创造力;第三,人员数量不足,当前场馆教育和馆校合作中的师资力量尚不能完全满足需求,需要加强对场馆教育师资的培养和引进力度,积极引导具有跨学科背景、实践经验丰富的优秀人才加入场馆教育师资队伍。

四是资源分配不够均衡。场馆教育资源的分配存在地区差异和城乡差异,场馆教育发展受经济、政策、地理位置等影响大,一些偏远地区和经济文化欠发达地区缺乏优质的教育资源和服务,难以满足学习需求。

三、"双新"背景下场馆教育的变革路向

面向未来的"双新"课改对青少年教育教学提出了坚持素养导向、强化学科实践、推进综合学习、落实因材施教的新要求①。通过审视与分析场馆教育发展现状,本研究认为我国场馆教育在坚持专业资源、自由互动、个性体验特色的同时,亟待进一步革新理念、优化资源、转变方式、拓宽渠道、强化功能,充分发挥自身育人独特优势,推动面向未来的教育生态完善与重构。

---

① 夏雪梅."新课标"如何不变成"旧实践":论义务教育"双新"对学校教学的挑战[J].上海教育科研,2022(4):10—16.

（一）坚持素养导向的育人目标

基础教育培养目标从"双基"到"三维"再到"核心素养"，经历了教育理念的深刻变革。在"双新"背景下，以展陈为主要媒介和手段的场馆教育应从重展轻教、重知识轻能力转向以素养培育引领目标、内涵、资源和行为的系统变革，应以学习者为中心，提升综合素养培育，促进个性发展，培养终身学习态度。

更具体地说，这意味着场馆教育空间不再仅仅是一个展示知识和技能的场所，更是一个促进思考领悟、培养兴趣和创新能力的平台；更加强调实践和体验，通过设计各种互动性和参与性强的学科活动和项目化实践，为学习者提供亲身体验的机会；通过引导学习者观察、思考、实践和探究，帮助他们建立科学的思维方式，掌握科学的研究方法；强调跨学科整合和综合性学习，通过整合不同学科的知识和资源，为学习者提供综合性的学习体验；强调培养青少年的社会责任感和公民意识，通过展示科学技术、艺术文化对社会的影响和贡献，引导学生关注社会问题、思考科学技术、艺术文化的应用和发展对社会的影响，培养他们的社会责任感和公民意识。

核心素养无法直接教、直接学，只能是在课程内容的学习过程中逐步发展起来的综合品质[①]。在素养培养的理念下，场馆教育的内涵需要发生显著转变，要从物的樊笼中挣脱，以"如何以教育的逻辑培养人"来考察其有效性，提出行之有效的实践框架，切实推动青少年综合素养的发展。这种转变有助于更好地满足社会对高素质人才的需求，促进学生全面而有个性地发展。

（二）探索以学习者为中心的资源重构

场馆教育的目的是使参观者学会在个人经验与展品之间建立起联

---

① 吴刚平，安桂清，周文叶.新方案新课标新教学[M].上海：华东师范大学出版社，2022：41.

系,评价标准基于学习者的价值判断,而非场馆方的设计自满①,即场馆教育应将满足学习者需要作为发挥教育功能的重心与出发点。这与"双新"课改倡导的创设以学习者为中心的学习环境、凸显学生的学习主体地位等理念相契合。不过,面对实践层面重展轻教、以展代教的活动样态,场馆教育资源还需引入更多教育学视角。针对青少年学习特征和素养培养目标,将有层次、有广度、有挑战的场馆教育资源作二次教育性转化,重构为富有趣味性的,适合学生学习理解、探究体验、反思感悟的资源。

展品是场馆教育的资源主体,场馆教育在呈现展品时通常遵循着某种内在逻辑,如历史发展沿革、地理位置格局、专业类别特征、故事情节线索等②,以期将展示内容系统全面地呈现在公众面前。然而,展陈内容在学科逻辑下的独特知识范畴和表述方式,使得策展人对教育的理解趋向专业化和个体化,从而对于那些没有与策展人相同知识背景和经历的人来说,他们可能会在教育过程中感到难以融入,进而失去"教育机会"。因此,"双新"背景下的场馆教育展品资源的演绎方式要富有"教育如何发生"的逻辑,让学习者"进得去""看得懂""待得久""学得透",将系统性的展陈布局做情境化的结构再造,以对比、联想、批判等思维活动为线索,选择和重构展品呈现的顺序与方式,创设生动的兴趣情境、探究情境、合作情境、评价情境,为青少年提供学习经验的叙事性表达,引导青少年持续地深化思考与实践,达成知识内化、能力建构和思维发展,促进综合素养发展③。

(三) 探索技术融合支持的学习与评价

教育技术一直与场馆教育保持着密切合作,为场馆拓展了环境、空间

---

① Patterson Williams. Object Contemplation: Theory into Practice [J]. Journal of Museum Education, 1984(9): 10.
② 王乐,涂艳国. 场馆教育引论[J]. 教育研究,2015,36(4): 26—32.
③ 李小红,姜晓慧,武情. 场馆教育: 指向学习者综合素养的提升[J]. 中小学管理,2017(7): 5—8.

和展品等丰富的共享知识资源,这种变革使得学习过程变得更加灵活、无缝衔接且深入交互①。深化"双新"背景下场馆教育变革,要求场馆教育与学校教育在素养育人评价标准上达成共识,实现学习流程的相互融通,强化评价对场馆教育的反馈与指导功能。在此背景下,场馆教育与技术融合应用的创新着力点可表现在学习方式和评价手段的数字化。

学习方式的数字化转型。场馆教育的数字化转型旨在通过数字化技术提升学习者的学习体验和效果,促进知识的传播和共享,如利用虚拟现实(VR)、增强现实(AR)和混合现实(MR)等数字化技术进行展示和交互,通过语音识别、自然语言处理和大数据分析等技术配套智能化导学系统,建立数字化资源平台,开发在线的非正式教育课程,将线下展览和教育资源与线上教学相结合,为远程学习者提供丰富的学习内容和互动体验。

评价手段的数字化升级。场馆教育是学习者自组织学习的场域,对学习评价的精细化、多样性、即时性和连续性有着更高的要求。数字化转型可以帮助场馆教育进行大数据的采集、分析与优化。在新课程改革背景下,基于教学与学习理论来设计与创建数字化的场馆学习评价环境,有助于升级评价对学习发展的支持作用。需要注意的是,在数字化转型过程中,同时要重视学习数据的安全性与隐私保护,采取适当的技术手段和管理措施,确保学习数据不被非法获取或滥用,保护学习者的隐私权益。

(四)加强多方协同的师资队伍建设

新时代的场馆教育是以素养育人理念为指导,在丰富社会资源环境中开展的青少年教与学活动,具有多元跨界的特征。因此,单一领域师资无法满足新课程改革背景下的场馆教育发展需要。高质量实施场馆教育需要多方协力,建设多元的师资队伍架构。

---

① 裴雅. 场馆环境下的技术增强学习模式研究[D]. 北京邮电大学,2022.

以场馆展教部门为支撑。场馆展教部门担负着场馆教育资源供给与协同育人的重要职责,在青少年培养中发挥着专业支撑、资源配套、组织协调、管理保障的作用,为青少年进行场馆学习等非正式学习的可持续性提供有力支撑。

以公办校外教育为纽带。公办校外教育是由青少年活动中心、少年宫、少科站等公办校外单位实施的素质教育,是基础教育的重要组成部分,发挥着资源枢纽、价值枢纽、标准枢纽作用。场馆教育可与公办校外教育协同,在教师培训、资源共建共享等方面进行探索,实现优质社会教育资源的广泛辐射。

教育学研究者、场馆专业人员与一线中小学教师合作。以素养为导向的场馆变革需要引入更多教育学视角,这就需要教育学研究者的参与,以推动场馆教育研究与实践建立更加深刻的教育学思考。教师在教育理念、学习组织和集体指导上具有优势,但在跨学科综合教学和个性化指导方面经验不足。场馆展教人员在相关专业领域具有高素质,但缺乏青少年教育领域的专业知识与能力。因此,探索建立教育学研究者、场馆专业人员与一线中小学教师三方联合的师资队伍尤为重要,这一举措旨在引入教育学专业力量,促进馆方和学校紧密合作,从而深化多师团队协同发展。

(五)深化基于学生核心素养发展的馆校合作

落实"双新"课程改革,学校需要立足于多领域资源,构建全新的课程体系。这个体系要体现综合性、实践性和活动性,同时强调校内外结合,将场馆教育拓展成为学校课程实施的新课堂。为此,需要创新以政府主导、课程引领、资源融合、学生受益的馆校合作制度,在广义资源的适配中,拓宽学校课程变革的空间,促进场馆教育教师的教学变革,加强成长价值的供给,深化学生学习变革的自觉,为素质教育的深入推进拓宽道路。

核心素养是馆校合作的纽带。场馆与学校的核心使命都是通过教育引导学生形成健全的世界观、人生观和价值观，旨在培养他们承担民族复兴大任的时代责任感，循序渐进地提升综合素质，并最终实现核心素养的全面发展①。为实现学生核心素养培养的共同目标，应创新馆校合作策略，推动馆校双方互补与延伸，构建深度合作模式，这不仅有助于学校课程的顺利实施和学生的学习效果提升，同时也对场馆教育职能的完善与提升起到积极的推动作用。

开发基于课程标准的多学科融合学习资源。国家课程方案和课程标准是课程改革要求的具象化，是非正式教育与学校教育接轨的重要"锚点"。馆校合作开发青少年学习资源，要充分发挥各方优势，以课程标准为桥梁，以融合创新理念为遵循，衔接场馆教育与学校教育。围绕核心素养统合不同学科、不同领域的知识、经验、兴趣、行为和态度，在充分考查青少年学习者认知结构与方式的基础上，既基于课标又高于课标地构建多学科整合的场馆教育框架，以支撑全面、综合的教育目标达成。例如，结合场馆特色设计学科实践活动，让学生参观不同展区的同时参与应用学科实验开展探究、制作科学模型等；组织学生进行科技创新项目、社会实践调查等跨学科实践活动，培养综合实践能力和创新精神。

组织馆校协同的主题式、项目化教育活动。在场馆中，来自馆校双方的专家、教师互为补充，共同研究、策划、组织与学科实践相衔接的跨学科主题式、项目化教育活动。通过情境化组织和双师授课的方式，引导学生整合运用课内所学知识技能，在真实的场馆情境中发现问题和解决问题，加深知识理解和技能掌握，并形成实践经验，促进素养发展。

完善指向素养表现的评价手段。"双新"课改背景下的馆校合作教育评价，应基于素养培养目标，以过程性评价、表现性评价、增值评价为主要

---

① 赵慧勤,张天云.基于学生核心素养发展的馆校合作策略研究[J].中国电化教育,2019,(3)：64—71＋96.

手段,强化评价在场馆教育活动中的导向作用,构建一个更平衡、更综合的评价体系①。

未来人才培养呼唤教育生态的完善与重构。"双新"课程改革作为深化素质教育改革的关键力量,正推动教育突破学校中心、课程中心的单一样态,走向更加多元开放的教育新生态。本研究从教育学视角,探讨了场馆教育在"双新"背景下的变革路向,以期推动场馆教育与基础教育体系深度融合,在人才培养目标上协调统一,在教育实践中协同发力,充分发挥出场馆资源的教育功能。

---

① 吴刚平,安桂清,周文叶.新方案新课标新教学[M].上海:华东师范大学出版社,2022:80.

科学教育政策影响下的自然科学类博物馆课程体系建设[①]

张秀红　景玺阳　张妍宁[②]

摘要　进入知识经济时代,科技创新对于提升国家竞争力的作用更为凸显,科学教育的价值愈益彰显。以自然科学类博物馆为代表的非正规学习环境是科学教育的重要一环,本文围绕美国、英国、法国、德国、日本、新加坡6个国家的科学教育政策演变及其影响下的自然科学类博物馆课程特色,探索自然科学类博物馆课程体系建设的有效途径。

关键词　科学教育政策;非正规科学教育;自然科学类博物馆课程

一、引言

新兴科技的迅速发展改变了人们的生活方式和社会互动方式,社会公众对提升科学素养的需求日益旺盛,对权威科普知识的需求也更为迫切。同时,在日趋激烈的综合国力竞争背景下,科学教育得到众多国家的空前重视,各国不断推进科学教育改革,发起普及高质量科学教育的行动,以满足人才培养的需要。非正规科学教育是相对正规学校教育而言

[①] 本文为上海科技馆科普智库科研创新平台开放课题资助成果。
[②] 张秀红,通讯作者,华中师范大学生命科学学院,副教授,专任教师,主要研究方向为科学教育、教师教育;景玺阳,华中师范大学生命科学学院,硕士研究生,主要研究方向为生物学教育;张妍宁,华中师范大学生命科学学院,硕士研究生,主要研究方向为生物学教育。

的,强调学习由内在兴趣引导而非外部驱使,学习者自愿参与,是对学校科学教育的补充,非正规科学教育在公众知识增长、方法训练、科学态度、科学精神等个性化价值和提升公民科学素养、培育民主科学精神和促进社会正义等社会性价值方面都有不可忽视的优势[1]。科学教育的校外非正式学习场所包括科技场馆、真实的自然及社会环境等,其中场馆具有丰富的教育资源和实践优势,具有推广科学知识方面的优越性。国内关于自然博物馆的课程建设领域研究水平仍处于探索和起步阶段,本文围绕美国、英国、法国、德国、日本、新加坡6个国家的科学教育政策及其影响下的自然科学类博物馆课程特色开展研究,分析其实施细则和运行框架,以期为我国自然科学类博物馆课程体系建设提供借鉴思路。

二、国际科学教育政策演变

(一) 课程标准引领科学教育系统化

早期各国制定了系统化的标准和指导作为国家课程标准,意在将散乱的课程统一起来,使课程体系更加系统。随着社会与科学的发展和国家对人才的需求,之后提出专门针对科学学科的课程标准或教育标准。课程标准是国家层面制定的教学指导性文件,科学课程标准内容包括科学教育的内涵、目标、内容和方法等,为科学教育的发展指明了方向。

1996年,美国颁布了《国家科学教育标准》,明确提出以发展学生的"科学素养"作为基本目标。2011年,《K-12科学教育框架》强调科学教育应围绕"科学与工程的实践""跨学科概念""核心概念"来进行。2013

---

[1] Bevan, Bronwyn & Miller, Dianne. Making Science Matter: Collaborations Between Informal Science Education Organizations and Schools [R]. A CAISE Inquiry Group Report, 2010.

年,《新一代科学教育标准》强调了工程学与科学同样重要,并且将科学实践纳入重要概念领域,强调核心概念。除美国之外,国外许多主要国家和地区也纷纷进行着科学教育改革,实现从知识到素养与能力的转向。

英国在 1989 年首次建立了全国统一的科学课程标准,其 2000 年颁布的《国家科学教育课程标准》依然以科学为核心课程,并且体现了全新的科学教育理念,将科学课程精简,强调学科内容与社会发展的联系。目前,英国采用的是 2015 年修订的《英国国家课程——科学学习计划》。科学类博物馆能够以课程标准为框架构建馆本资源,例如英国曼彻斯特科技博物馆在成立之始就将《国家课程标准》作为重要的工作指南①,如今英国博物馆也会结合课程标准,依据学段、主题划分馆本资源。

1958 年,日本公布了新的小学和初中理科课程的指导要领,小学注重学习顺序及教授的系统性。1998 年,日本对此指导要领进行了修订,改革要点是精选内容,压缩课时,增强课时的灵活性,扩大学校对教学的裁量幅度,促进各学校自主编制教育课程,实施具有创意的教育,新设"综合学习时间",建立宽松教育的指导体制。2018 年,日本文部省又对《学习指导要领》进行修订,核心内容是实现"向社会开放的课程",目标是"通过更优质的学校教育,构建更美好的社会"及"通过与社会密切合作,培养学生创造未来所必需的资质和能力",具体方法是通过"课程管理"和"主动、交互式的深度学习",重新构建学习的过程。2020 年,日本文部科学省推进新的《学习指导纲要》,该纲要提倡"向社会开放的课程",重视学校与社会合作共同培养学生的素养和能力。由此,公众对博物馆等社会教

---

① 王国云. 英国博物馆式教育对我国综合实践活动的启示[J]. 教学与管理,2016(8):51—53.

育机构作为学习资源的潜力和价值有了更高的期待①。

2005年,德国基于核心概念和能力导向的科学教育标准正式颁布②。该标准是在"自然科学的基本化育"这一概念的指导下制定的。2020年6月,德国出台的《高等学校入学资格生物、化学、物理化育标准》作为高中阶段的科学标准,首次要求真正实现德国传统的"化育"目标,并形成了能力的结构化体系。该体系涵盖四大能力领域,以基本概念为基础,以主要内容为落脚点,通过三级划分实现具体化、操作化。

除此之外,新加坡在2013年启用新版《初中科学教学大纲》,该大纲从科学本质的角度设计科学课程,高度重视科学探究,以跨学科领域的核心概念对科学观念进行高度整合,强调对学生科学能力与态度的培养。

(二)国家法律和战略规划促进科学教育发展

随着科学与技术的快速发展,对于高质量的人才需求愈发增加,各个国家为使自身能够跟上时代的要求,不仅在法律法规层面提出了许多制度和措施,将科学教育提升到国家层面实施和监管,同时还制定了不少战略规划和计划来促进科学教育的发展,实现科学教育变化与革新。

美国科学教育改革起源于20世纪50年代美苏冷战期间,为了弥补与苏联科技上的差距,美国颁布了《国防教育法》,在法律上确认了进行科学教育改革的必要性,并成为美国教育史上的一个里程碑。随后在美国基础教育委员会的倡导和推动下,科学教育开始返回基础教育,并成为70年代后期美国教育改革的主流。在20世纪80年代的美国,经济转型和工业领域的变革对劳动者提出了更高的要求和挑战,在这种危机意识

---

① 梁雨."教师博物馆日":日本构建馆校深度合作网络[J].上海教育,2021(24):37—39.
② 胡玉华,孙昕宇.德国科学教育改革:从知识导向到能力导向[J].中小学管理,2016(5):17—19.

下,美国中小学教育质量委员会提交了《国家在危机中——教育改革势在必行》,以提高全民的科学素养。紧接着,美国促进科学协会发起了《普及科学——美国2061计划》,该计划不仅引领了第二次科学教育改革,更掀起了世界范围内重视科学教育的新浪潮。2001年,刚上任的总统乔治·沃克·布什就发布了题为"不让一个孩子掉队"的教育改革计划,目标在于实现高质量的中小学教育。2013年,美国国家科学技术委员会向国会提交了《联邦政府关于科学、技术、工程和数学教育战略规划(2013—2018年)》,该战略对于美国未来5年科学、技术、工程和数学(以下简称STEM)教育的各个维度都作出明确的部署,意在加强美国STEM领域人才储备,保证美国在科技创新人才领域的优势地位。美国的科学教育改革一直走在世界前列,英国受美国STEM教育思想与实践的影响,在21世纪初,设立了国家STEM中心,颁布了一系列《未来一代》《教育部2015—2020战略规划——世界级教育与关怀》等报告来规划并促进STEM教育。德国在2008年开始推行数学、信息技术、自然科学与技术(以下简称MINT)教育,推出"MINT行动计划——在MINT教育中走向未来"战略框架,并在2022年启动了MINT行动计划2.0。新加坡则积极开展科学、技术、工程和数学应用学习计划,为学校提供STEM教育资源的支持。

通过上述政策的颁布与实施持续培养能够满足时代发展的年轻人,鼓励青少年参与STEM等内容的学习与职业选择,提升国际竞争力,实现科学教育的高质量发展。

(三)科学教育逐渐走进非正式学习环境

随着国家竞争力的提升和科技发展的加速,科学教育逐渐走进非正式学习环境。从美国到欧洲、日本再到东南亚,各国纷纷推出政策措施,促进非正式学习在科学教育中的应用和发展。

美国在国家竞争力方面的危机感一步步推动了非正式学习的发展。20世纪80年代,美国在国际竞争中逐渐被欧洲、日本等国超越,在学校教育不能满足全面提高公民科学素养的要求和政府增加对科学教育拨款的形势下,人们开始探索科学教育的其他形式,非正式学习得以兴起。2006年,全球科技竞争压力加剧,美国颁布了《美国竞争力计划》[1],之后美国教育部发布《学术竞争力委员会报告》,基于培养具备STEM素养的未来公民的需求,将美国教育体系划分为基础教育、高等教育和非正式教育,标志着非正式学习发展到规范化、系统化的阶段。

与此同时,科学教育的非正式学习倾向在世界的各个角落出现。在欧洲国家,以英国为代表,其颁布的《1988年教育改革法》把科学教育提升到维护国家安全的战略地位,明确提出了馆校合作的理念。《英国国家课程——科学学习计划》鼓励校外组织发展学生的科学理解力[2]。在亚洲,以日本为代表,其颁布的《教育基本法》正式把日本的整个教育事业分为学校教育与社会教育两个领域,明确了社会教育的地位与重要性[3]。1995年,日本文部省在《关于21世纪我国教育展望》中提出教育要学校、家庭、社会相互合作开展教育。而其在2018年修订的《学习指导要领》和2020年的《学习指导纲要》都提倡"向社会开放的课程",重视学校与社会合作共同培养学生的素养和能力[4]。由此,公众对博物馆等社会教育机构作为学习资源的潜力和价值有了更高的期待。在东南亚国家,以新加坡为代表,20世纪70年代,欧洲和美国都建立了良好的科学学院和科学

---

[1] 美国竞争力计划[J]. 科技促进发展,2009(1):47.

[2] Department for Education. National Curriculum in England: Science Programmes of Study [EB/OL]. [2015-05-06] https://www.gov.uk/government/publications/national-curriculum-in-englandscience-programmes-of-study/national-curriculum-in-england-science-programmes-of-study. (2015-05-06).

[3] 刘继和. 解读日本新订初中理科课程标准[J]. 全球教育展望,2009,38(3):64—68.

[4] 梁雨."教师博物馆日":日本构建馆校深度合作网络[J]. 上海教育,2021(24):37—39.

协会,新加坡科学界意识到成立专业协会可以促进公众对科学的理解,因此在1977年正式成立新加坡国家科学院(SNAS),该学院在支持学校科学教学方面发挥了重要作用。之后SNAS联合多个科学中心推出了"青年科学家徽章"计划等多个项目,在学生的校外学习中扮演着重要角色,还促进了学生的国际交流学习[①]。2001年,新加坡通过了《终身学习捐赠基金法》,该基金以培训个人职业技能,提升个人的综合竞争实力为目的,为非正式学习提供了资金支持[②]。

通过政策法规的支持和实施,科学教育在非正式学习环境中得到了重视和推动。这一趋势不仅提高了公民的科学素养和竞争力,也为未来的科技发展和国家竞争力增长奠定了坚实的基础。

三、自然科学类博物馆课程体系建设现状

(一) 依托课程标准,强化STEM教育

随着博物馆教育的勃兴,博物馆行业逐渐提升了对教育的认知,明确了"教育"是博物馆的首要职能,馆校合作为必然趋势。场馆不断寻找与学校情境发生互动的连接点,从各国博物馆课程特征可以总结出,依托课程标准是自然科学类博物馆课程体系建设的主要路径之一。

国家课程标准是国家层面制定的指导课程开发设计与衡量效果的准则,从国家育人层面上为博物馆课程体系的建设指明了方向。相关课程标准与课程方案都有指出博物馆课程资源是学校教育的重要资源,可以

---

① Hoong A W. Out-of-School Activities in Science and Technology in Singapore [J]. Science and Public Policy, 1986, 13(3): 155—161.
② Gopinathan, S., & Chong, S. Singapore. In T. O'Donoghue & C. Whitehead (Ed.), Teacher Education in the English Speaking World: Past, Present, and Future [M]. Information Age Publishing, 2008: 121—137.

为学生学习国家课程提供丰富、便利的实践体验机会。

博物馆课程目标与课程标准目标保持一致,让学生在情境探究中积累"真实"实践能力,为学生提供更多参与科学实践的经验,培养其开展科学研究工作的基本能力和素养。各国博物馆均有基于本国的课标所制定的博物馆特色课程,如美国博物馆学校联盟推广了一套由佛罗里达州奥特加博物馆磁石学校和田纳西州诺玛公园博物馆磁石学校开发的K-51博物馆学校课程;伦敦自然历史博物馆的"进化研讨会"课程所设置的课程目标对应了KS2-六年级的教学要求;日本国立科学博物馆则基于对《学习指导要领》的研究开发出专门面向青少年的特色学习课程……可见,各国的博物馆在开发馆本课程时能够在课程内容上着重回应课程标准对科学实践和科学素养的学业要求,由此深化教育质量。

此外,为了使学生适应未来社会的变化需要,各国课程还呈现出"基于课标而又高于课标"的特点,着重增加课程结构设计的丰富性,在课程标准的基础上整合了新的教育理念,开展发现和解决问题的项目式、体验式、探究性学习活动,实现主体性、互动式深度学习,明确将STEM教育内容列入国家课程计划,支持各级各类学校在校生自主探索创新,培养学生掌握现实社会必备的知识、技能,思考力、判断力和表现力,让每一个学生以积极的态度主动迎接不可预知的未来社会。

以德国柏林自然历史博物馆中"地质板块构造连接"课程为例,该课程是以教师引导与小组活动相结合的形式展开的,学生通过观察不同的生物模型、标本,记录其特征,并将动物的迁徙路径和板块构造联系起来。这一课程是以地理学为核心,同时向生物学、历史等多个领域展开的,实现了跨学科展览。法国发现宫的中学"香水"课程介绍了关于香水的历史以及在巴黎发现宫发现香水的原材料的历程,此外,课程中还有与香水相关的职业介绍。香奈儿5号作为法国的代表香水,也融入了课程之中,该课程详细介绍了香水的不同气味家族,以及香奈儿5号的由来、香气成分等。在课程中还包括法国文学中与香水相关的片段,随后的课程则结合了化学与工业的知识,让参与者了解香水的制造过程以及相关的科学知识。始建于 1944 年、位于日本名古屋的丰田产业技术纪念馆,开设了"体验学习计划"项目,该项目面向小学五年级学生,以"汽车制造工业"为主题,内容涵盖汽车的生产流程、汽车工厂的创新以及未来的汽车工业。该项目设计了为期 6 小时的学习实践课程,以学生感兴趣的汽车单元为切入点,以教科书学习内容为基础,开展体验式学习活动。学生在学习过程中,可以对工作人员进行提问,增加学习的深度;可以在真实工厂里目睹焊接、喷涂等重点工序的实际操作。在课程结束后,学生将针对自己学习到的内容进行展示与分享。

事实上,在博物馆教育中,学生不仅仅是知识的接受者,更是实践的参与者。博物馆的课程开发需要从多个角度对待驾驭材料,强调跨学科教学的作用,扩展教育方法,将馆本课程与学生职业生涯教育联系起来,以满足国家对科技创新人才的需求。

(二)数字化赋能博物馆课程体系建设

当今时代是一个日新月异的数字经济时代,数字技术正渗透到社会公共生活的方方面面,并促进其融合与升级。在数字技术的加持和影响下,博物馆公共服务的方式和手段、公众的行为方式和需求偏好都发生着深刻的变化。数字化转型逐渐成为国内外博物馆发展的重要战略主题。数字技术是高新技术的领头羊,现在,全球各国都将数字技术引入博物馆建设。特别是在 2018 年疫情暴发后,博物馆遭受了"闭馆"的重创,各国博物馆都在寻求转型和新的契机。

数字化博物馆就是借助数字化技术构建的博物馆运行、管理、发展模式,其不但能通过数字化技术实现对各种文物文化信息的收藏、管理,还能通过数字化形式以及互联网对文物文化信息进行展示,开展多样化的教育活动,为用户提供新颖丰富的体验①。当前许多知名博物馆都匹配了丰富的数字化课程资源,建设了较为完善的数字化课程体系,这些可作为线下课程资源的有力补充。

美国博物馆课程注重配套数字资源,探索线上的研学方式。检索美国博物馆教育项目,发现几乎每个教育活动的报名网页都提供公众免费下载或跳转至主题相关的线上学习资源,如课程教案、科普文章、藏品图片等。英国科学博物馆则将博物馆展品转换为3D模型,这种在线资源为无法亲身体验的人提供了深入了解的机会。英国科学博物馆将一系列的3D模型按照关键阶段、科学主题划分,方便教师和学生查阅、使用。伦敦自然历史博物馆的"火山和地震研讨会"为无法前往博物馆的班级提供现场互动研讨会和表演。教师预订研讨会后,将收到一个通往视频会议平台Zoom的安全链接。每个研讨会都是现场直播的,只针对一堂课,并有专业科学教育工作者通过一系列有趣的互动活动和问题帮助班级探索自然世界,培养科学思维和探究的技能。

日本博物馆注重新兴数字技术的开发与使用,如智能AI技术等。以东京未来科技馆(Miraikan)为例,该馆开发了"AI地图——来自每个人,为每个人"的活动,并通过调查收集了日本公民对AI相关技术看法的各种意见。

新加坡科学中心也充分利用在线资源帮助学生更好地掌握科学知识,培养科学素养。以来自新加坡科学中心的官方网站"准备稳定的科学"为例,其栏目涵盖了面对小学生、中学生、普通公众的在线课程,如面对小学生的"冰雪""植物的生命周期"等;面对中学生的"阅读云""酶和果冻"等;面对普通公众的"气候变化和生物多样性""人工约会纸"等。这些

---

① 张志迎.加快博物馆数字化建设 推进博物馆事业高质量发展[J].中国民族博览,2023(15):235—237.

系列课程都是由专门的科学教育工作者团队特别策划,旨在让学生待在家里也可以进行科学学习。

法国自然科学类博物馆重视在线资源的建设,同时在线资源并不是独立的,而是与线下资源相结合的。在法国自然、历史博物馆的"鸟类实验室——观察喂食器中的鸟类行为"和"花园里的公民科学——观察大黄蜂和蝴蝶"课程,参与者可以在网站上记录自己观察到的信息,同时可以在网站上讨论交流。法国自然、历史博物馆的"拍摄授粉昆虫"课程,则利用在线网站上的辅助工具识别植物类型和昆虫类型。

随着科学技术的发展,课程资源的发展趋势更加多元化、数字化和智能化。将数字化课程资源应用在博物馆的课程开发与设计中,有利于将课程资源由校内延伸到校外,让博物馆更大限度地发挥其教育价值。一方面,博物馆课程整合了AR、VR等新技术和在线学习资源,建立线上教育平台体系、学科课程资源体系,包括教材、在线视频、在线实验室和在线会议等,为来访者提供直接访问的平台,记录来访者信息,为个体提供个性化服务,使得交互的方式更多样,学习体验更丰富;另一方面,有利于实现资源共享,让学校、家庭、社会群体都能参与课程学习、参观常设展览,扩大博物馆资源的利用与分享,方便用户的检索与学习,实现教育普惠,促进全社会科学素养水平发展。

(三) 加强教师培养,服务博物馆课程体系建设

过去几十年来,各国见证了科技场馆、博物馆等非正式学习场所在培养青少年的科学素养方面发挥的巨大作用。通过梳理各国自然博物馆课程建设方案可以看出,在博物馆课程内容上,要注重教育对象的多元化。不仅可以面向全体中小学生和社会人员,利用博物馆资源向公众传递知识、启发思考;同时还要注重提升教师的教育素养和综合能力,从场馆教育方面探索实施科学教师培养与专业化发展的路径,对教

师有重要意义。

在馆校合作中,教师是关键纽带和具体执行者,其利用博物馆资源的意识和水平影响着馆校合作的持续性和深入性,也攸关着学生在博物馆学习过程中的收获。为了将科学教师的培养融入博物馆的课程体系建设中,博物馆会针对教师开展线上和线下培训课程。这些课程涵盖通过游戏探索科学、在线课堂讨论与资源体验、科学参与活动、探索和发现俱乐部以及培训视频等多种方式,旨在帮助教师熟悉场馆资源、掌握所在地区特有自然知识,并学会将这些知识应用于不同年龄段学生的户外环境教学中等,从而拓宽教师的学科视野,深化馆校合作,进一步补充学校教育。例如,英国科学博物馆为教师、社区团体领袖、博物馆和其他在STEM领域工作的专业人士设置了不同的课程;日本国立科学博物馆针对未来想成为小学教师的人文学科学生开设"给未来教师的科学提示"课程;新加坡教师学院教师与新加坡科学中心工作人员合作,为教师策划并举办了一个研讨会,内容包括使用教师资源指南、展品,以及新加坡科学中心工作人员开发的活动等。另外,博物馆的课程也会设计教师指南,以指导教师按课程标准的要求实施和开展课程。同时,为了提升职前教师的科学素养和教学能力,使其在未来能够更好地开展科学教育,博物馆还会为职前科学教师提供入职支持。

除了参与博物馆开展的各类培训,教师还会参与资源开发,博物馆会培养教师作为学校联络员,通过与博物馆专门的教育工作人员对接,依托学校教学内容,共同设计开发教育活动。博物馆还会将资源下放到学校,和教师共同研讨课程开展形式,从而实现博物馆资源和学校资源共通。例如,新加坡科学中心还招募任期2年或更短时间的教师参与资源开发,许多教师在完成这一任务后,将通过新的方法或从非正规教育经验中汲取的创新方法重返正规教学;日本国立科学博物馆依托《学习指导纲要》以及学校教学内容,联合学校教师共同设计开发教育活动等。除科学教师外,博物馆也会为未来想从事教师行业的大学生或者是社会人员开展专业性培养项目。一方面,博物馆与大学或其他学校合作开展各种活动,旨在提高学生的科学素养和科学交流能力;另一方面,博物馆注重对志愿者的培训,定期选拔志愿者,并开设相应课程进行培训。

(四) 任务单辅助课程评价

任务单又称为学习单或工作表,在展览教育中用于满足课程标准的需求已有悠久的历史,并且在今天仍被广泛使用。学习任务单是引导学生学习的框架,也是学生课堂学习的载体,有效的学习任务单关注学生的差异,秉承"为学而教"的理念。任务单区别于教案与学案,它借助课堂教学,旨在通过深度参与学习过程来解决复杂问题,其将进阶任务作为整合性目标的载体,围绕系列活动展开教学评一体化设计,其设计遵循学科与活动逻辑起点,促进知识的转化,导向学生个人成长。在任务单模式下,教师需要转变知识观、学习观与教学观,优化任务链,开展学科实践活动,嵌入表现性评价。在使用任务单组织、策划及实施教育活动实践中,学生团体能够有效地提高学习的目的性,任务单起到了明显的引导参观作用,得到学生和老师的认可。有效的任务单应包括以下要素:与学生的参观活动相关联;问题设计指向活动目标;问题多样化;有明确的信息指引;提供同伴讨论和交流的机会[1]。

参观学习单作为一种帮助参观者更好地参观场馆、理解展品的辅助性资料,已越来越受到学者的重视。它就像在学习者与展品之间架起了一座桥梁,促进学习者在博物馆环境中更好地进行探究性学习。研究表明,精心设计的学习单可以在参观过程中引发更多与课程相关的对话。

---

[1] KISIEL J F. Examining teacher choices for science museum worksheets [J]. Journal of Science Teacher Education,2007,18(1):29—43.

日本国立科学博物馆开展以"鸟喙的秘密"为主题的课程中,学生通过学习单和该馆提供的展品资源进行沉浸式体验学习,深入了解鸟类的生活特征,进一步丰富了对生物与环境和谐共生的认知,有利于培养自身的社会责任感[①]。英国伦敦自然历史博物馆的"进化研讨会"在展馆体验中加入了学习单的设计,学生不仅要观察标本,还要完成与展馆设计相对应的学习单,以记录观察结果,发现生物进化的规律。学生在学习单的引导下,逐步改变个体知识结构,这对他们的自主学习大有裨益。

(五) 教育面向社会,关注每个个体

在研究各国教育事业的发展时,有一个不可忽视的方面,即与学校教育并列的社会教育。其中,博物馆作为重要的社会教育机构,汇集历史、艺术、科学等多方面知识,具有得天独厚的教育资源。它不仅仅是一个展示文物的静态空间,更是一个充满活力的教育平台,通过丰富的展览内容、互动体验等方式,为公众提供多元化的学习机会。同时,博物馆与其他社会教育机构和社会教育团体等合作,共同致力于社会学习环境的建设,从而不断深化其社会教育的功能。

博物馆教育的社会性是显而易见的。它面向各个年龄层、不同背景的人们开放,无论是学生、教师、家长,还是其他社会成员,都可以在这里找到适合自己的学习内容。此外,博物馆教育还承担着社会责任。它通过展示和传播历史文化知识,引导公众树立正确的历史观、文化观和价值观,促进社会的和谐发展。博物馆还积极参与社区建设,与学校、社区组织等合作开展教育项目,推动教育资源的共享和优化配置。在诸多博物馆中,不仅具有面向青少年的拓展学习型课程,还有面向公众的科普课

---

① Mortensen, M. F., Smart, K.. Free-Choice Worksheets Increase Students' Exposure to Curriculum During Museum Visits [J]. Journal of Research in Science Teaching, 2007, 44(9): 1389—1414.

程;不仅有支持社区和学校共同开发、共同进步的"社会教育"及"学校教育",还有支持亲子共同学习、共同成长的"家庭教育"。博物馆通过举办各类教育活动,如讲座、工作坊、导览等,将知识传递给公众,提升他们的文化素养和审美水平。

在日本,名古屋市科技馆通过"机械钟的原理""地质项目"等,介绍自然、科学和技术,让公众了解科学与周围事物的关系。在家庭教育方面,日本博物馆会对带小朋友来馆的父母提供亲子团活动项目,对小朋友的培养方法提供建议和指导,包括营养饮食搭配、健康保健、身心培养等多个方面,助力家长更好地培养孩子。在英国,科学博物馆的"厨房科学"是一系列在家中或在学校课堂上可以进行的实验活动,有"吹气球""牛奶魔法""速溶冰激凌"等多个动手实践活动。该课程资源包括完整的操作步骤,其特点在于实验所用到的器具、材料是在厨房中就可以找到的。除了实验的操作,操作指南也提供了思考问题和相关资料。牛津大学自然历史博物馆为家庭提供了手工制作课程,包括所用到的材料和详细的指示步骤,有"蝴蝶面膜""渡渡鸟的脚""蜜蜂手指木偶"等。博物馆教育注重关注每个个体需求。它尊重每个人的学习需求和兴趣点,通过设计个性化的学习路径和提供多样化的学习资源,让每个人都能在这里找到属于自己的学习乐趣。

同时,博物馆还关注特殊群体的教育需求,如老年人、残疾人等,并为他们提供专门的教育服务和设施。例如,日本国立科学博物馆开设的无障碍资讯服务,残障人士及其辅助犬(导盲犬、服务犬、助听犬)可免费进入博物馆,博物馆配备有简易轮椅升降机等设施,还利用数字技术提供kahaku导航和语音游览,帮助残障人士更好地进馆游览。2015年,德国海事博物馆特地为认知障碍者、视力和听力有障碍的人开设了一个特别展览。它在规划的早期阶段与该地区的目标群体和专家合作,就如何在未来的展览规划中更好地实现残疾人包容性而进行富有成效的辩论。这使策展人将多感官元素加入展览中,如动手体验、触觉元素和声音[①]。博物馆提供了各种教育的场所和机会,以最大限度地创造学习的条件,满足人们在不同阶段和不同层次的各种学习需求。确保每个个体都能充分享受博物馆教育的益处。

综上所述,博物馆教育面向社会、关注每个个体,通过提供多元化的学习机会和资源,促进公众的文化素养提升和社会责任感的增强。未来,随着科技的不断进步和社会需求的不断变化,博物馆教育将继续创新和发展,为更多人带来更丰富、更深刻的学习体验。

(六)构建真实情境,开展实践活动

经济合作与发展组织提出,"素养不只是知识和技能,它是在特定情境中,通过利用和调动心理社会资源(包括技能和态度),以满足复杂需要的能力"。为学习者提供一个真实的情境,让学习者在真实的情境中去解决实际问题,开展实践,有助于发展学习者的综合素养。各国博物馆在课程设置上注重为学生提供真实情境,开展问题导向式学习,引导学生在真实的情境中自主开展实践活动,以提升学生素养。

美国博物馆希望帮助学生将所学知识迁移到现实生活中,在真实情境中学习、思考并寻找问题解决方案,为其将来的大学生活和职业生涯奠定基础。因此,美国博物馆特别推出的夏令营、青年项目这类中长期项目,利用博物馆空间、藏品、技术等资源优势,为学生营造出的真实情境,让学生"沉浸式"学习、锻炼社会实践技能、提升综合个人能力。例如,美国波士顿科学博物馆的"继续浇水"课程,引导学生设计一种在出门在外时保持植物浇水的方法。该课程设计以生活中常见的真实情境导入,通

---

① Bradford L, Diaz A, Schilling R. Expanding Museum Communities: International Perspectives on Access in Exhibition Design and Public Programs [J]. Journal of Museum Education, 2021, 46(1): 38—47.

过问题串的形式引导学生思考与设计实验方案,指导学生完成工程设计过程的每个步骤。按顺序走一遍步骤有助于学生理解整个过程。以情境贯穿整个课程,有助于激发学生内在动力,引导学生关注现实问题。

日本在博物馆课程体系建设中强调,学生不仅仅是知识的接受者,更是实践的参与者,要注重真实性与现实性,突出实践活动在课程体系中的重要性。例如,由日本名古屋的丰田产业技术纪念馆开设的"体验学习计划"项目,就依托于日本的汽车工业优势,创设了真实的汽车工业情境:让学生填写汽车研究工作表,先去预习汽车的生产流程;预习结束之后让参与者去工厂参观,并且发放车辆调查表,引导学生对过去和现代的工厂如何制造汽车进行比较调查;对现代工厂如何进行创新向相关人员进行采访调查,最后引导学生发表自己调查后的报告。

德国博物馆课程不仅强调真实情境与实践,还在实践课程中注重跨学科设计。柏林自然历史博物馆中的"地质板块构造连接"课程,创设大陆变迁与生物交流的情境,将学生带回300万年前,让学生了解板块运动相关信息,并了解巨型树懒、巨型犰狳和食蚁兽以及相应的生物特征;随后通过问题引导学生思考大陆板块变迁与生物交流之间的关系,最后引导学生进行成果展示。整个课程设计注重情境与问题导向,并强调学生实践。

法国博物馆课程体系关注问题、重视课程和科研的衔接与结合,强调在真实情境中开展实践活动。法国自然、历史博物馆开设"鸟类实验室"课程,该课程的核心问题就是鸟类的类型与鸟类行为研究,收集这些数据不仅仅可以了解鸟类,同时还可以得到鸟类在法国的分布情况,从而辅助科研人员对鸟类的研究与保护。同样,法国自然、历史博物馆的"花园里的公民科学——观察大黄蜂和蝴蝶"项目立足于传粉昆虫的保护问题,参与者通过记录大黄蜂与蝴蝶的类型与位置信息,将其上传至网站,可以获得关于大黄蜂与蝴蝶的基础分布,得到的数据也可以供科学家进行科研使用。

真实性赋予了情境意义与生命力，问题导向可以提供参与者探索的驱动力，实践则激发了创新力。博物馆课程强调真实情境与探究实践，让参与者从被动的接受者变成了主动的探路人，激发了参与者的积极性并充分发挥其内在潜力。

四、对我国自然科学类博物馆课程建设的启示

我国的自然科学类博物馆在国家相关部门政策的推动和部署下，已将科普教育纳入教育工作的重要部分。许多博物馆都开设了丰富多彩的科学教育课程，其中不少原创项目深受大众喜爱，成为博物馆的特色活动。虽然我国的博物馆课程建设取得了一定的成效，但是仍然存在一定的问题。

这些问题具体表现为，非正式教育的功能发挥得不够充分，如博物馆的许多活动还是以展览为主，教学只是辅助讲解，没有将展览和教学很好地融合起来，策展人、研究人员和教育工作者没能形成一个优质的教育活动开发团队，在后续的活动开发中往往要么过于注重教育，少了依托展览的主题性，要么欠缺依托观众心理需求的教育理念。

同时，大部分自然博物馆和学校之间还没有建立有效的协作或合作模式，无法将馆藏资源、教育活动和课程内容紧密地结合并进行拓展。相关的专业研究人员和教育人员对中小学生的教材及与自然博物馆相关的学科内容不够熟悉，无法将博物馆课程与中小学课程衔接起来。博物馆课程目标有的还没有依据中国学生发展核心素养来制定，有的目标还在依据三维目标来制定，这体现了博物馆课程和课程标准的要求没有紧密结合起来。

另外，展览的形式单一，难以促进学生的深入学习。虽然博物馆面向

各个年龄阶段的人群开放,但参观者有不同的年龄、知识、教育和兴趣等背景,馆内的展览只能满足大部分观众的基本需求,没有针对不同知识背景和层次的观众提供个性化的服务。从展品的设计上看,部分自然博物馆多使用静态的标本、化石和模型等,展板形式比较单一,多媒体侧重图片和文字的展示,互动操作过于简单,导致观众无法从这些静态展品中获得探究式的学习体验,也无法实现知识的循环学习,更谈不上建立联系、推论、对比等高层次的认知了。

总结各国自然科学类博物馆课程体系的建设特点,可以为我国博物馆课程建设中存在的问题提供有益的启示。我国应该借鉴这些优秀的建设方式,促进博物馆课程的建设和发展。首先,我国博物馆要加强馆校合作,学习国外博物馆在教师教育方面的经验,培养专业化的教师队伍,并在开发课程时依据课程标准设定教学目标和教学活动。这一点在美国的博物馆课程中体现得尤其突出,其课程都是依据美国《新一代科学教育标准》而制定的,我国也应依据中国学生发展的核心素养设定博物馆课程的目标,并以此目标指导课程的活动。其次,在课程标准要求的基础上,开发个性化的课程,突出博物馆的特色,满足更多年龄阶段参观者的需求。再次,博物馆课程的设计可以依托数字化技术,丰富课程形式,融合 AR、VR 技术拓展展览的形式,开发多样的课程资源,使得学生与资源的交互方式更多样且丰富,促进学生的深入学习。最后,可以开发线上教育平台,实现资源的大范围共享和使用,使学生在家庭、学校等博物馆之外的场合也可以学习,也更有利于学校和博物馆课程的融合。

小型科普教育活动评价标准研究[①]

刘 妍 裴 蕾 徐炜芸[②]

摘要 小型科普教育活动作为科普活动的重要组成部分,在促进科学知识传播、推动全民科学素养提升中发挥着重要作用。开展小型科普教育活动评价能够以评促"进",发现活动的短板与不足,提出改进建议,从而进一步优化活动策划设计,提升活动效益。然而,由于小型科普教育活动组织形式和活动类型的多样化,目前尚未建立统一的评价标准。本文通过分析大型科普教育活动与小型科普教育活动的特点和区别,尝试对小型科普教育活动进行界定和分类,并在已有科普教育活动评价标准的基础上,根据小型科普教育活动不同的类型、特点,构建了一套共性指标与个性指标相结合的评价标准。

关键词 小型科普教育;评价;指标体系

一、引言

科普教育活动是提高全民科学素质、推动科技创新、营造科学氛围、引导公众尤其是青少年科学兴趣、立志投身科学事业的重要措施。党的

[①] 本文为上海科技馆科普智库科研创新平台开放课题资助成果。
[②] 裴蕾,上海公信教育研究与评估中心,主任,主要研究方向为教育评估;刘妍,通讯作者,上海市教育评估协会,秘书长,主要研究方向为教育评估;徐炜芸,上海公信教育研究与评估中心项目主管,主要研究方向为教育评估。

十八大以来,习近平总书记高度重视科普工作,强调"科技创新、科学普及是实现创新发展的两翼,要把科学普及放在与科技创新同等重要的位置",为新时代科普高质量发展指明了前进方向、提供了根本遵循。2021年3月,《中华人民共和国国民经济和社会发展第十四个五年规划和2035年远景目标纲要》提出,把科技自立自强作为国家发展的战略支撑,强化国家战略科技力量。2022年8月,《"十四五"国家科学技术普及发展规划》提出要"强化新时代科普工作价值引领功能、加强国家科普能力建设、推动科普工作全面发展、推动科学普及与科技创新协同发展、抓好公民科学素质提升工作和开展科普交流与合作"。同年9月,中共中央办公厅、国务院办公厅《关于新时代进一步加强科学技术普及工作的意见》印发实施,文件对于各类学校、企业、公民开展和参与科普教育活动提出了指导性意见,并提出依托城乡社区综合服务设施,积极动员学校、医院、科研院所、企业、社会组织等开展基层科普活动,充分利用公共文化体育设施开展科普宣传和科普活动。

随着科普教育的持续深入推进,各类科普教育活动百花齐放,且数量持续增加。因此,对科普教育活动的评估则显得极为重要。近年来,在"以评促建、以评提质"理念的指导下,众多学者从科普效果、科普项目、科普能力、科普场馆等角度开展了较为丰富的评估理论和实践研究,有力地推动了我国科普教育活动的发展。然而,现有研究多聚焦于宏观层面的科普效果评估,对于以科技馆和科学技术类博物馆为代表的科普教育主体开展的小型科普教育活动,却缺乏深入探讨。

二、科普教育活动评价研究综述

科普教育活动评估具有很强的实践性,因而近年来国内外相关研究成果主要集中在实践研究方面,包括科普活动效果评估的个案研究、对科普活动监测评估的一般性探讨、大型科普活动评估方法与效果评估研究、科普教育活动的探究研究等。

国外科普教育活动评估起步较早,发展相对成熟。如早在1957年,美国国家科学作家协会为了解公众的科学素质及其对科学技术的兴趣、态度,定量化掌握潜在科普读者的情况,首次开展了有关公众对科技知识掌握情况的调查评估研究。1991年,美国国家航空航天局(NASA)负责科普教育活动的教育处成立了科技与评估分部,要求科普项目申请人在申请阶段就提供有关项目绩效和影响力评估研究计划。通过其成熟的项目评议体系来进行选择,开展广泛的内、外部评估来控制科普项目的绩效。另外,NASA还特别重视教育评估系统的信息化工作,1994年起开始创建教育评估信息系统,从项目参与者和管理者处收集信息,为评估及后续研究提供信息基础。英国在1983年,由皇家学会成立了一个特别小组,评估公众理解科学对工业化国家的重要性,研究影响公众理解科学的机制及其在社会中的作用。此外,在英国但凡政府资助的重大科普项目和活动通常会委托评估公司进行评估,如1994年起举办的全国科技周(SetWeek)基本每年都请英国评估协会公司进行效果评估。英国公众理解科学委员会还编写了关于如何评估科技周活动的小册子(so did it work),指导科普执行机构开展项目评估工作。总的来说,国外科普评估主要运用较完善的评估程序、评估指标、评估方法、评估规范对科普教育活动的效果、科普系统内部及其相关环境中各种活动的实际作用与影响进行客观、公正、科学的评价,其中的许多方法值得借鉴。

国内关于科普教育活动评估相关的研究起步于20世纪末期,1992年中国科学技术协会借鉴美国"米勒体系"开展了第一次公民科学素质调查,这是我国首次尝试开展科普领域的评估研究。2002年以《中华人民共和国科学技术普及法》的颁布为标志,得益于我国科技、教育等领域评估制度的建立和完善,我国科普评估研究于此时系统、全面地展开。随后,陆续有学者关注到科普教育活动的评估。专著主要有科技部科普专项资助课题《科普评估理论初探与案例指南》(张义芳,2004年)和中国科普研究所的专著《科普效果评估理论和方法》(2003年)等;文献主要有中国科学技术信息研究所硕士研究生张晶的学位论文《科普项目评估——理论模式、指标框架及相关问题研究》,以及张凤帆等的文章《科普评估体系探析》等。但这个阶段的多数科普评价研究局限于对科普宏观效果的研究,还没能解决科普教育活动评估标准的问题。2005年,中国科学技术协会科普研究所与中国科学技术馆发布的《科技馆常设展览科普效果评估》是科普教育活动效果评估方面实践和研究的拓荒者,对科普展览评估的历史进行了追溯,构架了评估的指标体系,描述了评估方法,并以案例对评估框架进行了呈现和验证,为后来的科普教育活动效果评估提供了良好的借鉴。自此之后,学术界对于科普教育活动评估的研究进入了新的阶段,如黄小勇的硕士学位论文《大型科普活动评估方法研究》,在对大型科普教育活动界定和本质研究基础上,探讨了大型科普教育活动的评估模型。郑巍在《"教育评估"引领科技馆实践创新》一文中,以上海科技馆"探索之光"展区实地教育评估为例,阐释了教育评估对科技馆科普教育工作质量提升的重要性。张志敏和郑念所写的《大型科普活动效果评估框架研究》一文,讨论并架构了大型科普教育活动效果评估的基本框架,包括评估指标、评估角度、评估方法等问题。综上所述,国内相关研究的深度和广度都还有限,研究数量也不多,科普教育活动评估研究处于初步发展阶段,而且更多的研究主要集中于针对特定对象的科普教育评价研究,如某一地区、某一学段的科普教育评价、气象科普教育、社会科学知识普及教育等。

三、小型科普教育活动及其类型

(一) 概念界定

科普教育活动一般是指由国家机关、政府部门、社会组织、社会团体等主体面向社会和公众举办的,旨在促进科学技术社会扩散和公众分享、提高公众科学素质、普及科学技术知识、传播科学思想和方法、弘扬科学精神、提高公众运用科学技术和参与公共事务能力的各类活动[①]。科普教育活动按照活动的规模可以分为大型科普教育活动和小型科普教育活动两类。目前,科普理论界对大型科普教育活动已有初步的定义,从质的规定性上来说,大型科普教育活动是一项群众广泛参与的,有目的、有计划、有步骤、组织严密、管理复杂、有较高经济投入的社会性科学普及活动,一般是由政府或社会组织积极动员科技团体、科研院所、学校、企业、教育基地等机构广泛参与,在某一固定时间段集中向全社会开展的科普展览展示、科技传播、科技服务、科技宣传等系列的或大规模的科普活动。从量的规定性上来说,大型科普教育活动参与规模能够达到线下1000人次以上或线上100万人次以上,包括科普日、科技周、科技游园会以及科技活动月(年)等活动。

本文探讨的小型科普教育活动可根据大型科普教育活动的定义推演而来,即小型科普教育活动是指由国家机关、政府部门、社会组织、社会团体等主体举办,在非固定时间段向一定范围内的公众普及科学技术知识、传播科学思想和方法、提高公众科学素质,线下参与人数在1000人次以下或线上100万人次以下的小规模的社会公益性科普活动,如常规科技或科普讲座、科普课程、公众科普活动、工作坊等,能够针对特定人群,提供组织形式灵活的、专题性的、精准化的各类科学普及活动,一般活动开展的时间为半天或一天(表1)。

---

① 任福君,张志敏,翟立原.科普活动概论[M].北京:中国科学技术出版社,2013.

表 1　大型科普教育活动与小型科普教育活动的对比与区分

比较		大型科普教育活动	小型科普教育活动
规模方面	参与人数	参与人数众多,往往可以达到数千人甚至数万人。例如,大型的科技展览、科普嘉年华等活动,会吸引来自不同地区的大量观众	通常参与人数较少,可能为几十人到几百人。比如,一个社区组织的科普讲座,邀请了附近居民参加,人数一般不会太多
	活动场地	需要较大的场地,如大型展览中心、体育馆、广场等。这样的场地能够容纳大量的参与者和展示设备,同时也需要较高的场地租赁和布置费用	场地相对较小,可能是社区活动中心、学校教室、小型科技馆等。这些场地通常比较容易找到,且租赁成本相对较低
内容方面	科普主题	主题更加广泛和多样化,涵盖多个科学领域和热点话题。比如,大型科技展览可能包括物理、化学、生物学、信息技术等多个领域的展示内容,同时还会涉及科技创新、环境保护、健康生活等热门话题	主题相对较为集中和具体,通常针对某一特定领域或问题进行深入讲解。例如,举办一场关于昆虫生态的小型科普讲座,专注于介绍昆虫的种类、生活习性和生态作用
	展示形式	展示形式更加丰富多样,包括大型展览、科技表演、虚拟现实体验、科普影片放映等。这些形式具有较强的视觉冲击力和吸引力,能够给参与者带来更加震撼的科普体验	展示形式相对简单,可能以讲座、实验演示、互动游戏等为主。这些形式注重与参与者的近距离互动,能够让参与者更深入地了解科学知识
组织方面	筹备时间	筹备时间较长,可能需要半年甚至一年以上的时间。大型活动需要进行详细的策划、场地布置、展品准备、宣传推广等工作,涉及的部门和人员较多,协调难度较大	筹备时间相对较短,一般在几周或几个月内就可以完成筹备工作。由于规模较小,组织起来相对容易,所需的协调和准备工作也较少
	人员配备	需要大量的工作人员,包括策划人员、管理人员、讲解员、安保人员、志愿者等。这些人员需要进行专业的培训和分工,以确保活动的顺利进行	通常只需要少数工作人员即可组织开展,如主持人、讲师、志愿者等。这些人员可以根据活动的具体需求进行灵活调配

(续表)

比较		大型科普教育活动	小型科普教育活动
组织方面	资金投入	资金投入较大,需要支付场地租赁、展品制作、宣传推广、人员费用等多项开支。大型活动通常需要寻求政府、企业、社会组织等多方的资金支持	资金投入相对较少,主要用于场地租赁、讲师费用、宣传材料制作等方面。一些小型活动甚至可以通过社区赞助、志愿者支持等方式降低成本
效果方面	影响力	影响力较大,能够吸引广泛的媒体关注和社会参与,对提高公众的科学素养和推动科普事业的发展具有重要作用	影响力相对较小,主要局限于特定的社区、学校或群体。但是,由于参与者与组织者之间的互动更加密切,活动的针对性和实效性可能更强
	参与度	由于参与人数众多,参与者的参与度可能相对较低。一些参与者可能只是走马观花地参观,难以深入了解展示内容。但是,大型活动可以通过多样化的展示形式和互动环节,吸引更多的人关注科学,提高公众对科学的兴趣	参与度相对较高,参与者与组织者之间的互动更加频繁,能够更好地满足参与者的个性化需求。例如,在小型科普讲座中,参与者可以随时提问,与讲师进行深入交流

(二)小型科普教育活动的类型与特点

小型科普教育活动形式多样,根据其组织开展的形式、目标受众和活动内容等的不同,可以将其分为讲座和研讨会、展览和巡展、工作坊和实践课程、科普影片和纪录片放映、互动体验活动、户外考察和实地考察、科普竞赛和挑战、在线科普教育8个类型。如表2所示:

表2 小型科普教育活动的类型

活动类型	开展形式	主要特点	活动举例
讲座和研讨会	由一个或多个专家在特定场合对公众或特定群体进行主题演讲	(1)特定的主题;(2)信息量大,深入讲解;(3)较少互动;(4)组织成本较低	某小学"冰河世纪与我们"科普讲座

(续表)

活动类型	开展形式	主要特点	活动举例
展览和巡展	通过展示板、实物、模型、互动展件等在公共场所展出	(1) 直观展示;(2) 覆盖人群广;(3) 时间灵活;(4) 组织成本较高,需要一定空间和物资投入	某图书馆"太空探索展"
工作坊和实践课程	需要和主讲人一起动手操作的教育活动	(1) 参与者亲身体验;(2) 注重动手、技能;(3) 组织成本较高,需要一定物料投入	"神奇的沙子"科学小实验
放映科普影片和纪录片	在特定的场所,播放科学题材的视频影片或纪录片	(1) 主要为视听元素;(2) 需要投入一定的放映设备	"寻觅自然"科普影片
互动体验活动	通过VR、AR模拟实验等技术提供的互动体验	(1) 高度参与性;(2) 技术依赖性强;(3) 需要高昂的成本投入	某科技馆VR"活动探险"
户外考察和实地考察	通过到自然环境、科学设施或工业地点等进行现场学习	(1) 亲身接触事物,教育更加直观;(2) 组织成本较高,需要交通和安全方面的保障;(3) 受限于天气等的影响	初一学生到湿地公园学习生态系统
科普竞赛和挑战	通过竞赛、挑战或项目方式进行科普教育	(1) 面向特定的群体;(2) 需要参与者有组织、团队;(3) 组织较复杂,需要较高投入	青少年机器人设计大赛
在线科普教育	通过互联网进行的直播讲座、视频教程或在线课程	(1) 灵活性高,覆盖广泛;(2) 缺乏面对面交流,网络依赖;(3) 不受空间限制	云科普"健髋活到100岁"

四、小型科普教育活动评价标准及其应用

(一)基本原则

全面性原则。评价指标应涵盖小型科普教育活动的各个方面,包括

活动内容、活动组织、参与者反应、活动效果等。也就是说,在制定评价指标时,我们不仅要关注到参与者的学习成果,活动对参与者的态度、价值观和行为的影响,还要关注到组织者对活动的策划设计,预期目标的达成情况等。

针对性原则。评价指标应根据小型科普教育活动的特点进行设计,突出小型科普活动的独特性和针对性。例如,小型科普教育活动相较大型科普教育活动具有更强的互动性和体验性,因此在设置相应指标时可以多关注活动中的互动效果和参与者体验。此外,小型科普教育活动类型较多,也需要根据不同类型科普教育活动的差异灵活调整指标。

可操作性原则。在制定评价指标时,还要确保每一条指标内容简单明了,易于理解和测量。避免由于指标设置得过于复杂或抽象,导致在实际操作中难以实施。同时,在应用评价指标时,也要选择可行的评价方法和工具,对于小型科普活动,可以采用问卷调查、现场观察、小组讨论等简单易行的评价方法。

准确性原则。作为科普教育活动的评估,在评价指标使用的概念尤其要确保准确无误、含义清晰,尽可能避免或减少主观判断,对难以量化的评估因素可以采用定性与定量相结合的方法设置指标。指标体系内部各指标之间协调统一,指标体系的层次和结构合理。

(二)评价指标的具体构成

小型科普教育活动因其受众的多样性、组织形式的灵活性、活动内容的专题性、活动实施的精准性等特征,对它的评价是一个复杂的体系,需要构建指标体系加以系统地表现和评估。依据《全民科学素质行动规划纲要(2021—2035年)》为不同群体科普教育活动提出的总体目标,根据小型科普教育活动的类型和特点,本研究构建了一套共性指标和个性指标相结合的小型科普教育活动评价指标体系。

共性指标包括一级指标3个,分别为"策划与设计、组织与实施、影响与效果",它们涵盖了小型科普教育活动前期的策划阶段、中期的实施阶段、后期的活动影响效果3个阶段。一级指标下设二级指标8个,分别是活动主题、活动内容、活动形式、资源投入、宣传知晓、执行情况、社会影响、教育效果。二级指标下设三级指标23个,分别是引领性,时代性,与主题的贴合性,实用性与新颖性,科学性与准确性,适合性与有效性,互动性与参与性,创新性与示范性,人员、经费、设备、宣传渠道多样性,宣传内容准确性和吸引性,宣传结果有效性,活动正常开展情况,组织工作满意率,现场气氛与参与者积极性,突发事件应急处理,活动获奖情况,媒体报道情况,公众满意度情况,知识影响和观念与态度影响。三级指标依不同的活动类型设置个性的观测点。

1. 讲座和研讨会

讲座和研讨会类的科普教育活动在人员配备方面除了要考虑活动组织过程中专兼职人员的配备情况,演讲者作为科学知识的直接传递者,其专业知识和技能、沟通表达能力对讲座和研讨会的开展效果起着至关重要的作用。因此,在评价该类型的科普教育活动时,应增加对演讲者是否具备相应的专业知识和良好的表达能力的评价。

2. 工作坊和实践课程

工作坊和实践课程类的科普教育活动在评价时,额外增加了参与者是否有足够的机会进行实践操作,导师或教练是否能提供及时有效的指导和支持;所需的材料、工具和资源是否充足并适合学习目标;是否有明确的安全指导和应急措施的评价。

3. 展览和巡展

展览和巡展类的科普教育活动在共性评价指标基础上,增加了对展品是否具有教育意义,信息是否准确,展览的布局、指示牌和互动元素是否易于理解和使用,参观者是否能与展品互动,是否有导览或讲解服务的评价。

4. 科普影片和纪录片放映

科普影片和纪录片放映类的科普教育活动在共性评价指标基础上，增加了对所选影片是否具有教育价值，内容是否吸引人；是否提供讨论、问答或其他增值活动；放映的图像和声音是否清晰，设备功能是否正常的评价。

5. 互动体验活动

互动体验活动类的科普教育活动在共性评价指标基础上，增加了对参与者的互动体验是否顺畅、有趣；现场指导人员是否能够提供必要的帮助；使用的技术支持（如VR、AR）是否稳定可靠；是否有适当的安全措施，参与者是否得到妥善准备的评价。

6. 户外考察和实地考察

户外考察和实地考察类的科普教育活动在共性评价指标基础上，增加了对现场考察是否与教学目标紧密相关；现场考察是否有教育意义；行程是否组织得当，时间安排是否合理；导游或教师是否能提供足够的信息和引导的评价。

7. 在线科普活动

在线科普活动类的科普教育活动在共性评价指标基础上，增加了对是否提供有效的在线互动和讨论机会；使用的在线平台是否用户友好，技术支持是否及时评价。

8. 科普竞赛和挑战

科普竞赛和挑战类的科普教育活动在共性评价指标基础上，增加了对竞赛或挑战是否具有教育意义，是否公正、有趣；评判标准是否明确、公正的评价。

（三）小型科普教育活动评价标准的应用

1. 权重与分值

为了更加科学地将评价指标进行量化，笔者在确定评价指标的基础上设计问卷,通过向10位科普教育、终身教育领域的专家发放问卷,收集专家对指标重要程度的打分情况,并运用层次分析法构建两两判断矩阵,根据层次排序和一致性检验结果,确定各指标的权重,如图1所示。

一级指标	A1	A2	A3	权重W
A1	1	0.353	0.276	13.20%
A2	2.83	1	0.526	32.61%
A3	3.62	1.9	1	54.16%

A1	B1	B2	B3	权重W
B1	1	1.06	0.97	33.53%
B2	0.94	1	0.73	29.19%
B3	1.03	1.38	1	37.28%

A2	B4	B5	B6	权重W
B4	1	0.87	0.85	29.87%
B5	1.15	1	1.67	40.82%
B6	1.17	1	1	29.31%

A3	B7	B8		权重W
B7	1	0.89		47.17%
B8	1.12	1		52.83%

B1	C1	C2		权重W
C1	1	0.43		30.21%
C2	2.31	1		69.79%

B2	C3	C4	C5	权重W
C3	1	0.65	1.32	31.22%
C4	1.55	1	1.2	40.48%
C5	0.76	0.83	1	28.30%

B3	C6	C7	C8	权重W
C6	1	0.97	0.43	22.69%
C7	1.03	1	0.4	22.54%
C8	2.33	2.52	1	54.77%

B4	C9	C10	C11	权重W
C9	1	0.49	0.39	17.19%
C10	2.03	1	0.36	26.80%
C11	2.58	2.76	1	56.01%

B5	C12	C13	C14	权重W
C12	1	1.02	1.01	33.22%
C13	0.98	1	0.54	26.73%
C14	0.99	1.84	1	40.05%

B6	C15	C16	C17	C18	权重W
C15	1	0.74	0.63	1.02	20.74%
C16	1.36	1	0.83	0.83	24.09%
C17	1.59	1.21	1	0.72	26.93%
C18	0.98	1.21	1.38	1	28.25%

B7	C19	C20	C21	权重W
C19	1	0.8	1.19	32.74%
C20	1	1	1.02	36.07%
C21	0.84	0.98	1	31.19%

B9	C22	C23		权重W
C22	1	1.02		50.51%
C23	0.98	1		49.50%

图1 评价指标两两判断矩阵

12个判断矩阵均满足一致性检验,计算所得权重具有一致性。进而对三个级别指标的权重进行相乘,对三级指标的合成权重进行计算,得出小型科普教育活动评价体系的权重赋值结果(表3)。

表3 小型科普教育活动评价标准

一级指标	二级指标	三级指标	观测点	权重	分值	评价方式
策划设计(A1)	活动主题(B1)	引领性(C1)	活动主题展现出对未来某一领域的发展具有预见性	1.34%	1	访谈
		时代性(C2)	活动主题能够与时俱进,关注社会聚焦点	3.09%	3	访谈
	活动内容(B2)	与主题的贴合性(C3)	活动内容与其主题紧密相关	1.20%	1	听取汇报
			现场考察是否与教学目标紧密相关			

(续表)

一级指标	二级指标	三级指标	观测点	权重	分值	评价方式
策划设计（A1）	活动内容（B2）	实用性与新颖性（C4）	活动内容新颖独特，应用前沿知识，注重跨学科，对公众的生活、工作、学习产生积极的帮助作用	1.56%	2	听取汇报、问卷调查
			所选影片是否具有教育价值，内容是否吸引人			
			现场考察是否有教育意义			
			竞赛或挑战是否具有教育意义，是否公正、有趣			
		科学性与准确性（C5）	活动内容基于科学事实，准确无误，加强意识服务和质量把关。具有较高的可信度和使用价值	1.09%	1	听取汇报、问卷调查
			展品是否具有教育意义，信息是否准确			
			评判标准是否明确、公正			
	活动形式（B3）	适合性与有效性（C6）	活动的开展形式能满足公众的喜好与充分展现活动的特色，同时活动形式能够有效呈现活动内容	1.12%	1	访谈、问卷调查
			展览的布局、指示牌和互动元素是否易于理解和使用			
			行程是否组织得当，时间安排是否合理			
		互动性与参与性（C7）	活动的开展形式能够让受众充分参与、交流	1.11%	1	访谈、问卷调查
			参与者是否有足够的机会进行实践操作。导师或教练是否能提供及时、有效的指导和支持			

(续表)

一级指标	二级指标	三级指标	观测点	权重	分值	评价方式
策划设计（A1）	活动形式（B3）	互动性与参与性（C7）	参观者是否能与展品互动,是否有导览或讲解服务	1.11%	1	访谈、问卷调查
			是否提供讨论、问答或其他增值活动			
			参与者的互动体验是否顺畅、有趣			
			现场指导人员是否能够提供必要的帮助			
			导游或教师是否能提供足够的信息和引导			
			是否提供了有效的在线互动和讨论机会			
		创新性与示范性（C8）	活动形式不拘泥于已有形式,能够探索创新形式,具有一定的示范引领性	2.70%	3	访谈、问卷调查
组织实施（A2）	资源投入（B4）	人员（C9）	活动配备的专兼职人员、志愿者的数量及充分性	1.67%	2	数据填报、访谈
			演讲者是否具备相应的专业知识和良好的表达能力			
		经费（C10）	活动投入的资金额度与充足性	2.61%	3	数据填报
		设备（C11）	活动配备的设备、展品、道具的数量与充足性	5.46%	6	听取汇报、填报数据、查阅资料
			所需的材料、工具和资源是否充足并符合学习目标			
			放映的图像和声音是否清晰,设备功能是否正常			
			使用的技术支持(如VR、AR)是否稳定可靠			
			使用的在线平台是否用户友好,技术支持是否及时			

续表

一级指标	二级指标	三级指标	观测点	权重	分值	评价方式
组织实施（A2）	宣传知晓（B5）	宣传渠道多样性（C12）	活动宣传信息发布包括多种渠道	4.42%	4	数据填报、网络监测调查、听取汇报
		宣传内容准确性和吸引性（C13）	宣传内容与活动主题、内容相一致，不出现错误信息，宣传页面有趣，具有吸引力	3.56%	4	数据填报、网络监测调查、听取汇报
		宣传结果有效性（C14）	通过宣传公众报名参加的数量与计划吸纳公众参与的期待值一致	5.33%	5	数据填报、网络监测调查、听取汇报
	执行情况（B6）	活动正常开展情况（C15）	活动现场正常完成的项目与原计划完成项目的质量比较情况	1.98%	2	数据填报、听取汇报
		组织工作满意率（C16）	活动各方参与者对组织工作的满意度	2.30%	2	问卷调查、访谈
			参赛者是否有机会获得反馈，组织方是否能根据反馈进行改进			
		现场气氛与参与者积极性（C17）	活动现场的气氛和秩序维护情况以及活动参与者参与活动项目的积极性	2.57%	3	问卷调查、数据填报、听取汇报
		突发事件应急处理（C18）	活动现场发生紧急事件的情况以及应急处理方案的合理性	2.70%	3	查阅资料、听取汇报、问卷调查
			是否有明确的安全指导和应急措施			
			是否有适当的安全措施，参与者是否得到妥善准备			
影响效果（A3）	社会影响（B7）	活动获奖情况（C19）	活动或组织团队（单位）获得表彰奖励的情况	8.36%	8	查阅资料

(续表)

一级指标	二级指标	三级指标	观测点	权重	分值	评价方式
影响效果（A3）	社会影响（B7）	媒体报道情况（C20）	活动结束后受到媒体的持续宣传的数量、层次	9.21%	9	网络监测调查
		公众满意度情况（C21）	参与者对活动的满意度评价情况	7.97%	8	问卷调查、访谈
	教育效果（B8）	知识影响（C22）	参与者通过参与活动，知识习得的情况	14.45%	14	知识测评
		观念与态度影响（C23）	参与者对科普活动观念和态度的转变情况	14.16%	14	问卷调查

2. 评价方式

小型科普教育活动的评价涉及多个方面，如活动内容、形式、组织管理、参与者反馈等，单一渠道的评价往往只能反映部分内容。因此，在实践中需要尽可能广泛地涵盖活动的各个相关方，通过多渠道来收集数据进行评价。如参与者能够从自身的学习体验、兴趣满足等方面提供反馈，包括问卷调查、访谈；组织者和工作人员更了解活动的策划、执行过程中的困难与亮点，包括数据填报、人员访谈、听取相关人员汇报；专家可以从专业的科学准确性、教育价值等角度进行评估，包括听取汇报、观察记录、监测调查等。通过整合不同视角的评价数据，使评价结果更加全面可靠。

3. 等次划分

一般来说，对小型科普教育活动评价的等次可划分为优秀、合格、不合格3个层次。其中 $85 \leqslant$ 得分 $\leqslant 100$ 为优秀，$60 \leqslant$ 得分 $\leqslant 84$ 为合格，$59 \geqslant$ 得分为不合格。

4. 指标应用

一是对小型科普活动实施评价后，评价人员应及时将评价结果反馈给活动组织者和工作人员,让组织方了解活动开展的优点和不足,帮助组织方根据评价结果制定具体的改进计划,明确改进的目标和措施,不断提高活动质量。同时,也可对改进措施的实施情况进行跟踪和评估,确保改进效果的实现。

二是在实际应用评价指标体系的过程中,可能会发现某些指标存在不适用、不准确或难以测量等问题。因此,需要通过动态调整,及时修正评价指标存在的问题,提高评价的准确性。此外,不同类型的科普活动在目标、内容、形式和受众等方面存在差异,也需要有针对性地调整评价指标,以准确反映各类活动的特点和成效。

五、结语

由于我国尚未有相关部门对小型科普教育活动的内涵提出较为权威的界定,本研究中提出的小型科普教育活动也仅是相对已有研究中广泛认可的大型科普教育活动的定义推演而来。由此构建的小型科普教育活动的评价标准,缺少丰富的实践案例的应用与检验,尚不能完全确认该指标的适用性。在实践中,评价标准中的某些指标可能还需要根据活动的实际开展情况做进一步的精细化调整,以更加贴合不同类型的小型科普教育活动。

科普游戏的机制与教育效果评价研究进展[①]

曾凡林　詹雪菲　初　颖　赵嘉欣　吴永和[②]

摘要　科普游戏通过结合科学知识与游戏机制,为科学学习和思维提升带来了新活力。本文采用文献研究法,探讨了科普游戏的定义、表现形式、主题、游戏机制及其在教育领域的应用成效,展现了科普游戏作为一种新型科普传播方式的潜力和教育价值。未来,随着技术的不断进步和科普需求的日益增长,科普游戏有望在更广泛的领域发挥其独特的教育作用。

关键字　教育游戏;科普游戏;表现形式;游戏机制;教育评估

一、科普游戏的定义

科普是现代科学事业的重要组成部分,是培养科学文化的理解能力、科学知识体系理解能力、应用性科技知识运用能力的重要手段[③]。在"互

[①] 本文为上海科技馆科普智库科研创新平台开放课题资助成果。
[②] 曾凡林,通讯作者,华东师范大学心理测量研究中心主任,副教授,研究方向为心理测量与特殊儿童评估、儿童临床心理学等;詹雪菲,华东师范大学教育信息技术系,硕士研究生,研究方向为人工智能与教育技术;初颖,华东师范大学特殊教育系,硕士研究生,研究方向为特殊儿童心理与教育;赵嘉欣,华东师范大学特殊教育系,硕士研究生,研究方向为特殊儿童心理与教育;吴永和,华东师范大学教育信息技术系研究员,研究方向为教育数字化转型、智能驱动的教育研究、模式驱动的教育研究、数字教育技术标准与国家质量基础设施等。
[③] 李永威.关于科普、科学和科学素养[J].清华大学学报(哲学社会科学版),2004(1):88—93.

联网+"的背景下,科普传播方式已经从传统的纸质、线下传播,逐渐朝着数字化、多样化、趣味化的线上传播方向发展。科普游戏则是数字化时代下科普形式的创新形态之一,它作为一种特殊的游戏形式,将科学知识与游戏化学习相结合,提升公众的科学素养[1]-[2]。

自20世纪80年代以来,研究者发现,视频游戏能够有效地促进学习的内驱力,游戏化教育的研究得到不断发展,并在21世纪进入繁荣期[3],相应的教育游戏产品层出不穷。科普游戏隶属于教育游戏。国内研究者尝试从各种角度定义科普游戏。例如,刘玉花等提出"科普网游"的广义和狭义概念,认为广义的科普网游尽管不以科普知识为出发点,但因其内容和情节的设计具有健康性、科学性和教育性,因此具有一定的科普功能,而狭义的科普网游则以科学普及为产品设计出发点[4]。李雅等提出科普游戏的定义,认为科普游戏的范畴大于科普网游,其分为科普网络游戏和科普单机游戏两种,并将科普游戏的内涵定义为以科普为目的,以互联网、移动存储设备(光盘)等为数据传输介质,参与者可以从中获得科学知识、科学思想、科学方法和科学精神,以培养游戏用户的知识、技能、智力、情感、态度、价值观的电子游戏[5]。朱莹等将科普游戏定义为以科学普及为目的,参与者可以从中收获科学知识、科学方法、科学思想和科学

---

[1] 周荣庭,方可人.关于科普游戏的思考——探寻科学普及与电子游戏的融合[J].科普研究,2013,8(6):60—66.

[2] 宋敏珠.国内外教育游戏的设计与开发研究综述[J].科技信息,2011(19):595+831.

[3] 裴蕾丝,尚俊杰.电子游戏与教育研究的脉络和热点分析——基于科学引文数据库(WOS)百年文献的计量结果[J].远程教育杂志,2015,33(2):104—112.

[4] 刘玉花,费广正,姜珂.科普网游及其产业发展研究[J].科普研究,2011,6(6):34—38.

[5] 李雅等.全民参与模式下的科普游戏平台构建方案研究[C]//安徽省科学技术协会.安徽首届科普产业博士科技论坛——暨社区科技传播体系与平台建构学术交流会论文集[D].合肥:中国科学技术大学,2012:5.

精神的电子游戏①。杨帆等认为科普游戏是包含科学内容,兼具娱乐性,以正向教育为目的,能够让玩家在游戏过程中获取科学信息、思想或方法的游戏②。上海科技馆认为科普游戏是以玩家理解科学概念、掌握科学方法为主要设计目标的游戏,其内在特征是科学概念与游戏机制的深度融合,让玩家在知识的获得、技能的获取中,既有激励的梯度感,又有内在动因带来的成就感。虽然科普游戏至今仍未有明确的概念界定,但可以肯定的是,科普游戏的目的是普及科学知识,通过与现代技术的结合应用来帮助学习者学习科学的知识、方法,提升科学的思想与精神。

二、 科普游戏的表现形式

目前,科普游戏多采用电子游戏、卡牌桌游等方式。其中,电子游戏有多种分类方式。按照游戏终端,可以将电子游戏分为电脑游戏、便携类游戏(如手机游戏、平板游戏等),以及网页游戏。按照制胜条件的不同,电子游戏可被分成策略类、冒险类、动作类、进程导向类等四类③。针对电子游戏类的科普游戏,杜文馨的研究提出了一种较为适合科普游戏的分类方式,即益智类科普游戏、模拟类科普游戏和解谜类科普游戏④。

益智类科普游戏是一种通过运用逻辑、数学、物理、化学原理或自定义规则来解决特定挑战的互动娱乐形式。这类游戏旨在通过趣味的方式

---

① 朱莹,顾洁燕.国内科普游戏产业现状及发展策略研究[J].科普研究,2021,16(2): 100—106+112.
② 杨帆,孙秋.一种 IP 驱动的科普游戏开发模式[J].科学教育与博物馆,2022,8(1): 34—40.
③ Smith E N, Jonas H S, Susana P T. Understanding Video Games [M]. New York: Routledge, 2012.
④ 杜文馨.科普游戏兴奋点研究及其对科学教育的启示[D].重庆:西南大学,2019.

锻炼玩家的大脑、视觉和手眼协调能力,从而提升玩家的逻辑思维和快速反应能力。于浩淼设计了一款力学益智类科普游戏①。游戏过程中通过控制小车在斜面上下滑,让玩家体验重力的作用,同时锻炼玩家的手眼协调能力。此外,游戏还具有故事线引导,通过连贯的故事线给予玩家任务与挑战。例如,章佳敏等提出了一种基于MDA(即mechanics-dynamics-aesthetics的缩写,意为"机制-动态-美感")框架的科学桌游设计框架OTMDA(即objectives-theme-mechanics-dynamics-aesthetics的缩写,意为"目标-主题-机制-动态-美感"),并基于此构建了一款基于秦岭主题的桌游,在展现其本身的壮丽风光和生物多样性的同时,也让学习者获取科学知识②。

模拟类科普游戏是一种广泛的游戏类型,它致力于模仿现实生活中的各种情境,旨在通过模拟体验来"培养"玩家的技能,包括提升技能水平、增强问题分析能力和决策预测。比如,语文课堂上采用的帮助阅读学习的角色扮演类游戏、数学课上诸如数字猜谜等辅助学习的计算类游戏、综合学习课上进行的户外探索游戏、图画工作课上采用的艺术鉴赏类游戏、音乐课上采用的听音辨音游戏,都属于模拟类游戏③。再如,Cheng等设计了一款以生物进化科学为主题的模拟类科普游戏。游戏将玩家置于模拟的中生代和新生代两个地质时代的虚拟环境中,通过让玩家操纵所在时代的生物角色来体验和学习生物进化的过程④。

---

① 于浩淼. 小学生力学科普教育App设计实践与研究[D]. 杭州:浙江理工大学,2023.
② 章佳敏,吴鑫,潘宇宸. 科学桌面游戏设计框架的构建[J]. 科学教育与博物馆,2022,8(2):67—77.
③ 周堂波,李哲,竹中喜一,等. 日本游戏教育的现状及其启示[J]. 现代教育技术,2017,27(8):5—11.
④ Cheng M, Lin Y, She H, et al. Is Immersion of Any Value? Whether, and to What Extent, Game Immersion Experience During Serious Gaming Affects Science Learning [J]. British Journal of Educational Technology,2017,48(2):246—263.

解谜类科普游戏是一类通过对场景中的线索和故事情节的理解和分析,发掘线索解决各种谜题的益智健脑游戏。与益智游戏相比,解谜游戏往往更加侧重于故事情节和角色的深度开发。这些游戏中,角色之间的互动通常通过丰富的对话来展现,有些解谜游戏还特别设计了非玩家角色(NPC)来增强游戏的互动性。解谜游戏的谜题设计通常比传统的小型益智游戏更加多变和复杂,同时在视觉呈现上也更加精细。通过解谜游戏,玩家在享受游戏乐趣的同时,也能够锻炼到大脑、眼睛和手部的协调能力,有助于提高逻辑思维和快速决策的能力。例如,Yachin 和 Barak 设计了一款可多人组队参与的解谜类食品营养学科普游戏——"Zombie Attack"[1]。游戏设定在一个被僵尸包围的古老房子中,玩家需要通过解决与健康饮食相关的谜题来逃脱。

综上所述,科普游戏主题主要有益智类科普游戏、模拟类科普游戏和解谜类科普游戏3种类型。不同的表现形式有着不同的玩法,带给玩家多样的游戏体验和游戏沉浸感,从而进一步优化玩家的主体性体验,激发学习动机。在进行科普游戏产品设计时,合理地考虑到不同的游戏表现形式适配的不同的科普教育主题,并巧妙地与现代技术相结合,有助于满足教育需求,呈现更优质的科普游戏产品。

三、科普游戏主题

谢芳按照《中国公民科学素质基准》将科学知识划分为的 8 个基准,结合实际的科普网络游戏产品,将科普知识归为 5 个大类,分别是:生物学、数学、物理学、化学、地球科学与地理[2]。

---

[1] Yachin T, Barak M. Science-Based Educational Escape Games: A Game Design Methodology [J]. Research in Science Education, 2024, 54: 299—313.
[2] 谢芳. 科普网络游戏科学内容及表现方式研究[D]. 重庆:西南大学,2022.

基于不同知识类型的科普游戏产品有很多,我们简要介绍几种。在数学主题方面,尚俊杰等开发了一款数学科普游戏——"方块消消乐",帮助学生进行数学立体图形的折叠与展开的学习,培养数学与科学思维中的空间能力[①]。游戏的任务设计模拟了数学问题解决过程中的认知活动设计,旨在支持学生在认知层面上建构和理解数学概念。例如,通过观察可旋转的正方体和观看二维图形与三维物体运动变化的动画,学生能够在心理上模拟折叠与展开的过程,从而加深对立体图形特征和空间关系的理解。在生物学主题方面,杨玥等考虑到儿童缺少接触野生动物以及了解其生存环境的机会,设计了一款鸟类生物科普游戏[②]。游戏在对"蛇岛老铁山国家自然保护区"的鸟类科普现状调研的基础上,以提高科普认知体验为设计目标,将游戏设计与交互设计原则融入其中,创造性地结合了动物摄影、动态图鉴收集等交互方式,解决了传统科普形式对儿童缺少吸引力的问题,探讨了移动端提高严肃游戏体验的方法。游戏中包含了18种典型鸟类的三维建模,每种鸟都有5种不同的行为动作,如飞行、休息、觅食等,儿童可以通过游戏收集这些鸟类的动态图鉴。App 中融入了生态科普知识,通过游戏引导儿童了解鸟类与生态环境的关系,以及食物链等生态概念,目的是让儿童在轻松有趣的环境中学习鸟类的相关知识,同时培养他们的观察力、探索精神和对自然保护的意识。Hu 介绍了一款气象知识科普游戏[③]。这款游戏利用体感交互技术,通过互动和娱乐的方式,向玩家普及气象学知识,提供一种沉浸式的学习体验。玩家首先

---

① 尚俊杰,曾嘉灵,周均奕.学习科学视角下的数学空间游戏设计与应用研究[J].电化教育研究,2022,43(7):63—72.

② 杨玥,纪力文.儿童科普严肃游戏的交互体验研究——蛇岛老铁山自然保护区鸟类图鉴 App 设计实践[J].装饰,2022(10):133—135.

③ Hu X, Zhu Z and Chen J. Design and Development of Meteorological Popular Science Games based on Somatosensory Interaction Technology in the Background of Big Data [C]//2019 IEEE 4th International Conference on Big Data Analytics (ICBDA), Suzhou, China, 2019:44—147.

通过游戏链接了解气象科普的基础知识,接着与3D模型熊互动,通过3D视频动画学习气象科学知识,掌握4个关键知识点。玩家在与场景中的动物互动时,会触发答题环节。这种创新的科普游戏模式,打破了传统气象科普教育的局限性,让气象学知识以更生动、更直接的方式普及给大众。

四、科普游戏机制

游戏机制是科普游戏中的核心组成部分,它们是构建游戏吸引力和教育效果的基础,包含游戏的规则、目标、挑战和奖励系统等[1]。Lameras等整合游戏运作所需元素,将游戏机制划分为规则、目标与选择、任务和(或)挑战、角色扮演、社区合作、反馈和(或)评估等[2]。在科普游戏中,规则定义了玩家的行为边界和游戏的基本运作方式。这些规则确保了游戏的公平性和可玩性,同时也为玩家提供了清晰的指导,帮助他们理解如何在游戏中取得进展。目标与选择则为玩家设定了明确的方向,激励他们在游戏中作出决策,这些决策往往与科学概念的理解和应用紧密相关。任务和(或)挑战是科普游戏中的核心元素,它们被设计成需要玩家运用科学知识来解决的问题或完成的任务,从而增加游戏的趣味性,促进了玩家对科学原理的深入思考和实践。角色扮演允许玩家在虚拟环境中扮演科学家、探险家等角色,通过角色的视角体验科学探索的过程,增强了学习的沉浸感。社区合作鼓励玩家之间的交流和协作,共同解决复杂的科

---

[1] 裴蕾丝,尚俊杰.回归教育本质:教育游戏思想的萌芽与发展脉络[J].全球教育展望,2019,48(8):37—52.
[2] Lameras P, Arnab S, Dunwell I, et al. Essential Features of Serious Games Design in Higher Education: Linking Learning Attributes to Game Mechanics [J]. British Journal of Educational Technology, 2017, 48 (4): 972—994.

学问题,有助于培养团队合作精神。反馈和(或)评估机制则为玩家提供了即时的学习反馈,帮助他们了解自己的学习进度和掌握程度,从而调整学习策略。具体到游戏的组成要素,游戏机制又可在不同维度上进行分类,区分出多种分类形式。根据游戏的类型分类,游戏机制间既有共通处又有各自特色,包含角色扮演类、动作类、益智类、策略类、模拟类等游戏类别的游戏机制[1]。

根据游戏设计的策略进行分类,则更侧重游戏设计与学习体验之间的联系,采用游戏化学习环境、游戏化学习模式、游戏化学习策略、游戏化学习应用、游戏化学习效果评估的角度对科普游戏机制进行讨论,有助于理解如何有效地将游戏元素融入学习环境中,以提升学习体验和效果。游戏化学习环境的设计涉及创建一个将游戏元素与教育内容相结合的环境,如构建基于游戏的学习环境。这种环境旨在通过游戏化的方式促进学生的学科学习整合。例如,在《青铜时代》游戏中,玩家通过翻译铭文的任务学习汉字与古代铭文之间的联系[2]。游戏化学习模式包括游戏化学习策略,如 SEGEL 教育游戏框架,它强调通过具体体验、观察与反思、形成抽象概念和在新情境中检验概念的意义 4 个阶段来促进学习。这种模式强调教育性与游戏性的统一,确保教育内容的同步和巩固[3]。游戏化学习策略关注如何通过游戏设计来激发学生的学习动机和兴趣,例如通过奖励机制、挑战性和趣味细节来提升游戏的娱乐体验,同时确保游戏内容的科学性和严谨性[4]。

---

[1] 马颖峰,胡若楠.不同类型电子游戏沉浸体验研究及对教育游戏设计的启示[J].电化教育研究,2016,37(3):86—92+114.
[2] 吴小金,王巨文,韩静华.科普类教育游戏设计策略研究及开发实践[J].设计,2020,33(20):129—131.
[3] 徐睿文.科普类教育游戏体验式学习模型的设计与应用[J].中国信息技术教育,2023(11):88—92.
[4] 徐竞然,张增一.科学游戏研究评述[J].科普研究,2021,16(1):56—64+98.

游戏化元素的策略性应用对于提升学习者的参与度和学习成效具有显著影响,其从游戏元素与设计的角度对游戏机制进行分解和分类。常见游戏元素包含积分、徽章、排行榜、虚拟物品、角色扮演、故事叙述、实践压力、社交互动、竞争与合作等一系列内容。马颖峰和胡若楠的研究探究了沉浸体验式游戏的心理特征,如挑战与技能的平衡、明确的目标和反馈,对于吸引和保持玩家注意力至关重要。这些特征在教育游戏中同样适用,可以通过积分、徽章、排行榜等游戏化元素来实现[1]。详细解释游戏机制中的元素,将积分系统作为一种激励机制,能够量化学习者的进步和成就,从而激发他们的学习动力。徽章则作为视觉奖励,不仅认可学习者的特定成就,还能增强他们的归属感和成就感。排行榜通过展示学习者的排名,引入了竞争元素,促进学习者之间的健康竞争,同时也提供了一种社会比较的途径。虚拟物品可以作为游戏内的奖励,增加学习的趣味性和吸引力。角色扮演允许学习者在游戏中扮演特定角色,提高代入感,帮助他们更好地理解和吸收知识。故事叙述为学习内容提供了一个吸引人的背景,使学习过程更加生动和有意义。时间压力作为一种设计元素,可以增加游戏的挑战性和紧张感,但在教育游戏中应谨慎使用,以免对学习者造成不必要的压力。社交互动元素鼓励学习者之间的沟通和合作,这对于培养团队精神和协作能力至关重要。竞争与合作元素则平衡了个人成就的追求与团队合作的重要性,有助于学习者在追求个人目标的同时,学会与他人协作。游戏元素的关联展示能增强用户的沉浸感[2]。

科普游戏中,游戏化学习评估与反馈的相关游戏机制,包括动态难度调整、监控与分析、自主选择权,以及后台监控系统。马颖峰和隋志华认

---

[1] 吴小金,王巨文,韩静华.科普类教育游戏设计策略研究及开发实践[J].设计,2020,33(20):129—131.

[2] 顾汉杰.基于虚拟现实的科普游戏设计[J].中国教育信息化,2017(10):92—96.

为,动态调整游戏难度是保持玩家沉浸感和学习动力的关键策略[1]。在教育游戏中,动态难度调整允许游戏根据玩家的知识水平和理解能力,适时调整挑战难度。这种自适应设计确保了玩家在面对适当挑战的同时,能够持续进步,避免感到挫败或无聊。监控与分析则是教育游戏设计者通过监控玩家的行为和心理状态,以更好地理解他们的学习过程。这种监控不仅有助于调整游戏内容以适应玩家的需求,还可以为个性化教学提供支持。裴蕾丝等的研究也强调了学生行为大数据的采集与分析在个性化学习路径设计中的重要性[2]。给予玩家自主选择权可以提高学习的主动性和效果。玩家根据自己的兴趣和学习节奏选择探索的路径,不仅增加了游戏的吸引力,也促进了玩家对学习内容的深入理解。自主选择权的设计体现了对玩家个体差异的尊重,有助于提升学习者的参与度。后台监控系统则是一种隐藏于游戏界面之后的游戏机制,一个完善的后台监控系统对于教育游戏的成功至关重要。它不仅能够实时反映玩家的状态,还能帮助开发者收集和分析玩家数据,从而优化游戏设计。Rukmono 等提出的基于游戏机制的教育游戏评估框架就是一个例子,它通过量化评分来衡量教育游戏的学术和技术方面,为游戏质量提供了系统化的评估方法[3]。游戏化学习评估与反馈机制的结合为教育游戏设计提供了一个全面的框架,有助于开发者创建出既有趣又有效的学习环境,同时确保学习成果的可量化和可优化。通过这些策略,教育游戏能够更

---

[1] 马颖峰,隋志华.基于 Flow 理论的教育游戏沉浸性设计策略研究——教育游戏活动难度动态调控研究[J].电化教育研究,2010(3),54—57+62.
[2] 裴蕾丝,尚俊杰,周新林.基于教育神经科学的数学游戏设计研究[J].中国电化教育,2017(10):60—69.
[3] Rukmono S A, Zharfan Azif F, Catur Candra, M. Z. Designing an Educational Game Evaluation Framework Based on Game Mechanics [C]// 2021 9th International Conference on Information and Communication Technology (ICoICT), Yogyakarta, Indonesia, 2021:98—103.

好地满足不同学习者的需求,从而提升学习效率和成效。

在教育领域,游戏化学习技术的应用正逐渐成为提高学习效率和参与度的重要手段。通过分析以往的科普游戏研究,我们可以发现,体感技术、增强现实技术和虚拟现实技术等技术手段或成为教育游戏机制的重要实现途径。

体感技术。体感技术利用躯体动作、声音、眼球转动等方式与周边的装置或环境互动,由机器对用户的动作识别、解析,并作出反馈的人机互动技术[1]。体感技术的出现,为游戏化学习提供了更多的可能,也带动了许多新型科普游戏产品的出现。将体感技术应用于科普游戏当中,学习者不仅获得了游戏所带来的高度沉浸感,提升了学习兴趣,在游戏中获得及时的反馈,还能因为体感技术的应用而调动所有的感官进行学习从而收获更好的学习效果。Johnson等将体感交互技术与流行的游戏技术相结合,开发了一款科普游戏学习产品——KinectMath,通过Kinect传感器的手势识别能力允许学生和教师实时通过身体动作控制抽象数学概念,从而帮助学生的数学学习[2]。郭立才考虑到传统科普方式在传播手工艺知识方面的局限性,以利用体感交互技术来增强手工艺科普体验为出发点,开发了一个竹编工艺科普的体感游戏。游戏设计了与竹编技艺相关的体感交互动作,如按压、上压、下挑、编紧、互锁等。用户通过Kinect体感设备模拟这些动作,以完成竹编的体验,加深对手工艺知识的了解,从而实现手工艺知识的科普[3]。然而,将体感技术应用在科普游戏产品的设计中时,也应考虑到体感技术的弊端。第一,现有的体感技术产

---

[1] 马建荣,章苏静,李凤.基于体感技术的亲子互动游戏设计与实现[J].中国电化教育,2012(9):85—90.

[2] Johnson K, Pavleas J, Chang J. Kinecting to Mathematics through Embodied Interactions [J]. Computer, 2013, 46(10):101—104.

[3] 郭立才.沉浸体验视角下手工艺科普体感游戏设计研究[D].杭州:浙江理工大学,2023.

品对于一些细致动作的识别感应较弱,并且在对复杂运动的识别过程中存在延迟,这可能会影响游戏与教学的顺利进行。第二,现有的体感技术平台普遍缺乏触觉反馈体验,因此可能会影响部分科普游戏产品的体验感,如以动手操作为游戏形式的科普游戏产品。

增强现实技术。它将计算机呈现的数字信息叠加到真实场景中,实现现实世界和虚拟世界的信息融合,从而达到对现实的增强效果,获得超越现实的感官体验[①]。将增强现实技术应用于科普游戏产品设计中,可以将抽象的科学概念与现实世界联系起来,以提高现实世界相关性的感知,增强游戏的交互性,提升学习体验。谷歌公司于 2016 年开发一款基于增强现实技术设计的名为"蝶千寻"的科普游戏。通过增强现实技术的应用,在游戏过程中,学习者可以通过手机屏幕看到不同品种的蝴蝶叠加真实环境中呈现的场景,从而对该蝴蝶的外形、特征、生存环境有着更为深刻的学习[②]。张衡等结合增强现实技术、实物玩具和数字媒体的内容设计了一款幼儿科普游戏——《AR 恐龙博物馆》。该游戏将增强现实技术与游戏角色卡片、游戏地图相结合,从而在游戏过程中通过 AR 技术获得更为生动的游戏动画效果和科普内容,大大提升了科普游戏的趣味性和交互性[③]。可见,将 AR 技术移植到移动智能设备中,开发科普教育游戏,在人机交互性、移动性便携性和用户友好操作方面具有显著的优势。因此,将移动技术和增强现实技术结合进行科普游戏的设计与开发具有巨大的应用前景。

虚拟现实技术。通过使用沉浸式体验的显示设备,利用技术的沉

---

① 程志,金义富.基于手机的增强现实及其移动学习应用[J].电化教育研究,2013,34(2):66—70.

② Google play. 蝶千寻 Butterfly [EB/OL]. [2016-05-26]. http://play. Google. Corn/store/apps/details?id=com. xixun. games. butterfly.

③ 张衡,肖浩然,李娇,等.基于增强现实技术的幼儿科普教育游戏开发[J].科技资讯,2016,14(11):92—93.

浸式特点,增加用户的参与度①。基于 VR 技术的科普游戏既可以选择在网络环境下进行,也可以在实体的空间中利用虚拟技术开展。Shannon 等设计了一款"iMD－VR"科普游戏,游戏将 VR 技术应用其中,用户通过 VR 头盔进入模拟环境,使用手持控制器与分子进行互动。用户可以"拉动"原子,从而扰动或指导分子系统的动态。这种互动方式使得用户能够直观地理解和操纵分子运动。该游戏通过互动和游戏化的方式,让非专业用户能够参与到复杂的化学反应网络探索中,同时提供实时反馈和视觉辅助,增强了用户的学习和探索体验②。

技术的应用为学习者搭建了虚拟或虚实结合的学习环境,帮助学习者多方位理解学习内容,进行深入的建构。科普游戏强调促进学习者科学精神的塑造和科学研究方法的提升,技术在科普游戏产品中的使用,大大提升了学习者的游戏与学习体验,能够帮助知识的科普以更加高效、生动的方式进行。

五、 教育游戏及科普游戏的教育效果评估

对教育游戏学习效果的有效评估不仅有助于教育游戏学习过程和资源的优化,还有助于提升教育游戏的应用水平。评价教育游戏的学习效果不仅包括对游戏本身的评估,还包含对教育游戏学习效果的评价。就教育游戏的学习效果评价而言,研究者主要从知识、能力和情感态度价值

---

① Ruddle R A, Volkova E, Bülthoff H H. Learning Towalk in Virtual Reality [J]. Acm Transactions on Applied Perception, 2013, 10(2): 293—350.
② Shannon R J, Deeks H M, Burfoot E, et al. Exploring Human-Guided Strategies for Reaction Network Exploration: Interactive Molecular Dynamics in Virtual Reality as a Tool for Citizen Scientists [J]. The Journal of Chemical Physics, 2021, 155(15): 154106.

观三个视角开展研究①。知识是个体通过学习、经验或感知获得的信息、事实、概念等的综合体,在教育游戏中往往蕴含着丰富社会文化知识和专业知识②,它们通过情节、任务和互动性的方式进行传递。这种嵌入式学习使玩家能在游戏过程中获得实用的信息,也加深了对各种概念的理解。相较于知识的习得,教育游戏还需要关注学生高阶思维能力的培养。教育游戏通常充满各种挑战,它要求玩家综合考虑各种信息,制定合适的策略以赢得最终的胜利。因此,许多研究者认为,教育游戏可以有效地提高学生的逻辑推理能力、批判性思维、问题解决能力等高阶思维③—④。情感态度价值观是个体对于事物、经验或观点的认知态度。教育游戏将正向的价值理念融入游戏过程中,这对学生正确、积极的道德观念和社会态度的塑造大有裨益。除此之外,学习动机在教育游戏中也发挥着关键作用。学习动机是个体在学习过程中的内在愿望、兴趣和对目标的追求,驱使其投入精力、保持努力并克服困难的意愿,它能激发学习者对学习内容的兴趣和好奇心,使其主动参与学习。在教育游戏中,设计者通常利用吸引的情节、任务、挑战和奖励机制激发学生更高水平的动机⑤,以促进学习效果的提升。

常见的教育游戏对知识习得的有效性评估方式有学业水平测试、游戏互动问答、游戏行为观察、访谈等。Mehrpour 等以一款帮助学生学习

---

① 尚俊杰,庄绍勇,李芳乐,等.教育游戏的动机、成效及若干问题之探讨[J].电化教育研究,2008(6):64—68+75.
② 尚俊杰,庄绍勇.游戏的教育应用价值研究[J].远程教育杂志,2009,17(1):63—68.
③ Bruckman A. Community Support for Constructionist Learning [J]. Computer Supported Cooperative Work. 1998, 7: 47—86.
④ Funke, J. Using Simulation to Study Complex Problem Solving: A Review of Studies in the FRG [J]. Simulation & Games, 1988, 19(3): 277—303.
⑤ 魏婷.教育游戏激励学习动机的因素分析与设计策略[J].现代教育技术,2009,19(1):55—58.

英语单词的 Fun Spelling 游戏为研究对象,开展了长达一学期的对照实验,研究了游戏对学生英文单词拼写的影响。实验后的测验结果发现使用教育游戏对学生的语言学习有着较大的影响,与对照组相比实验组的学生在英语拼写水平上有着较大的提升,尤其是对于英语同音词和无声字母单词的拼写[1]。教育游戏支持下的教学应用模式对学生的学业成绩也有一定影响。赵海兰等将 I SPY SPOOKY DELUX 的 Puzzle 及冒险类游戏融入教学中,开展了 5 天 10 学时的实验研究,应用 Aiken 的学习兴趣、态度测试工具和英语听、说两个领域的学业成绩分别比较了传统教学和游戏化教学下学生的学习兴趣和学业成绩。研究结果证明了基于数字化游戏的小学英语教学比传统教学更能激发学生的学习兴趣,学生的英语听力和会话成绩均得到了一定程度的提升[2]。王广新等以互动叙事理论和知识空间为指导开发了语境化叙事游戏的整体模型,并用 Unity 3D 作为游戏开发平台制作了"拯救牛顿"游戏,以建构的"游戏化发现学习过程模型"把游戏融入初中生的摩擦力概念学习之中,通过游戏的语境化叙事体验量表(适应性体验、控制性体验、内容适切性体验和注意力体验)、科学概念学习效果评价量表(认知努力、评价加工、概念理解和知识迁移)和访谈探究智慧学习支持下的语境化叙事游戏对学习效果的影响。实验结果表明,学生对语境化叙事有较高的体验,显著提高了概念的认知细化、理解和迁移,且游戏体验的适应性、内容适切度和注意力能显著预测学生对概念的认知细化、理解和迁移[3]。也有研究发现,教育游戏的实

---

[1] Mehrpour S, Ghayour M. The Effect of Educational Computerized Games on Learning English Spelling Among Iranian Children [J]. The Reading Matrix: An International Online Journal, 2017, 17(2): 165—178.

[2] 赵海兰,龚子兰.基于数字化游戏的教学对学生学习兴趣和学业成绩的影响——以英语教学为中心[J].现代教育技术,2007,11:47—54.

[3] 王广新,王悦.支持智慧学习的语境化叙事游戏开发与学习效果验证[J].中国远程教育,2019,10:20—28+92—93.

验干预并未对学生的学习成绩发挥正向作用[1]—[2],这可能与实验涉及的学科内容、研究对象特性有关。从元分析结果来看,总体上教育游戏对学生学习效果具有较大程度的积极影响[3]—[4]。

能力评价也是评估教育游戏对学生学习效果的重要组成部分之一,评价的主要方式包括测试、量表和游戏行为表现记录等。Liu 等针对编程课程,开展了一项关于教育游戏的认知支持影响计算思维的实验研究。研究者将美国东南部两所学校的 79 名四年级至六年级的学生随机分配到实验组(40 人)和对照组(39 人),学习基于一款可视化编程的电子游戏(即 Penguin Go)展开,对照组接受基本的游戏支持,实验组在基本游戏支持下还接受认知支持,以两组的计算思维前后测验以及游戏表现探究实验干预效果。研究结果发现,两组学生在计算思维的近迁移水平上均有显著的提高,但在远迁移水平上没有变化。与实验组学生相比,对照组学生在远迁移方面的表现明显更好[5]。Sánchez 等以严肃游戏 BuinZoo 和 Museum 为研究环境,以 146 名八年级学生为研究对象,通过量表探究基于手机严肃游戏的学习活动对问题解决能力和合作能力的影响。

---

[1] Wrzesien M, Raya M A. Learning in Serious Virtual Worlds: Evaluation of Learning Effectiveness and Appeal to Students in the E-Junior Project [J]. Computers & Education, 2010, 55(1): 178—187.

[2] 裴蕾丝,尚俊杰. 学习科学视野下的数学教育游戏设计、开发与应用研究——以小学一年级数学"20 以内数的认识和加减法"为例[J]. 中国电化教育, 2019(1): 94—105.

[3] 李玉斌,宋金玉,姚巧红. 游戏化学习方式对学生学习效果的影响研究——基于 35 项实验和准实验研究的元分析[J]. 电化教育研究, 2019, 40(11): 56—62.

[4] Riopel M, Nenciovici L, Potvin P, et al. Impact of Serious Games on Science Learning Achievement Compared with More Conventional Instruction: An Overview and a Meta-Analysis [J]. Studies in Science Education, 2019, 55(2): 169—214.

[5] Liu Z, Jeong A C. Connecting Learning and Playing: The Effects of In-Game Cognitive Supports on the Development and Transfer of Computational Thinking Skills [J]. Educational Technology Research and Development, 2022, 70: 1867—1891.

结果发现，与非等效对照组相比，实验组对自己的协作技能有更高的认知，在问题解决周期的计划执行维度上得分更高，这表明基于手机严肃游戏的学习活动有助于高阶能力的发展①。学生的先前知识经验和个性特征也会影响他们的信息获取和处理方式，进而影响学生的游戏化学习过程，最终导致不同的学习效果②。例如，Yeh 发现教育游戏对不同地域的学生创造力都有促进作用，经过对实验前后 PB-FCT 创造力测试分析后发现，尽管农村学生的创造力在实验后也得到了提升，但效果不如城市学生显著，研究者认为这是由农村学生的自主学习能力差导致的③。Gerber 等发现，游戏玩家与非游戏玩家在批判性思维上没有显著差异，但热衷于策略游戏的玩家比其他类型玩家更具开放思维④。

在教育游戏评价中，学习者情感态度价值观的评估至关重要。学者通常采用访谈、量表、游戏观察以及生理信号检测探究教育游戏对学生情绪或情感上的影响。Wu 等通过大学生进行游戏化物理课程学习过程中的眼动、心率、脑电波等生理信号发现，游戏化教育可以有效促进学习者的情绪健康和注意力集中⑤。Yallihep 等采用对比实验，围绕 Lightbot

---

① Sánchez J, Olivares R. Problem Solving and Collaboration Using Mobile Serious Games [J]. Computers & Education, 2011, 57(3): 1943—1952.

② 尚俊杰,肖海明,贾楠. 国际教育游戏实证研究综述: 2008—2012 年[J]. 电化教育研究, 2014, 35(1): 71—78.

③ Yeh Y, Ting Y. Comparisons of Creativity Performance and Learning Effects through Digital Game-Based Creativity Learning between Elementary School Children in Rural and Urban Areas [J]. British Journal of Educational Psychology, 2023, 93(3): 790—805.

④ Gerber S, Scott L. Gamers and Gaming Context: Relationships to Critical Thinking [J]. British Journal of Educational Psychology, 2011, 42(5): 842—849.

⑤ Wu C H, Tzeng Y L, and Huang, Y M. Measuring Performance in Leaning Process of Digital Game-Based Learning and Static E-Learning [J]. Educational Technology Research and Development, 2020, 68(5): 2215—2237.

游戏探究了手机严肃游戏对学生在信息技术软件课程的学习态度和对编程概念理解的影响。因此,对在土耳其的一所私立小学中的47名五年级学生开展了为期5周的研究,学生被随机分配到实验组(23名)和对照组(24名)中,对照组在实验前完成课程态度调查问卷和编程概念测试,在学习3周编程课程之后,完成问卷和测试的后测。实验组在对照组的基础上,增设一个小时的Lightbot游戏,持续时间为3周。结果发现,前后测中实验组的编程概念成绩显著提高,而对照组没有显著差异,且游戏并没有影响学生对课程的学习态度[1]。技术接受度也是评估学习者情感、态度和价值观的重要维度,学生对新技术的接受程度反映了他们对学习的开放程度和积极性,也关联着其对信息社会中伦理和价值观的理解。Lin等采用根据Keller提出的ARCS学习动机量表[2]设计的IMMS(即Instructional Material Motivation Survey的缩写,意为教学材料动机调查)和Davis研制的TAM(即Technology Acceptance Model的缩写,意为技术接受度模型)[3]调研高中生在AR健康教育棋盘游戏对学习动机和技术接受度的影响,实验对象为52名高一学生,他们被随机分配到实验组和对照组,实验组(25名)使用融入AR健康教育棋盘游戏的CSCL教学模式,对照组(27名)采用传统的CSCL模式。实验结果表明,研究将AR与健康教育棋盘游戏应用到教学起到了良好的效果,它能够促进学习者积极地参与学习,从而实现学习动机的增强,同时AR游戏和健康

---

[1] Yallihep M, Kutlu B. Mobile Serious Games: Effects on Students' Understanding of Programming Concepts and Attitudes Towards Information Technology [J]. Education and Information Technologies, 2020, 25: 1237—1254.

[2] Keller J M. The Systematic Process of Motivational Design [J]. Performance+Instruction, 1987, 26(9—10): 1—8.

[3] Davis FD. Perceived Usefulness, Perceived Ease of Use, and User Acceptance of Information Technology [J]. MIS Quarterly. 1989, 13(3): 319—340.

教育的融合对学生的技术接受度也具有显著正向影响①。

在教育游戏支持学习动机方面,研究以定量研究的实验研究法为主,采用量表方式进行评价,理论依据主要为四要素动机(ARCS)模型。 Kebritchi 等在高中数学课程中,通过实验研究法,验证了电脑游戏及数学知识基础、电脑技能和英语语言技能对学生数学成绩和动机的影响。研究通过问卷获取学生的计算机技能和基本信息情况,查阅参与者的学习记录,了解学生的数学知识基础和英语语言技能,根据测验结果了解学生的学业成绩,根据 ARCS 模型编制调查问卷测量学生的学习动机,最后通过与参与实验的教师、学生的面对面综合评估游戏和其他因素对学生学业成绩和动机的调节作用。研究结果表明:电脑游戏有效地改善了学生的学业成绩,对学习动机没有显著影响,且数学知识基础、计算机技能和英语语言技能对实验组的学业成绩和动机均没有显著影响。值得注意的是,研究者发现与只在学校实验室玩游戏的学生相比,在教室和学校实验室玩游戏的学生表现出更强烈的学习动机②。Wu 构建了一个基于手机游戏的英语词汇练习系统,并借此探讨了此系统在提高学习者的英语词汇熟练度和增强学习者的学习动机方面的有效性③。研究以台湾科技大学的 62 名一年级学生为实验对象,采用实验研究的方法将参与者分为对照组和实验组,对照组在课堂上使用论文教学法,教师采用传统的讲

---

① Lin H, Lin Y, Wang, T, et al. Effects of Incorporating Augmented Reality into a Board Game for High School Students' Learning Motivation and Acceptance in Health Education [J]. Sustainability, 2021, 13(6): 3333.

② Kebritchi M, Hirumi A, Bai H. The Effects of Modern Mathematics Computer Games on Mathematics Achievement and Class Motivation [J]. Computers & Education, 2010, 55(2): 427—443.

③ Wu T. Improving the Effectiveness of English Vocabulary Review by Integrating ARCS with Mobile Game-Based Learning [J]. Journal of Computer Assisted Learning, 2018, 34(3): 315—323.

座式教学方法教授英语,每周课堂上都会留出一定的时间进行词汇复习。实验组采用与对照组相同的教学策略,然而实验组的学生使用的是基于手机游戏的英语词汇练习系统进行每周词汇复习,利用具有多年英语教龄教师编制的试题和 ARCS 模型在已有相关量表基础上开发的学习动机量表进行检测。研究发现:使用基于游戏的词汇练习系统的学生,他们的注意力和兴趣更容易被吸引,具有更高的学习效率,两组学生的学习动机存在显著差异,游戏能够提供学习动机的正反馈,从而鼓励他们积极独立地学习,提高学习效率。

随着人们对科学知识的渴望不断增加,科普游戏的兴起成为自然而然的趋势。蒋希娜等基于科普知识的内在机理,构建了库普游戏设计框架(science popularization game design,SPGD),在此框架的基础上研发了一款以"抗生素耐药性"为主题的科普游戏《拯救熊猫星》,并以此探究科普游戏与讲座在科普效果和认知体验上的差异[1]。研究采用实验研究法,将江苏省某小学3个班级的学生分成3组,2个班级的干预条件分别为游戏和讲座;第3个班级在不接受任何干预的情况下,参加前后测,以控制前后测重复测验的干扰因素,通过测验、IMI 量表和访谈综合评估学生的学习效果和认知感受。研究结果表明:科普游戏更有益于提升科普效果和认知体验。梁子翘通过设计一款教育型桌面游戏,让学生在游戏中学习和实践预防网络诈骗的知识。研究以广东省东莞市崇雅外国语小学的四年级学生为实验对象,将学生分成实验组和对照组两组,交叉对比两组学生纸笔测试的成绩,验证了在同一个教学目标下,桌面游戏的评测效果比纸笔考试的评测效果更优[2]。

科普游戏的评估与教育游戏的评估有着密不可分的关系。教育游戏

---

[1] 蒋希娜,刘佳,蒋莹莹,等.知识分类视角下儿童科普游戏的叙事设计与效果验证[J].包装工程,2023,44(22):338—347+357.

[2] 梁子翘.提升小学生预防网络诈骗能力的桌游设计研究[D].广州:广东工业大学,2023.

评估通常侧重于核查知识传递和学科技能培养的成效,关注游戏在特定学科领域中的教学价值。相比之下,科普游戏的教育效果评估更注重激发玩家对科学知识的兴趣和理解,强调游戏在启发探索精神和提升科学素养方面的表现。目前,有关科普游戏的研究多处于设计阶段[1]-[2],严格的实证研究较少,且缺乏成熟的评估体系框架,有待进一步探究。

---

[1] Han J and Huang X, Design of 3D Game Based on Forestry Science Popularization [C]//2010 3rd International Conference on Computer Science and Information Technology, Chengdu, China, 2010: 577—581.

[2] Yang X, Sun X, Yang J. Research on the Design Narrative for Medical Popular Science Serious Games: A Case Study of AIDS Prevention Game "Bluebridge Cafe" [M]//Antona, M., Stephanidis, C. Universal Access in Human-Computer Interaction. Lecture Notes in Computer Science. Cham: Springer, 2023: 620—631.

图书在版编目(CIP)数据

科学教育与科学传播发展报告. 2024 / 倪闽景总主编；宋娴主编. -- 上海：上海科技教育出版社，2024.11. -- ISBN 978-7-5428-8307-0

Ⅰ.G40-05；G219.275.1

中国国家版本馆 CIP 数据核字第 2024A6B246 号

责任编辑　王　洋
装帧设计　李梦雪

科学教育与科学传播发展报告（2024）
倪闽景　总主编
宋　娴　主编
胡　芳　朱雯文　副主编

出版发行	上海科技教育出版社有限公司
	（上海市闵行区号景路 159 弄 A 座 8 楼　邮政编码 201101）
网　　址	www.sste.com　www.ewen.co
经　　销	各地新华书店
印　　刷	上海商务联西印刷有限公司
开　　本	720×1000　1/16
印　　张	24.5
版　　次	2024 年 11 月第 1 版
印　　次	2024 年 11 月第 1 次印刷
书　　号	ISBN 978-7-5428-8307-0/G·4988
定　　价	108.00 元